LE GUIDE DU PROMENEUR DE PARIS

20 ITINÉRAIRES DE CHARME PAR RUES, COURS ET JARDINS

PHOTOGRAPHIES
FREDO POPMANN

PARIGRAMME

Sommaire

Bonheurs de Paris 6

1er ARRONDISSEMENT
De la place des Victoires à la place du Palais-Royal
Philippe Godoÿ 8

2e ARRONDISSEMENT
Le Sentier
Dominique Leborgne 24

3e ARRONDISSEMENT
Les terres du Temple
Isabelle Dérens 40

4e ARRONDISSEMENT
L'île Saint-Louis
Isabelle Brassart et Yvonne Cuvillier 58

5e ARRONDISSEMENT
Autour de la rue Mouffetard
Bertrand Dreyfuss 72

6e ARRONDISSEMENT
Le quartier Saint-Sulpice
Bertrand Dreyfuss 90

7e ARRONDISSEMENT
De l'Unesco au Bon Marché
Françoise Colin-Bertin 110

8e ARRONDISSEMENT
Le parc Monceau et ses alentours
Philippe Sorel 124

9e ARRONDISSEMENT
La Nouvelle Athènes
Maryse Goldemberg 136

10ᵉ ARRONDISSEMENT
Le faubourg Poissonnière
Ariane Duclert 152

11ᵉ ARRONDISSEMENT
Au cœur du faubourg Saint-Antoine
Denis Michel et Dominique Renou 166

12ᵉ ARRONDISSEMENT
Au long de la rue de Picpus
Danielle Chadych 180

13ᵉ ARRONDISSEMENT
La Butte-aux-Cailles
Gilles-Antoine Langlois 192

14ᵉ ARRONDISSEMENT
De Montsouris à Denfert-Rochereau
Michel Dansel 204

15ᵉ ARRONDISSEMENT
Autour des anciens abattoirs de Vaugirard
Florence Claval 214

16ᵉ ARRONDISSEMENT
Auteuil
Marie-Laure Crosnier Leconte 226

17ᵉ ARRONDISSEMENT
De La Fourche au cimetière des Batignolles
Rodolphe Trouilleux 242

18ᵉ ARRONDISSEMENT
De la place du Tertre à l'avenue Junot
Danielle Chadych et Dominique Leborgne 258

19ᵉ ARRONDISSEMENT
La butte de Beauregard
Élisabeth Philipp 272

20ᵉ ARRONDISSEMENT
Charonne, la campagne est dans Paris
Anne-Marie Dubois 282

Bonheurs de Paris

En septembre 1993 paraissaient les trois premiers titres d'une collection appelée à en accueillir autant que Paris compte d'arrondissements. Ces *Guides du promeneur* portaient sur les fonts baptismaux une maison d'édition dont la raison d'être, l'intérêt unique, l'obsession même s'inscrivaient dans la limite du Boulevard périphérique. Tout Paris, rien que Paris. Les ouvrages des débuts affichaient la couleur : au coin de la rue, l'aventure ! Il s'agissait, d'un quartier à l'autre, de porter pour une fois attention à ce qu'ordinairement on ne remarque pas. Cette volonté de saisir le détail intéressant mais habituellement négligé, ce souci de faire parler une façade d'apparence banale qui le devient moins dès qu'on sait quel personnage illustre a hanté les lieux, cette gourmandise à faire découvrir les belles architectures méconnues parce qu'à l'écart des circuits balisés, répertoriés du tourisme patrimonial, cet amour de Paris, en un mot, ont été l'ordinaire des petits guides à la couverture jaune.

Leur premier postulat était qu'on ne voit pas — ou qu'on voit mal — ce qui n'a pas été désigné. Combien de fois n'en avons-nous pas fait l'expérience ? C'est rétrospectivement qu'on prend la mesure de sa myopie, quand, enfin, on découvre ce fronton élégant, cette gracieuse statuette dans sa niche, cette composition de céramique… qui ont pourtant toujours fait partie de notre environnement quotidien. Trop absorbés par nos pensées, par la course de tous les jours, nous rivons le plus souvent notre regard à nos pas.

Le deuxième principe des *Guides du promeneur*, peut-être leur ambition ou leur part rêveuse, comme on voudra, était qu'apprendre change la vie. L'éclairage de l'historien ou celui de l'architecte nous font comprendre le pourquoi des choses, donnent le supplément d'âme que ne sauraient véhiculer par le seul fait de leur existence des objets muets et inertes. Alors, la ville tout entière devient « habitée » de son histoire et de ses personnages. Tout prend vie. Et ce n'est pas le moindre plaisir du promeneur que de s'arrêter devant une maison ignorée des piétons empressés. Lui « sait », à la différence des autres. Peut-être fera-t-il à l'occasion un détour pour goûter à loisir son privilège. C'est une autre manière de pratiquer la ville... et peut-être la seule de l'aimer vraiment.

Enfin, ces considérations seraient réduites à peu de chose si l'on omettait d'en donner le mode opératoire. C'est à pied qu'on découvre, qu'on éprouve plutôt – tant il y entre de sensibilité – Paris. On ne saurait être plus mobile qu'en étant à même d'avaler des escaliers, de traverser un jardin ou une cour, de ne pas se soucier de quelque sens circulatoire que ce soit, de s'arrêter aussi longtemps qu'on le souhaite pour observer, détailler ce qui nécessite de l'être. Ajoutons à cela que le rythme de la marche est idéalement accordé à celui du butinage visuel et de la méditation.

Cet esprit animait donc la collection fondatrice de Parigramme. Il inspire tout pareillement ce volume qui regroupe vingt promenades – une par arrondissement – puisées à sa source. Cette réalisation bénéficie d'un habillage qui faisait défaut aux volumes d'origine. De nombreuses vues agrémentent les parcours tout autant qu'elles les balisent ; une cartographie claire n'abandonne pas le promeneur à une déambulation hasardeuse. On y découvrira donc dans les meilleures conditions l'histoire, l'âme des lieux traversés, sans rien céder bien sûr au premier et inépuisable plaisir de se promener dans les rues de Paris.

L'ÉDITEUR

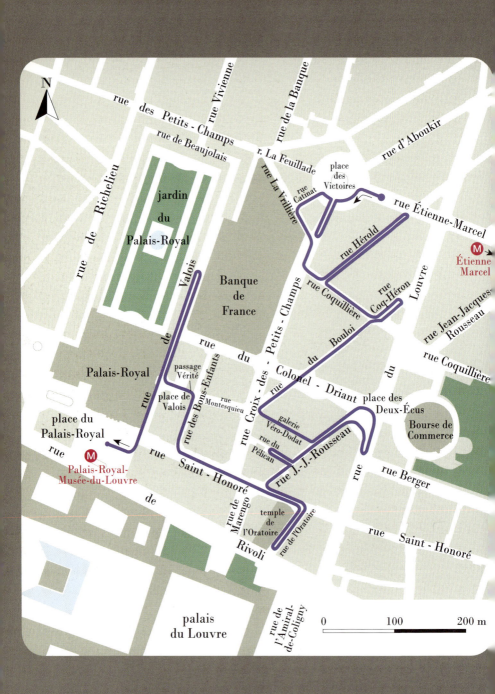

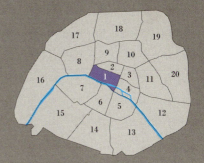

1er

De la place des Victoires à la place du Palais-Royal

▶ Départ : rue Étienne-Marcel, métro Étienne-Marcel
▶ Arrivée : place du Palais-Royal, métro Palais-Royal-Musée-du-Louvre

La place des Victoires

C'est en venant de la **rue Étienne-Marcel** que nous découvrons la place sous son aspect le plus authentique, c'est-à-dire avec, en toile de fond, les façades de la fin du XVIIe siècle. Sous cet angle, en revanche, la statue de Louis XIV nous tourne le dos et regarde à gauche, dans la direction de la Banque de France. Faisons le tour de la place par la gauche, pour admirer, aux numéros pairs (**du n° 2 au n° 12**), entre la rue Croix-des-Petits-Champs et la rue d'Aboukir, de part et d'autre de la rue La Feuillade – à gauche, le 1er arrondissement, à droite, le 2e – les immeubles construits entre 1686 et 1690, d'après un projet de Jules Hardouin-Mansart. Ils offrent à l'œil la même ordonnance : un rez-de-chaussée surmonté d'un entresol en arcade, décoré de masques ; deux étages inégaux entourés de pilastres ioniques ; et, au dernier niveau, des lucarnes en pierre, avec des frontons semi-circulaires et en arc segmenté. Les **n°s 2 et 4** occupent l'emplacement de l'hôtel du marquis de La Feuillade. Les façades sont classées, mais l'intérieur fut, à différentes reprises, modifié à des fins commerciales. Quant aux **numéros impairs**, ils eurent à subir de nombreuses modifications, allant des surélévations abusives à la destruction totale pour l'élargissement des rues Croix-des-Petits-Champs et Étienne-Marcel. Ces initiatives détruisirent non seulement de beaux hôtels, mais surtout l'harmonie de la place qui était, à l'origine, fermée derrière la statue à laquelle elle offrait un arrière-plan scénographique. Lors de son inauguration par le Grand Dauphin, en 1686, cette place Royale mesurait vingt-neuf mètres de diamètre et ses immeubles sortaient à peine de terre.

Nous admirons la **statue centrale** due au sculpteur Bosio, projetée en 1819, sous la Restauration, et achevée en 1822. Nous découvrons le roi à cheval, vêtu en empereur romain et

▼ Statue de Louis XIV, place des Victoires.

▼ Place des Victoires.

Une statue pour un roi absent

En 1678, le duc de La Feuillade, brillant militaire, vainqueur de Nimègue, éphémère vice-roi de Sicile, voulut s'attacher la faveur de Louis XIV qui résidait à Versailles. Pour cela, il fit élever, à Paris, une statue en son honneur :

« Martin Desjardins réalisa en 1681 une statue en pied du roi, vêtu à l'antique. Ce marbre, conservé à Versailles, fut offert au roi par La Feuillade. En 1682, le duc commanda à Desjardins une réplique en bronze doré de cette première statue. Le roi en costume de sacre, couronné par l'Immortalité, foulait aux pieds un cerbère à trois têtes qui incarnait la Triple Alliance vaincue. Il reposait sur un piédestal cantonné par quatre esclaves enchaînés et orné de bas-reliefs relatifs à l'histoire du règne. Afin de mettre en valeur cette statue, achevée en 1684, le duc de La Feuillade résolut de créer une place royale [...]. En 1792, la statue fut déboulonnée. Le musée du Louvre conserve quelques éléments du groupe sculpté par Desjardins. » (Dominique Leborgne, *Le Guide du promeneur du 2ᵉ arrondissement*, Parigramme.)

On disait à la cour que le duc aurait demandé une faveur en contrepartie de cet hommage, celle d'être enterré dans le piédestal. Ce qui n'échappa pas au duc de Saint-Simon dans ses *Mémoires* : « On dit que La Feuillade avoit dessein d'acheter une cave dans l'église des Petits-Pères, et qu'il prétendoit la pousser par-dessous terre jusqu'au milieu de la place des Victoires, afin de se faire enterrer précisément sous la statue du roi. »

coiffé d'une perruque. Le cheval cabré tient en équilibre grâce à des barres de fer qui fixent la queue au piédestal, un socle de marbre blanc décoré de bas-reliefs représentant le Passage du Rhin et l'ordre royal et militaire de Saint-Louis. Cette statue remplaça celle de Desaix, compagnon de Napoléon mort à Marengo, qui avait elle-même remplacé une pyramide en bois, édifiée à la Révolution une fois détruite la statue d'origine (voir encadré). On a dit que Napoléon aurait donné le bois de la pyramide à un corps de garde qui s'en serait servi pour se chauffer.

Dans les années 1960, la place était en piteux état, avec ses façades lézardées et couvertes d'enseignes commerciales vétustes. Vingt ans plus tard, elle commençait à être investie par la mode ; des signatures célèbres s'y installèrent et la place fit peau neuve, devenant un lieu incontournable pour les élégantes branchées. Malheureusement, ces rénovations, salutaires en façade, ne respectèrent pas toujours les structures intérieures, encore souvent d'époque.

De la rue Croix-des-Petits-Champs à la rue Catinat

Empruntons la **rue Croix-des-Petits-Champs**, qui doit son nom à la région des Petits-Champs (les Champeaux), du début du Moyen Âge, et à une croix installée à l'angle de la rue du Bouloi. Sur cet axe qui rejoint, depuis des siècles, la rue Saint-Honoré, se greffèrent d'autres rues chargées d'histoire (rue Coquillière, rue du Bouloi). On dit

que saint Vincent de Paul y habita. Au XIXe siècle, elle comptait, en raison de la proximité de la gare des diligences (rue du Bouloi), de nombreux hôtels meublés, puis elle connut, au XXe siècle, de multiples transformations dont elle sortit bien abîmée.

Nous n'en admirerons que davantage, au **n° 43**, le seul vestige de son passé prestigieux : l'hôtel de Jaucourt ou de Portalis (du nom de la famille qui l'habita sous le Premier Empire). Il fut construit en 1685, à une époque où le quartier se couvrait d'hôtels luxueux pour rivaliser avec le Palais-Royal et l'hôtel de Toulouse (future Banque de France). Formée de deux tours en demi-lune, avec de beaux balcons, sa façade (classée) est à la fois curieuse et élégante.

Elle est, hélas, confrontée à des façades en verre des années 1970, élevées en face au mépris du passé architectural de la rue. Sur le même trottoir que l'hôtel Portalis, au **n° 39**, commencent les immeubles, construits de 1932 à 1950, qui abritent la Banque de France et s'étendent, sur cent mètres, jusqu'à la rue du Colonel-Driant.

Sous ces bâtiments se cache, à vingt-sept mètres de profondeur, une vaste salle en ciment. Son plafond est soutenu par sept cent quatorze piliers de 0,75 m de diamètre : c'est le coffre-fort de la banque, contenant les réserves d'or. Regagnons la **place des Victoires** et empruntons, sur la gauche, la **rue Catinat**. Ses façades sont typiques des demeures parisiennes au temps de Molière, à la fin du XVIIe siècle.

Dans l'axe de la rue, nous découvrons l'entrée officielle de la Banque de France, située sur la rue La Vrillière. C'est l'**hôtel de Toulouse** (voir encadré) qui est le bâtiment d'honneur de l'institution. Un imposant portail cache une façade, tout aussi imposante, de 1859, imitée de la luxueuse demeure qui se trouvait à cet emplacement avant la Révolution française. Celle-ci, en 1808, ne ressemblait plus à rien. Elle devint le siège de l'Imprimerie nationale, puis, en 1811, celui de la Banque de France. Ses locaux administratifs ne cessèrent de s'agrandir, entraînant la destruction de rues pittoresques bordées d'hôtels particuliers, comme la rue Baillif et la rue Radziwill. Cette dernière

◄ Hôtel de Jaucourt ou de Portalis, 43, rue Croix-des-Petits-Champs.

◄ Hôtel de Toulouse, siège de la Banque de France, depuis la rue Catinat.

L'hôtel de Toulouse

Ce fut d'abord le lieu où passait le chemin de ronde de l'enceinte de Charles V. Puis, vers 1634-1640, le marquis de La Vrillière fit construire là une élégante demeure, selon les plans de François Mansart. Le choix du grand architecte de l'époque (dont Jules Hardouin-Mansart était le petit-neveu) était plus que judicieux, car le marquis de La Vrillière voulait rivaliser avec le cardinal de Richelieu au Palais-Royal (à l'époque Palais-Cardinal). Cette demeure luxueuse passa, au début du XVIIIe siècle, aux mains du comte de Toulouse, fils naturel de Louis XIV et de Mme de Montespan. Celui-ci transforma et fit décorer la demeure de façon très royale, ce que continuèrent ses descendants. À la veille de la Révolution, l'hôtel était habité par le duc de Penthièvre, dont la fille épousa le duc d'Orléans, futur Philippe Égalité. Par ce mariage, il se trouvera être le grand-père de Louis-Philippe. Son fils, mort jeune, avait été brièvement marié avec la princesse de Lamballe, dont la mort passa dans les livres d'histoire : la tête de la dame d'honneur et amie dévouée de Marie-Antoinette fut portée sur une pique sous les fenêtres de la reine... On disait du duc de Penthièvre que sa fortune colossale était aussi grande que sa bonté. Il mourut au château de Bizy, près de Vernon, protégé par ses paysans. Il possédait une exceptionnelle collection de vaisselle d'or et d'argent, qui fut dispersée après la Révolution. Mais le clou de cette demeure était la Galerie dorée, qui rivalisait avec la Galerie des Glaces de Versailles par la somptuosité de son décor.

▲ Galerie dorée de l'hôtel de Toulouse.
(© Bridgeman Giraudon)

La Galerie dorée fut restaurée vers 1866, alors qu'elle était en ruine, sous l'impulsion de l'impératrice Eugénie. Les tableaux furent copiés (les originaux sont au Louvre), les fresques et les stucs refaits à l'identique. Elle est, actuellement, le siège des assemblées du conseil d'administration de la Banque de France. Des visites guidées sont parfois organisées par le Centre des monuments nationaux (CMN) (se renseigner par téléphone au 01 44 54 91 30).

devint une impasse, fermée par une grille dont l'entrée est réservée aux employés de la Banque de France. À l'emplacement des n°s 35 et 37 s'élevait une belle demeure appartenant aux princes Radziwill, construite vers 1780 et détruite vers 1895 lorsque la Banque de France étendit ses bureaux. La curiosité de cette maison, qui donnait rue de Valois, était un escalier à double révolution permettant à deux personnes de monter jusqu'au neuvième étage sans se rencontrer !

De part et d'autre de la rue Coquillière

Prenons, à gauche, la **rue La Vrillière**, qui conserve encore des façades XVIIe avec des dispositions de fenêtres et d'étages de cette époque (aux **nos 8 et 6**, à l'angle de la rue Catinat), puis traversons la **rue Croix-des-Petits-Champs**, à la hauteur de l'hôtel de Portalis, pour emprunter, sur la gauche, la **rue Coquillière**.

Avant de descendre celle-ci, nous pouvons faire une incursion, sur la gauche, dans la **rue Hérold**. Les numéros impairs (**1, 3, 5, 7, 11 et 15**) sont de vieilles maisons qui n'ont pas plus de deux fenêtres par étage. Au **n° 10**, se trouve le lieu de naissance (supposé) du compositeur Hérold (1791-1833), qui donna son nom à la rue. Au **n° 17**, s'élevait l'hôtel meublé, disparu en 1893, où Charlotte Corday serait descendue quand elle vint à Paris pour tuer Marat. Au **n° 20**, qui fait l'angle avec le n° 47, rue Étienne-Marcel, remarquons un bel immeuble de style Louis XV, sur trois niveaux, avec dix fenêtres par étage sur la rue Hérold et des masques au-dessus de celles de l'entresol.

Regagnons la **rue Coquillière**. Son nom viendrait de Pierre Coquillier, qui aurait fait bâtir une partie de la rue au XIIIe siècle. L'enceinte de Philippe Auguste passait à la hauteur du n° 10. Et les premiers numéros de la rue (nos 1 à 7) correspondaient, à la fin du XVIe siècle, à l'hôtel de la Reine, résidence de Catherine de Médicis. En venant de la rue Croix-des-Petits-Champs, la plupart des immeubles d'allure modeste qui bordent la rue furent élevés à la fin du XVIIIe, à l'emplacement de demeures des XVIe et XVIIe siècles. Au **n° 39**, remarquons un curieux jeu de fenêtres réunies par deux ; au **n° 37**, un beau portail et un entresol sous deux étages ; au **n° 35**, une belle façade du XVIIIe, avec sept fenêtres par étage.

Prenons à présent, sur la gauche, la minuscule **rue Coq-Héron**, qui débouche, en face de l'Hôtel des Postes, sur la rue du Louvre. À l'angle de celle-ci, au **n° 9**, s'élève le bel hôtel de Ballin, construit en 1639 puis remanié au XVIIIe siècle. Il appartenait, vers 1735, au financier Thoinard Vougy, surnommé l'Harpagon de la finance... L'endroit resta dédié à l'argent, puisque c'est, depuis 1805, le siège de la Caisse d'Épargne, qui fit démolir le portail pour le mettre dans le nouvel alignement de la rue du Louvre, en 1880. Nous pourrons apprécier l'harmonie de proportions des deux étages, les élégants mascarons surmontant les fenêtres et la décoration allégorique au-dessus

▼ 13, rue La Vrillière.

▲ Hôtel de Ballin, 9, rue Coq-Héron.

du portail. Et peut-être aussi, à côté, un restaurant de réputation internationale, avec des paravents pour se cacher des regards indiscrets.

Regagnons, encore une fois, la **rue Coquillière**, et traversons-la pour emprunter, dans le prolongement, la **rue du Bouloi**. Depuis son ouverture au milieu du XIVe siècle, elle changea souvent de nom avant de prendre, au XVIIe siècle, l'appellation actuelle, peut-être à cause d'un jeu de boules voisin. Comme sa parallèle, la rue Jean-Jacques-Rousseau, elle correspondait à des centres d'habitation et de circulation essentiels pour notre quartier. Elle a aussi perdu de son importance et de sa personnalité avec l'ouverture de la rue du Louvre et de la rue Étienne-Marcel. Les numéros descendent depuis la rue Coquillière jusqu'à la rue Croix-des-Petits-Champs, à l'entrée de la galerie Véro-Dodat, où elle commence. Au début du XIXe siècle, la présence des Messageries générales en faisait le point de départ, à l'emplacement des **nos 22 à 26**, des diligences pour toute la France. Actuellement, c'est un ensemble d'immeubles construits en 1890 autour d'une cour et d'une fontaine. À l'époque des diligences, de nombreux hôtels meublés s'élevaient dans la rue (aux **nos 3, 5, 13, 16, 21**, entre autres).

Sur la droite (en venant de la rue Coquillière), une grande bâtisse avec dix-sept fenêtres sur trois étages s'étend **du n° 17 au n° 21** : là fut, jusqu'en 1631, l'emplacement du couvent des religieuses du Saint-Sacrement. Au XIXe siècle, les deux cours servirent de « garage » aux diligences qui partaient de l'immeuble d'en face, avant d'être occupées, ainsi que les bâtiments, par la SNCF au début du XXe siècle.

Après la station-service (hélas !) et franchie la **rue du Colonel-Driant**, on se trouve au début de la **rue du Bouloi** avec l'entrée de la galerie, anciennement passage, Véro-Dodat. À l'emplacement du **n° 4**, rue du Bouloi, s'élevait un hôtel particulier dans lequel naquit, en 1585, Armand Jean du Plessis, futur cardinal de Richelieu ; à celui du **n° 2**, l'hôtel de Dreux d'Aubray. La fille du propriétaire, en 1670, n'était autre que la célèbre marquise de Brinvilliers, un peu trop portée sur les poisons : parmi ses victimes, son père et ses frères. Elle fut suppliciée publiquement en place de Grève en 1679, avec d'autres démons de « l'affaire des Poisons ». Le nom de Mme de Montespan fut cité, ce qui marqua le début de la disgrâce de celle-ci auprès du roi.

▸ Galerie Véro-Dodat.

De la galerie Véro-Dodat à la rue Saint-Honoré

La façade de la **galerie Véro-Dodat**, avec deux éphèbes dans le goût néoclassique de l'époque, sa décoration et ses cuivres sont de 1826. Deux charcutiers du quartier, MM. Véro et Dodat, rachetèrent les ruines de l'hôtel particulier qui occupait l'emplacement pour les démolir et faire construire un immeuble de style Restauration, doté d'une élégante galerie dont l'originalité était d'être éclairée au gaz. Le public afflua nombreux, à peine descendu des diligences voisines. Au milieu du XXe siècle, la galerie s'assoupit au point d'être menacée de démolition. Elle fut sauvée par des antiquaires à la fin des années 1970 et retrouva un charme nostalgique et raffiné, qui enchante les promeneurs.

En sortant de la galerie Véro-Dodat, prenons, à gauche, la **rue Jean-Jacques-Rousseau**, jusqu'au n° 22 qui donne sur la **place des Deux-Écus**, aujourd'hui limitée à deux immeubles de la fin du XVIIe siècle. L'ancienne rue des Deux-Écus fut raccourcie par l'ouverture de la rue Berger et de la rue du Louvre, et dénommée « place » après la démolition de son côté nord en 1912. On peut lui trouver un charme fragile entre les façades haussmanniennes de la rue du Louvre, de la Bourse de commerce et les lourds immeubles des années 1950 de la rue du Colonel-Driant... N'omettons pas de faire un saut jusqu'à la hauteur du **n° 11 de la rue**

1er | De la place des Victoires à la place du Palais-Royal | 17

Le mystère Rousseau

En 1791, la Constituante décida de donner à cette rue le nom du célèbre écrivain, avec le triomphal retour de ses cendres au Panthéon. Au n° 52, une plaque affirme qu'il y aurait habité de 1772 à 1778. Or, rien n'est moins sûr, car les dernières années de sa vie furent extrêmement instables. Il résidait surtout chez des protecteurs aristocrates, au château d'Ermenonville, où il mourut. Il aurait peut-être résidé dans la rue de façon fixe beaucoup plus tôt, dans les années 1750. Une seule certitude : il fréquenta le salon littéraire de M. et Mme Dupin qui l'accueillirent à différentes reprises.

▶ Chevet du temple de l'Oratoire, depuis la rue de Rivoli.

du Louvre pour découvrir l'empreinte de la muraille de Philippe Auguste, récemment mise en valeur.

Reprenons la **rue Jean-Jacques-Rousseau** en direction de son début. Notons que le tracé de cette rue présente une curiosité : interrompue à la hauteur de la rue du Louvre (qui absorba les n°s 35 à 51, à l'emplacement du célèbre hôtel de Séguier), elle reprend au-delà de la Bourse de commerce jusqu'à la rue Étienne-Marcel. Nous nous en tiendrons néanmoins, dans cette promenade, à la première partie de la rue, où la plupart des immeubles sont de la fin du XVIIIe siècle ou du début du XIXe. Le **n° 20**, transformé en hôtel pour étudiants étrangers, donne par une cour intérieure sur la rue du Louvre. Le **n° 18** occupe l'emplacement d'un asile qui, au XVIIe siècle, recueillait des veuves et des vieilles filles de plus de quarante ans. Les **n°s 16, 14 et 12** nous donnent à voir d'intéressantes façades, avec fronton, jeux de fenêtres et de mansardes décalées, entresol avec des arcs.

Avant de rejoindre la rue Saint-Honoré, découvrons, sur la droite, la **rue du Pélican**. Datée du début du XIVe siècle, elle se trouvait en dehors de l'enceinte de Philippe Auguste et avait très mauvaise réputation car elle était bordée de « boutiques à péché ». Elle porte son nom actuel depuis 1806. Ne dépassant pas trois mètres de large, longée par des maisons plutôt délabrées, elle nous fait déboucher au début de la rue Croix-des-Petits-Champs, au-delà de la galerie Véro-Dodat.

Autour du temple de l'Oratoire

Tournons à gauche pour arriver **rue Saint-Honoré**. Avant d'explorer celle-ci en direction du Palais-Royal, faisons quelques pas vers la gauche, jusqu'au **n° 145**, devant le temple protestant, appelé, par habitude et par erreur, temple de l'Oratoire. Sa façade est de style jésuite, début XVIIe, mais les statues et les décorations sculptées ont disparu. La rue qui le borde s'appelle rue de l'Oratoire et débouche sur la rue de Rivoli : elle occupe l'emplacement du chemin de ronde intérieur de l'enceinte de Philippe Auguste. À la fin du XVIe siècle, s'y élevait une belle demeure, l'hôtel de Bouchage, propriété d'Henri de Joyeuse, comte de

Le clin d'œil de l'histoire

Il est paradoxal de voir un temple protestant, expression de l'idéal de la Réforme, abrité dans un bâtiment édifié pour un ordre religieux défenseur de la Contre-Réforme. « Oratoire » signifie lieu de prière, chapelle. Et, en Italie, l'oratorio était, au moment de la Contre-Réforme, un spectacle musical d'inspiration religieuse avec orchestre, chœur et récitants. À la lumière de ce passé, l'architecture du temple offre un contraste entre le projet initial, inspiré du baroque romain, orné de statues « en mouvement », et sa destination actuelle. Dans le même esprit, l'intérieur, qui était décoré de tableaux, sculptures et lustres à profusion, montre, actuellement, le dépouillement le plus total.

Bouchage. En 1594, Henri IV la loua pour y loger Gabrielle d'Estrées, qui se trouvait ainsi à proximité du Louvre. La fille du comte de Bouchage vendit l'hôtel, en 1611, au cardinal Pierre de Bérulle, qui y fonda la congrégation des pères de l'Oratoire, conformément à l'esprit de son fondateur romain, saint Philippe Neri. La communauté prenant de l'importance, on demanda en 1630 à Lemercier, l'architecte de la cour Carrée, de construire une vaste et belle église. Louis XIII accorda à ce lieu de culte la faveur royale. Y furent enterrés, un peu plus tard, le père et les frères de la marquise de Brinvilliers (voir rue du Bouloi). Avant la Révolution, la congrégation des pères de l'Oratoire détenait une bibliothèque de trente-sept mille sept cent cinquante ouvrages, dont trois cents manuscrits venus de Constantinople. Elle possédait, autour de l'église, un couvent qui englobait la rue de l'Oratoire, une partie des rues du Louvre, Saint-Honoré et du Coq (auj. de Marengo). À la Révolution, la congrégation fut supprimée, le couvent fermé et l'église devint, tour à tour, club révolutionnaire et magasin militaire. En 1811, Napoléon Ier l'affecta au culte protestant. Empruntons la **rue de l'Oratoire** pour voir, au chevet du temple, à la hauteur du **109, rue de Rivoli**, le monument élevé, en 1889, à la mémoire de l'amiral de Coligny (1519-1572), tué devant chez lui, un peu plus haut dans la rue (n° 144), lors du massacre de la Saint-Barthélemy.

La rue Saint-Honoré de la rue de l'Oratoire au Louvre des Antiquaires

Regagnons la **rue Saint-Honoré**, où, en face du temple (**du n° 140 au n° 150**), se succèdent de petits immeubles fin XVIIe, très étroits, avec

◂ 150, rue Saint-Honoré.

▶ Le Louvre des Antiquaires.

deux fenêtres sur cinq niveaux, plus ou moins bien restaurés et entretenus. Nous nous retrouvons au débouché des rues Jean-Jacques-Rousseau et Croix-des-Petits-Champs. Sur la gauche, s'ouvre la **rue de Marengo**, ancienne rue du Coq qui longeait l'hôtel de Bouchage et le couvent de l'Oratoire. Créée en 1859, cette artère vit sa largeur passer alors de cinq à vingt-quatre mètres (son nom rappelle une victoire, en Italie, de Napoléon Ier sur les Autrichiens).

Sur cette rue donnait la sortie des Grands Magasins du Louvre, aujourd'hui **Louvre des Antiquaires**. Les anciens magasins occupaient tout le quadrilatère délimité par les rues de Marengo, Rivoli, Saint-Honoré et la place du Palais-Royal. C'est à cet emplacement que se trouvait, au XVIIe siècle, le cabaret-pâtisserie de Ragueneau. Ce dernier fit faillite à force de faire crédit aux écrivains sans le sou et aux artistes fauchés qui allaient boire ailleurs avec son argent. Après quoi, il s'enrôla dans la troupe de Molière comme moucheur de chandelles. C'est encore là qu'avant la Révolution, habitait la modiste Rose Bertin dont les clientes s'appelaient Mme du Barry et Marie-Antoinette.

Le bâtiment, construit en 1854, fut d'abord destiné à être un luxueux hôtel, comptant sept cents chambres. Les arcades, aménagées en boutiques, furent confiées à un nommé Chauchard, ancien vendeur d'un magasin de la rue Montesquieu voisine nommé Au Pauvre Diable. Rapidement, les boutiques occupèrent la moitié des lieux, au point de chasser l'hôtel de l'autre côté de la place, où il est toujours. Inaugurés vers 1860, les grands magasins restèrent pendant plus d'un siècle (jusqu'en 1972) un symbole de l'élégance parisienne.

À la place, notre promenade peut aujourd'hui nous conduire dans les allées du Louvre des Antiquaires, installé dans ces bâtiments en 1978. Sur dix mille mètres carrés et trois niveaux, nous pourrons y admirer les trésors exposés, en permanence et lors de manifestations de prestige, par quelque deux cent cinquante professionnels.

◄ Bâtiment du ministère de la Culture, à l'angle des rues des Bons-Enfants et Saint-Honoré.

Vers 1913, la construction, sur le trottoir d'en face, d'une annexe aux grands magasins fit disparaître les derniers vestiges de l'ancienne église Saint-Honoré, détruite en 1793. Fondée en 1209, elle avait donné son nom à la rue et son essor au quartier. Elle fut rapidement entourée, au nord et à l'ouest, par le cloître Saint-Honoré, avec un cimetière à l'intérieur, situé à l'emplacement du n° 10, rue des Bons-Enfants. Elle fut agrandie en 1578 ; à partir de cette date, la corporation des boulangers y eut une chapelle et se plaça sous le patronage de saint Honoré. Si l'église a disparu, la tradition est restée. Dans le nom d'un gâteau devenu fameux, le crémeux « saint-honoré », et dans la célébration de leur saint patron, chaque année vers le 15 mai (saint Honoré se fête le 16), par les boulangers de la rue. La messe à Saint-Roch (au n° 296, rue Saint-Honoré) est suivie d'une procession jusqu'à la place du Palais-Royal.

De la rue des Bons-Enfants à la place du Palais-Royal

En allant vers le Palais-Royal, nous rencontrons, côté pair de la rue Saint-Honoré, la **rue des Bons-Enfants**, raccourcie, au cours des années 1920, par l'extension des bâtiments de la Banque de France. En 1833, s'y ouvrit un magasin de nouveautés – appelé Au coin de la rue – dont le concept novateur pour l'époque allait donner naissance à nos actuels grands magasins. Une des vendeuses, Marie-Louise Jay, devait plus tard épouser

▲ Rue Montesquieu.
◄ Rue de Valois.

Ernest Cognacq et fonder avec lui La Samaritaine.

Entre les rues des Bons-Enfants, Montesquieu, Croix-des-Petits-Champs et Saint-Honoré, les bâtiments occupés par le **ministère de la Culture** présentent des façades enveloppées d'une résille métallique qui, tout en gommant l'hétérogénéité du bâti existant, en laisse transparaître la diversité. Ces remaniements considérables furent réalisés, à la fin des années 1990, par les architectes Francis Soler et Frédéric Druot, confrontés à la coexistence de trois immeubles d'époques bien différentes – 1920, 1956 et 1980.

Les bâtiments des **n°s 15 et 17** de la rue, aux belles façades du XVIIIe siècle, constituent l'entrée de la **place de Valois**, surmontée d'un arc et un fronton néoclassiques. Sur la place, les **n°s 3, 4, 5, 6 et 7** possèdent également d'élégantes façades classées du XVIIIe siècle avec rez-de-chaussée, trois étages et combles à l'identique. Il est dommage que la façade sans entrée, qui est le dos du n° 4, rue de Valois, ait été surélevée et modernisée. La place fut transformée avec l'ouverture de la rue de Valois en 1784, lors du lotissement des jardins du Palais-Royal par le duc d'Orléans. Elle s'appelait auparavant place des Fontaines, sans doute à

cause de la proximité de réservoirs destinés au Palais-Royal.

La **rue de Valois** commence rue Saint-Honoré pour finir rue de Beaujolais. Ses numéros impairs correspondent à l'arrière des immeubles donnant sur le jardin du Palais-Royal. La plupart des numéros pairs, de la rue du Colonel-Driant à la rue de Beaujolais, furent, dans les années 1920, engloutis par l'agrandissement des bureaux de la Banque de France.

Engageons-nous dans la tranquille rue de Valois pour admirer, au **n° 3**, un pavillon avec balcon en fer forgé et fronton décoré, construit en 1766. Actuellement propriété du ministère de la Culture, il est traversé par le passage des Fontaines qui débouche sur la cour d'honneur du Palais-Royal.

Au **n° 4** se trouve un hôtel pour universitaires de passage à Paris (des travaux ont rompu l'harmonie avec les immeubles alentour). Les immeubles des **n°s 6 et 8, rue de Valois**, appelés hôtel de Mélusine en raison de leurs fresques du XVIIe siècle qui évoquaient la fée légendaire, sont dotés de magnifiques balcons

▲ 8, rue de Valois.
▶ 6, rue de Valois.

– également du XVIIIe siècle – soutenus par de superbes têtes de lions sculptées et… classées ! Vers 1670, l'hôtel était habité par le duc de Navailles dont l'épouse, dame d'honneur de la reine, tomba en disgrâce pour avoir repoussé les avances du Roi-Soleil, véritable offense au souverain. Un siècle plus tard, il fut acquis par le duc d'Orléans pour son épouse morganatique, la marquise de Montesson, puis vendu par les créanciers de Philippe Égalité en 1792.

Remarquons, au-dessus de la porte d'entrée du **n° 8**, la silhouette d'un bœuf. Là se trouva, de la fin du XVIIIe siècle jusqu'en 1936, le restaurant Le Bœuf à la mode, dont on habillait l'enseigne selon les modes et les régimes politiques.

C'est à l'emplacement du **n° 10** – où s'élèvent aujourd'hui des immeubles de la Banque de France et de la rue du Colonel-Driant – que se trouvait le bâtiment de la Chancellerie d'Orléans, souvent confondu avec l'hôtel de Mélusine. Il appartenait au Régent qui y logea d'abord un ministre, le cardinal Dubois, puis une

de ses maîtresses, Mme d'Argenton. Il fut vendu d'abord pendant la Révolution, puis, en 1916, à la Banque de France qui le démolit, en dépit de ses engagement à en conserver les vestiges classés...

Revenons sur nos pas jusqu'à la **rue Saint-Honoré** : à l'angle du **n° 202**, une plaque rappelle la présence à cet endroit, entre 1770 et 1781, de l'Académie royale de musique. Il s'agissait, en réalité, d'une salle d'opéra édifiée pour remplacer la précédente qui avait brûlé. Ce qui n'empêcha pas la nouvelle de brûler, elle aussi, en 1781, faisant vingt et une victimes. On construisit à la place un ensemble d'immeubles, inspirés des lotissements ordonnés par le duc d'Orléans, autour de jardins, avec un

entresol, un étage noble et un « attique » très bas, surmontés d'un dernier étage encastré dans la toiture.

Nous nous trouvons sur la **place du Palais-Royal**. Depuis la rue Saint-Honoré, nous voyons l'entrée du Louvre des antiquaires, et plus à droite, la façade Napoléon III du pavillon Richelieu, dite de la Bibliothèque. En face, l'arrière de l'hôtel du Louvre et surtout, sans changer de trottoir, la façade du Palais-Royal sur la cour de l'Horloge, qui abrite le Conseil d'État ; elle fut édifiée à la fin du XVIIe siècle puis remodelée par l'architecte du Louvre, Fontaine, sous la Restauration, sur les ordres du duc d'Orléans de l'époque, le futur Louis-Philippe.

▶ Conseil d'État, place du Palais-Royal.

▼ 202, rue Saint-Honoré.

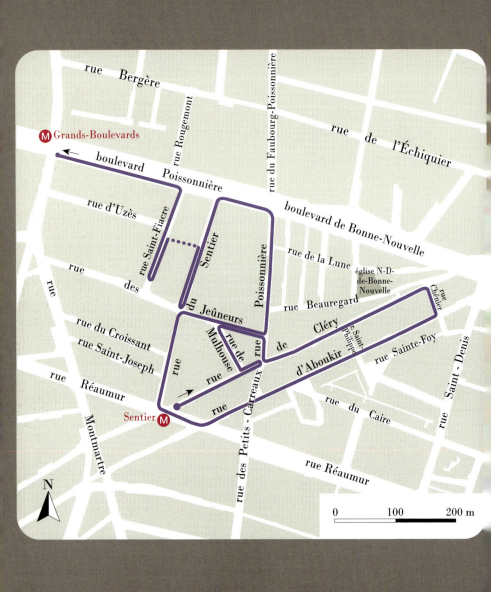

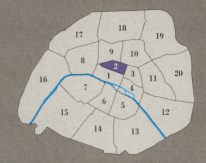

2^e

Le Sentier

▶ Départ : rue Réaumur, métro Sentier
▶ Arrivée : boulevard Poissonnière, métro Grands-Boulevards

Nous nous trouvons à l'angle des rues Réaumur (au n° 112), de Cléry et d'Aboukir. La première, large artère tracée au XIXe siècle, a tranché ces rues du vieux Paris. Les rues de Cléry et d'Aboukir sont deux longues rues parallèles, reliées parfois par des chemins transversaux. Cette disposition, exceptionnelle dans le tissu urbanistique parisien, tient à leur origine.

Reportons-nous en 1634, au moment où une partie de l'enceinte de Charles V, qui s'étendait depuis la porte Saint-Honoré (161, rue Saint-Honoré) jusqu'à la porte Saint-Denis (285, rue Saint-Denis), fut abattue. La démolition du rempart et l'arasement de la butte qui le portait servirent à combler le fossé. La rue d'Aboukir fut donc formée sur le tracé même de ce remblai, le chemin de contrescarpe devenant la rue de Cléry. L'une et l'autre furent interrompues par le percement de la rue Réaumur en 1894-1895. Les nos 16 à 24 et 11 et 13 de la rue de Cléry furent emportés, les nos 55 à 63 et 62 à 76 de la rue d'Aboukir supprimés, et le n° 1 de la rue du Sentier disparut. De fait, la rue Réaumur constitue une frontière artificielle dans ce quartier homogène, tant à cause des imposants immeubles du XIXe siècle qui la bordent que de son intense circulation.

La rue de Cléry de la rue Réaumur à la rue de Mulhouse

Depuis la **rue Réaumur**, empruntons la **rue de Cléry**, qui fut lotie au XVIIe siècle et au début du XVIIIe. Pierre et Nicolas II Delespine, issus d'une dynastie d'architectes, y construisirent plusieurs maisons vers 1735. De même

▲ Rue de Cléry.
(© Gilles Targat)
▼ 19, rue de Cléry.

Victor-Thierry d'Ailly, dont on a retrouvé les marchés passés entre 1718 et 1720. Au XVIIe siècle, Pierre Corneille s'y établit après avoir quitté Rouen pour Paris. Il fut l'hôte du duc de Guise, puis se logea rue Saint-Sauveur, près de l'Hôtel de Bourgogne. En 1674, il loua, avec son frère, une maison rue de Cléry, moyennant un loyer annuel de neuf cents livres. Elle se composait de neuf chambres, trois par étage, un grenier, ainsi que des caves, une cuisine, une salle, un cabinet, une cour et une écurie. Bien que Corneille ne semble pas avoir subi de revers de fortune dans les dernières années de sa vie, il déménagea, entre 1681 et 1683, pour la rue d'Argenteuil. Il souhaitait sans doute se rapprocher du Louvre où se réunissait alors l'Académie française, aux séances de laquelle il était fort assidu. À sa mort, en 1684, son frère Thomas fut reçu à son fauteuil et l'éloge fut prononcé par Jean Racine.

Arrêtons-nous devant le **n° 19**. L'inscription « Ici habita de 1778 à 1789 Madame Vigée-Lebrun, peintre, 1755-1842 », pique la curiosité. La célèbre portraitiste épousa, en 1776,

Jean-Baptiste Lebrun (1748-1813), habile marchand d'art, collectionneur, critique d'art et expert. Il voyageait sans cesse, achetant en Italie et en Hollande des œuvres d'art qu'il revendait aux collectionneurs parisiens. En 1778, Lebrun possédait l'hôtel de Lubert, ancienne propriété de Robert Poquelin, un des frères de Molière. Celui-ci était divisé en appartements qu'occupaient le marquis de Pezay, le peintre Ménageot et le ménage Lebrun. Dans ses *Mémoires d'une portraitiste* (1835), Élisabeth Vigée-Lebrun écrit : « Après mon mariage, je logeais encore rue de Cléry, où M. Le Brun avait un grand appartement, fort richement meublé, dans lequel il plaçait ses tableaux de tous les grands maîtres. Quant à moi, je m'étais réduite à occuper une petite antichambre, et une chambre à coucher qui me servait de salon. » En 1778, le premier portrait peint d'après nature de la reine Marie-Antoinette lui apporta la notoriété. La société parisienne se pressait à ses soirées. Leur habitation devenant exiguë, Lebrun résolut de l'agrandir : « Je désirais que ma femme y eût un atelier commode, et moi, j'y voulais une galerie propre à recevoir une collection de tableaux précieux et autres objets d'art que je rassemblais depuis vingt ans. Le terrain était irrégulier, l'emplacement étroit ; c'est ici que l'on voit tout ce que peuvent les efforts, les ressources du génie » (catalogue de la vente Raymond, 1811).

L'exécution des travaux fut confiée, en 1785, à un ami de Ménageot, l'architecte toulousain Jean-Arnaud Raymond, qui entreprendrait plus tard le vitrage de la grande galerie du Louvre. À la place du jardin, s'érigea une demeure élégante comprenant deux appartements et une galerie. Dans la cour de l'hôtel Lubert fut bâtie la salle des ventes où Lebrun organisa, entre 1771 et 1813, cent soixante-cinq ventes, accompagnées de catalogues qu'il rédigeait. Par ses publications, il attira l'attention sur les peintres de genre du XVIIe siècle, tel Vermeer. Il joua un rôle important dans la création du Muséum des Arts en 1793, montrant une réelle compétence dans le domaine de la conservation et de la restauration des tableaux. Pendant la Terreur, alors que l'église Notre-Dame-de-Bonne-Nouvelle était fermée, cette salle fut réquisitionnée pour la célébration des baptêmes et mariages. « L'oratoire de la rue de Cléry » accueillit plus tard des concerts, puis disparut. Calomniée par une correspondance apocryphe, Mme Vigée-Lebrun dut s'expatrier en 1789. Elle poursuivit sa carrière en Europe, en Russie et ne revint dans son hôtel qu'en 1802. Celui-ci avait son entrée dans la rue du Sentier.

Au **n° 34** de la rue de Cléry, admirons la partie supérieure de la porte cochère ornée de deux médaillons. Chaque tête masculine, représentée de profil à la manière antique, est sertie dans une couronne de laurier agrémentée de rubans. Au **n° 40**, le centre de la façade est discrètement marqué par un arc agrafé et une corniche au-dessus de la fenêtre du premier étage. On remarque un marteau

◀ 34, rue de Cléry.

de porte sur la porte cochère. L'immeuble de sept travées élevé au **n° 42** s'ouvre par une haute porte cochère embellie d'un beau décor rocaille. Celui du **n° 44** se termine en proue effilée sur la rue des Petits-Carreaux. Sa porte d'entrée, agrafée par un joli visage féminin, est enrichie d'une imposte en fer forgé, au centre de laquelle on déchiffre le monogramme PB.

Revenons sur nos pas. Au **n° 27**, l'hôtel Picard, bâti au XVIIe siècle, fut occupé en 1720 par Claude Leblanc (1669-1728), secrétaire d'État, puis par Jacques Necker (1732-1804) et son épouse entre 1765 et 1776. Celle-ci y tint un célèbre salon que fréquentaient Buffon, Marmontel, Chamfort, Grimm, l'abbé Raynal. Leur fille Louise-Germaine, future Mme de Staël, y naquit en 1766 et grandit dans cette atmosphère intellectuelle, animée autant par les écrivains que par les hommes politiques alliés au futur ministre de Louis XVI.

De la rue de Mulhouse à la rue de Cléry

Traversons la rue de Cléry. Sur l'emprise de l'hôtel Picard, dont ils étaient propriétaires, les frères Périer créèrent la **rue de Mulhouse**, en vertu de l'ordonnance royale du 24 janvier 1843, et sous condition de supporter « les frais de pavage en pavés durs et ceux de construction de trottoirs en granit avec bordure ». Empruntons-la.

Nous sommes frappés par l'homogénéité de l'architecture de cette rue. Tous les immeubles sont élevés sur quatre étages, et leurs façades, bien structurées, comportent des éléments décoratifs variés, inspirés essentiellement du répertoire de la Renaissance. Au **n° 2**, rinceaux, feuillages, roseaux, oiseaux, serpents, mascarons égaient des pilastres aux chapiteaux composites. Sur la façade du **n° 3**, chaque étage est souligné d'une corniche décorée de motifs géométriques ou naturalistes. De même qu'aux **nos 1 et 5**, les baies se caractérisent par un encadrement sculpté, aux angles duquel une rosace apparaît comme un leitmotiv. Au **n° 4**, les baies sont surmontées de tables sculptées et de corniches aux consoles ouvragées. Une frise de rinceaux ornemente la façade du **n° 6**. Sur la façade du **n° 8**, un avant-corps très peu saillant est délimité par des corniches et des pilastres incrustés de losanges noirs, à l'imitation des décors florentins du XVIe siècle.

▲ Hôtel Picard, 27, rue de Cléry.
▶ 4, rue de Mulhouse.

▲ 10, rue des Jeûneurs.
▶ Hôtel de Noisy, 2-4, rue Poissonnière.

Aux **n°s 2 et 4** se dresse l'hôtel de Noisy, construit en 1720. Bien qu'on manque de recul pour apprécier sa façade couronnée d'un fronton brisé, nous apprécierons, au centre, le cartouche encadré d'une abondante décoration de style rocaille qui déborde de son cadre pour former l'agrafe de la baie cintrée du deuxième étage. Notons aussi la finesse des mascarons rehaussant l'arcade murée du deuxième étage, la porte d'entrée (au **n° 31, rue de Cléry**) et le galbe des balcons. Une belle rampe d'escalier en fer forgé est conservée.

Tournons à droite dans la **rue des Jeûneurs**. Côté impair, **du n° 5 au n° 1**, les façades présentent les mêmes dispositions que les façades principales donnant sur la rue de Mulhouse. Au **n° 10** existe une parcelle très profonde dont l'entrée, garnie de trottoirs, comporte des rails pour wagonnets scellés dans les pavés. La porte cochère s'ouvre, dans une belle arcade cintrée, au centre d'une façade du XVIIe siècle. L'escalier a été préservé.

Nous croisons la **rue Poissonnière**, que nous empruntons à droite pour voir, aux **n°s 3 et 8**, des ferronneries intéressantes.

▶ Statue de sainte Catherine, 29, rue de Cléry.

La maison du XVIIe siècle qui fait **l'angle du n° 1, rue Poissonnière avec le n° 29, rue de Cléry**, rythmée par des pilastres très simples, appartenait à l'hôtel Sainte-Catherine. La statue qui orne l'encoignure date peut-être de la même époque. La roue et la palme qui sont à ses côtés appartiennent à l'iconographie traditionnelle de sainte Catherine d'Alexandrie, et elle reçoit, depuis le 25 novembre 1926, le traditionnel hommage des catherinettes. En 1714, la rue de Cléry « forte de trente-neuf maisons et quinze lanternes » se terminait là.

La rue de Cléry de la rue Poissonnière à la rue Chénier

La section que nous allons maintenant parcourir portait, autrefois, le nom de Mouffetard, tiré de « mouffette » (ou « mofettes »), désignant les exhalaisons putrides émanant des immondices déposées près du boulevard de Bonne-Nouvelle. Neuf lanternes y éclairaient quarante-deux maisons habitées, en majorité, par des menuisiers-ébénistes.

◀ 39, rue de Cléry.
▲ 37, rue de Cléry.

Prenons donc, vers la gauche, la **rue de Cléry** en direction des Boulevards. Au **n° 37**, une maison de deux étages a gardé ses mansardes. Le balcon datant du XVIIIe siècle embrasse toute la façade de l'hôtel surélevé au **n° 39**. D'un trottoir à l'autre, nous pouvons observer des ferronneries du XVIIIe siècle, comme aux **n°s 41, 48 et 52**.

Au **n° 54**, une grande paire de ciseaux attire notre attention. Cette

La rue de Cléry : un village de menuisiers au XVIIIe siècle

En 1623, la franchise accordée par Louis XIII aux menuisiers incita ceux-ci à se fixer dans le quartier de Bonne-Nouvelle, tandis que les ébénistes se regroupaient dans un autre enclos privilégié, le faubourg Saint-Antoine. Des dynasties influentes, apparues souvent très tôt au XVIIe siècle, formèrent le noyau d'une communauté qui, au XVIIIe, porta à son apogée son savoir-faire et ses talents.
Elles habitaient et travaillaient rue de Cléry, où prospéraient soixante ateliers.
On dénombrait également dix ateliers rue d'Aboukir, quatre rue Beauregard et quatre rue Poissonnière. Cette communauté se composait « d'ouvriers libres », non soumis à la juridiction du Châtelet. Ils jouissaient du droit d'exercer leur métier sans besoin d'une maîtrise, mais subissaient, néanmoins, les contrôles de la jurande. Interdiction leur était faite d'estampiller leurs travaux. Les moins argentés n'avaient pas de clientèle privée et travaillaient en sous-traitance pour les maîtres-menuisiers ; détenteurs de la maîtrise, ceux-ci estampillaient leurs meubles.

2e | Le Sentier

▲ 54, rue de Cléry.
▼ 97, rue de Cléry.

enseigne signale la coutellerie Hamon, fondée en 1818, où six générations se sont succédé. Les Hamon inventèrent, outre la coutellerie générale, une pâte pour affûter les rasoirs. Lors de la première Exposition universelle, en 1855, ils remportèrent le premier prix et firent, des médailles obtenues à cette occasion, des moulages qu'ils incluront dans la façade de la maison ; on reconnaît parmi eux le portrait de Napoléon III. La maison est actuellement spécialisée dans la ciselerie destinée aux professionnels du textile. Au début du XXe siècle, un négoce différent florissait dans la rue : on y vendait du linge de maison et, selon une tradition anciennement établie, des meubles.

En suivant cette rue longue de six cents mètres, on constate que l'alignement ancien a été protégé **du n° 68 au n° 96 et du n° 65 au n° 93**.

La dernière maison de la rue de Cléry (au **n° 97**) s'élève sur une parcelle exiguë à l'angle de la rue Beauregard. Sur le mur, est apposée une plaque commémorative : « Ici habitait, en 1793, le poète André Chénier ». Cette information est erronée

car elle s'appuie sur la numérotation de l'époque révolutionnaire. En réalité, le dernier domicile d'André Chénier se situait à l'actuel n° 23. Arrêté le 6 janvier 1794 à Versailles et accusé d'avoir pris une part active à la défense de Louis XVI, Chénier fut décapité place de la Nation et enterré au cimetière de Picpus.

En l'honneur du poète, la rue Saint-Claude fut baptisée **rue Chénier** en 1864. Sa formation, à l'angle du 92, rue de Cléry, remonte à 1660. Elle est en pente car elle coupe successivement la rue de Cléry (ancien chemin de contrescarpe), la rue d'Aboukir (dont le côté sud matérialise le rempart et le côté nord, le fossé) et la rue Sainte-Foy (le chemin de ronde intérieur).

Par la rue Chénier, descendons vers la rue d'Aboukir. Face à nous, une maison de trois étages occupe l'angle de la seconde (**n° 132**) avec la première (**n° 3**). Sur la façade, les divisions horizontales et verticales sont fortement accusées, et chaque baie est surmontée d'une corniche soutenue par des consoles sculptées. Rinceaux et écussons fleuris au premier étage, fleurs et rosaces au deuxième, têtes féminines au troisième, décorent les tables des fenêtres. Cette maison fut bâtie par Jacques-Pierre Gisors (1755-1818), sans doute pour son usage personnel. Issu d'une longue lignée d'architectes, il jouissait d'une bonne réputation qui l'amena à être député du district de Bonne-Nouvelle à l'assemblée des représentants de la Commune. C'est lui qui aménagea, de 1795 à 1797, dans le Palais-Bourbon, pour le Conseil des Cinq-Cents, la salle des séances où siège actuellement la Chambre des députés.

La rue d'Aboukir

Tournons à droite pour emprunter la **rue d'Aboukir**. Nous remarquons des ferronneries du XVIIe siècle avec monogramme indéchiffrable au **n° 126**, et des balcons à volutes du XVIIIe siècle aux **nos 135 et 133**. Au **n° 131**, l'hôtel du XVIIIe siècle appartenant à Charles Dupaty fut, longtemps, une maison de tolérance. À l'issue d'une rénovation, les mansardes et les garde-corps ont été conservés, tandis que deux portes en verre remplacent la porte originale. Au **n° 123**, Gustave Charpentier, alors étudiant au Conservatoire, loua avec un ami un appartement, en 1880. Des ferronneries intéressantes, datant du XVIIe (**n° 121**) et du XVIIIe siècles (**nos 114 et 112**) méritent d'être mentionnées.

Au **n° 119**, l'ensemble – porte, balcons, escalier – date du XVIIIe siècle. L'immeuble érigé, à la même époque, au **n° 115**, à l'angle de la rue Saint-Philippe, est très homogène : remarquons le décor à refends, l'ampleur des arcades à l'entresol, les niches vides placées en angle, les belles proportions des baies. Un mascaron de femme enjolive la clef de la porte cochère ; un mascaron d'homme forme pendant. L'escalier est placé à droite en entrant. En levant la tête, nous apercevons, sur la **rue Saint-Philippe**, une mansarde à poulie, disposition répandue dans tout ce quartier.

Au **n° 102, rue d'Aboukir** se développe une harmonieuse façade de quinze travées, construite au XVIIIe siècle. Le fer forgé embellit, avec plus ou moins de sophistication, toutes les façades de la rue : remarquons les ferronneries cintrées du **n° 101** ou celles, plus simples, des **nos 111, 96, 87, 85, 83**.

Au **n° 94**, l'immeuble date du Directoire. À noter : le balcon supporté par des consoles agrémentées de pommes de pin et pourvu d'un garde-corps portant le monogramme PB ou SB. Au **n° 87**, une coquille orne la porte charretière. La maison du **n° 88** comporte un fronton. Au **n° 77**, à l'angle de la rue d'Aboukir et de la rue des Petits-Carreaux, subsiste un immeuble dont la grille, à double battant avec imposte en fer ouvragé, pourrait être l'entrée d'un ancien hôtel. En 1902, on indiquait, à cette adresse, un café agencé par Pierre François Léonard Fontaine en 1812. Les **nos 71, 69 et 67** datent du XVIIIe siècle. Ils conservent des façades en pierre, marquées discrètement à chaque niveau, ainsi que des balconnets en fer forgé.

◀ 131, rue d'Aboukir.
▶ 87, rue d'Aboukir.

2ᵉ | Le Sentier | 33

▲ 114, rue Réaumur.
► 1, rue du Sentier.
▼ 8, rue du Sentier.

De la rue du Sentier à la rue des Jeûneurs

Nous rejoignons la **rue Réaumur** que nous empruntons, vers la droite, jusqu'à son croisement avec la **rue du Sentier**. L'immeuble, édifié en 1897, qui fait **l'angle du n° 114, rue Réaumur avec le n° 2, rue du Sentier** est l'œuvre de L. Storck. Pour réaliser la toiture, l'architecte fut autorisé à dépasser le rayon du comble fixé par l'administration. En face, l'immeuble imposant du **n° 1, rue du Sentier** est signé A. Walwein, 1897. Ces deux immeubles détonnent avec les habitations voisines qui, **du n° 7 au n° 19**, respectent le rang ancien de la rue du Gros-Chenet, bâtie au XVIIᵉ siècle.

En 1849, cette rue du Gros-Chenet – dont on devine le nom sur le mur de la maison du **n° 9**, rue du Sentier – fusionna avec la rue du Sentier qui reliait la rue des Jeûneurs au boulevard. Dans un hôtel de la rue du Gros-Chenet, à l'enseigne des Quatre-Fils Aymon, séjournèrent, en avril 1778, Wolfang Amadeus Mozart et sa mère Anna-Maria. Vers le 15 juin, celle-ci ressentit les premiers symptômes d'un mal qui l'emporta quelques jours plus tard. Elle mourut, sans doute d'une typhoïde, le 3 juillet. Le soir même, Mozart écrivit à son père « qu'Anna-Maria était très malade » et, dans une autre lettre, pria l'abbé

Bullinger de préparer sa famille à recevoir la douloureuse nouvelle : « Pleurez avec moi, mon ami ! Ce jour fut le plus triste de ma vie. Je vous écris à deux heures de la nuit. Il faut que je vous dise ceci : ma mère, ma chère mère n'est plus ! Dieu l'a rappelée à Lui. Il voulait l'avoir, je le vois clairement. Je m'en suis remis à Sa volonté. Il me l'avait donnée, Il pouvait aussi me la prendre […]. » Une inscription mentionnant cet événement est apposée au **n° 8, rue du Sentier**, sur la façade remaniée de l'hôtel Lebrun.

Passons le porche de celui-ci et retournons-nous. La sobre façade sur rue s'arrondit, du côté jardin, selon un hémicycle concave. À l'étage noble étaient distribués les deux appartements des Lebrun (évoqués page 27). La forme ronde ou ovale était alors fort estimée dans les pièces principales de l'appartement. La galerie se développait à l'étage supérieur. Spacieuse, éclairée par un lanterneau vitré, elle était peinte en grisaille. Sur les bibliothèques en marqueterie étaient exposées des reproductions de bronzes antiques. Dans le jardin, un autre bâtiment servait d'atelier à la portraitiste. Sa façade circulaire, percée de niches, répondait à la façade concave de l'hôtel. Cette disposition ingénieuse, inspirée des dessins palladiens, est connue par les dessins de Jean-Arnaud Raymond, conservés aux Archives nationales.

Au **n° 13**, l'immeuble restauré a de jolis garde-corps et une rampe en fer forgé. À l'angle de la rue du Sentier (**n° 15**) et de la rue du Croissant, M. Carette commanda, en 1898, à l'architecte A. Guilbert, un immeuble en pierre avec structure métallique, en vue de créer des ateliers sur trois étages. Au **n° 10**, un vaste immeuble de dix travées date du XVIIIe siècle. Au **n° 12** demeurent les dépendances de l'hôtel Necker, sis rue de Cléry ; les fenêtres de l'étage noble sont surmontées de corniches qui s'harmonisent avec la corniche principale.

Nous croisons la **rue des Jeûneurs** et l'empruntons à droite. Les immeubles vétustes des **n°s 18, 16 et 14** ont gardé leurs balcons anciens. L'imprimeur Selligne, installé au n° 14, possédait une des rares presses mécaniques à vapeur

▲ 13, rue du Sentier.
◀ 15, rue du Sentier.
▼ 11, rue des Jeûneurs.

► 44, rue Poissonnière.

▼ 45, rue du Sentier.

de Paris. En 1828, Émile de Girardin lui confia l'impression de son premier journal, *Le Voleur*. Au **n° 11**, une tête de lion et une tête hybride, mi-loup mi-homme, en mauvais état, épousent les volutes des consoles soutenant la corniche de la porte. Sur l'extrados, un mascaron – assez proche d'un masque théâtral – semble remplacer un décor perdu.

La rue et le boulevard Poissonnière

Nous poursuivons la rue des Jeûneurs, dans la partie que nous connaissons déjà, pour rejoindre la **rue Poissonnière**. Jusqu'en 1635, celle-ci fut appelée chemin des Poissonniers, car c'était une section de l'itinéraire que suivaient les chasse-marée se dirigeant vers les Halles.

Prenons-la vers la gauche, dans la direction du boulevard. Au **n° 18**, à l'angle du n° 1, rue Beauregard, l'immeuble fut construit par Pierre de Vigny vers 1737. L'alignement décrété au XVIIe siècle est lisible **du n° 25 au n° 31**. Outre les mansardes superposées, on trouve encore quelques belles ferronneries : au **n° 15**, un motif à l'étoile ; au **n° 34**, le monogramme PCB ; au **n° 44**, la représentation d'une lyre. Au **n° 33**, à la place du fameux chocolatier Giudicelli, s'élève un immeuble réalisé par Léon Schneider en 1933. André Joubin bâtit l'immeuble du **n° 38** en 1930.

Lefeuve fait revivre l'endroit qu'habitait Jérôme Derbais en 1700 (**n° 35**) : « ... Un grand terrain qui longeait le Rempart, c'est-à-dire le boulevard, à partir de la rue des Poissonniers. C'était une portion de la Vallée-aux-Voleurs, dans laquelle on avait détroussé les passants et qui

devait à un autre genre de licences le synonyme de Champ-aux-Femmes. » Maître sculpteur et marbrier du roi, Derbais exécuta, pour le marquis de La Feuillade, le piédestal de la statue de Louis XIV, destiné à la place des Victoires (voir page 11). D'autres sculpteurs-marbriers s'installèrent dans ce quartier, tels les Misson père et fils, au **n° 37** de la rue Poissonnière. Les Derbais et les Dezègre contractèrent des alliances familiales et spéculèrent sur des terrains du quartier.

Nous débouchons sur le **boulevard Poissonnière**, dont la largeur de trente-cinq mètres fut prescrite par ordonnance du 4 mai 1826. Les **nos 1, 3, 5, 7, 9, 17, 23 et 27** sont alignés à quelques mètres d'une rangée de sophoras. Aux **nos 1 à 5** se dresse le Rex, le plus vaste cinéma de la capitale (voir encadré page suivante).

Au **n° 7** existait, au XIXe siècle, le magasin de nouveautés Chevreux-Aubertot, célèbre pour son « prix fixe ». C'est là que Gaumont ouvrit, en 1908, la première salle de cinéma, le Gaumont-Théâtre, en service jusqu'en 1977. Au **n° 9**, un vaste immeuble de douze travées remplace l'ancien hôtel de Rouillé (1728). La porte cochère, ménagée sur la **rue du Sentier** (**n° 45**), contient un décor de croisillons sur les vantaux et de flèches à l'imposte (fin du XVIIIe siècle).

Le Rex, un temple à la gloire du cinéma

En 1930, Jacques Haïk, riche producteur, eut l'idée de créer un vaste music-hall de cinq mille places, projet écarté au profit d'une salle de cinéma de trois mille trois cents places. Il choisit comme modèle les salles « atmosphériques » américaines, dont le décor suggère l'ambiance d'une nuit d'été. Il fit venir des États-Unis le spécialiste du genre, John Eberson, auquel il adjoignit l'architecte André Bluysen. La salle était, en elle-même, une attraction. Sur les côtés étaient juxtaposés différents tableaux d'inspiration orientale ou exotique dus à Maurice Dufrêne : palais marocains, colonnades antiques, palmiers, statues, minarets, haciendas espagnoles, balcons fleuris et Diane chasseresse. Dans la voûte céleste, à vingt-cinq mètres du sol, chaque étoile était fixée à un cône incrusté de perles de verre qui réfléchissent et décomposent la lumière. La technique donnait l'illusion du plein air. Un brénographe projetait des nuages pour animer ce ciel étoilé. Un système permettait de renouveler l'air cinq fois par heure, de façon à créer une atmosphère idéale. La scène, d'une ouverture de vingt-quatre mètres et d'une profondeur de huit mètres abritait un écran de dix-huit mètres de large, et était encadrée par une gigantesque arche lumineuse typique du style Art déco. Une fosse d'orchestre ascendante faisait apparaître les cinquante musiciens qui ouvraient généralement le spectacle. Les services proposés à la clientèle étaient aussi variés que luxueux : sièges équipés d'appareils pour les personnes mal entendantes, studio d'enregistrement, loges, infirmerie, chenil et nursery. Le cinéma fut inauguré

La rue du Sentier et la rue Saint-Fiacre

Tournons à gauche dans la rue du Sentier et arrêtons-nous, au **n° 32**, devant l'hôtel du président Masson de Meslay, échevin en 1700. Composé dans le style de la fin du règne de Louis XIV, ce superbe hôtel est soumis à un retranchement de deux mètres. Admirons la belle ordonnance du portail, orné d'un cartouche et de consoles à gueules de lion. Sur cour, l'avant-corps central en saillie donne à la façade un air monumental. Les éléments décoratifs appliqués sur les façades des deux bâtiments sont multiples : rosaces, guirlandes, rubans, coquilles, feuilles de laurier, perles, mascarons, volutes... Un couloir au plafond sculpté conduit dans une deuxième cour bordée d'un bâtiment de même facture.

Les bornes de pierre du **n° 28** protégeaient les murs du passage des voitures qui circulaient dans les différentes cours agencées dans la parcelle. Au **n° 24**, un hôtel de quatre étages est agrémenté de ferronneries anciennes diversifiées.

Entrons au **n° 22**. Un arc outre-passé comprenant une imposte en fer forgé met en valeur l'entrée de l'escalier. Dans cet hôtel (**n°s 22 et 24**) habita, de 1745 à 1765, Le Normant d'Étiolles. Il fut, après son divorce, nommé Fermier général alors que son ex-femme – née Jeanne Poisson – était présentée à la cour sous le nom de marquise de Pompadour. Il y vécut avec Mlle Raime, danseuse de l'Opéra, qu'il épousa par la suite. Des peintures de Fragonard et de Boucher, aujourd'hui dispersées, embellissaient leur salon ovale. En 1787,

▲ 32, rue du Sentier.

2e | Le Sentier | 37

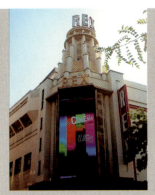

▲ Le Rex,
1-5, boulevard Poissonnière.

le 8 décembre 1932 avec un programme grandiose comprenant la projection du film d'Henri Diamant-Berger, Les Trois Mousquetaires. En l'espace de quelques mois, J. Haïk fit faillite... Repris jusqu'en 1941 par Gaumont, réquisitionné par les autorités allemandes, le Rex fut racheté, après la guerre, par Jean Hellmann et connut alors un immense succès. Il pouvait enregistrer jusqu'à quatre-vingt mille entrées par semaine. La foule s'y pressait pour voir des films, des attractions de music-hall comme le trapéziste Zemganno, des artistes tels que Mayol ou Maurice Chevalier et des émissions de radio, enregistrées sur scène avec Bourvil ou Sidney Bechet. En 1974, par souci de rentabilisation, trois salles de cinéma furent construites en sous-sol dans les loges d'artistes. Un rideau de scène City of the eye, signé Edward Allington, fut monté en 1994. À Noël, tous les ans, le Rex présente la « Féerie des eaux ». À l'entracte, l'écran géant s'élève et découvre un vaste bassin dont les eaux, propulsées à vingt mètres de haut, retombent dans la lumière de vingt-six projecteurs multicolores. Élevé sur les boulevards, là même où le cinéma a débuté, le Rex demeure un témoignage vivant de l'âge d'or du Septième art. 1 250 000 spectateurs le fréquentent chaque année.

Harenc de Presles, célèbre pour sa collection de tableaux, leur succéda dans les murs.

Poursuivons à présent la rue du Sentier vers les Boulevards. Au **n° 33**, le pavillon de deux étages, enlaidi par des adjonctions contemporaines, masque un bâtiment sur cour de la fin du XVIIe siècle dont la façade secondaire donne rue Saint-Fiacre (n° 8). Ce fut la résidence de Jeanne Poisson, au début de son mariage, en 1741. De cet hôtel, qui figure sur le plan de Turgot (1739), subsistent une remarquable rampe en fer forgé et des lambris du début du XIXe siècle. Il fut transformé en local commercial au milieu du siècle dernier, époque à laquelle les entreprises de textiles en gros s'implantèrent rue du Sentier et alentour. Les hôtels furent alors adaptés aux besoins du commerce. C'est ainsi que le rez-de-chaussée, l'entresol et le premier étage du **n° 35** furent loués, en 1850, à un « fabricant à métier pour son compte » qui exploitait vingt-cinq métiers à Évreux, et que les écuries et la porte cochère du **n° 39** furent converties en boutique. Au **n° 37**, l'immeuble pensé par A. Siber, entièrement voué au commerce, était destiné à la firme Steinbach-Koechlin et Cie. Entrons sous le porche et suivons les rails pour wagonnets scellés dans le sol du passage organisé d'une rue à l'autre.

▶ 35, rue du Sentier.

Nous ressortons au **n° 12, rue Saint-Fiacre**. Tournons à gauche pour aller entrevoir, au **n° 8**, une façade du XVIIe siècle orientée sur une cour verdoyante : il s'agit de l'hôtel signalé au n° 33, rue du Sentier, occupé par la Réunion des musées nationaux.

Le boulevard Poissonnière

Par la rue Saint-Fiacre, regagnons le **boulevard Poissonnière**, au **n° 11**. À cet emplacement, l'hôtel du Fermier général Augeard était célèbre vers 1750. En 1929, Paul Farge édifia, à la place du Bouillon Duval, le Plaza, vaste salle de douze cents places, peinte dans les tons bleu-vert et or. Sous la direction de Mitty Goldin, ce fut, entre 1932 et 1956, un prestigieux music-hall. Goldin modifia son nom : « Je l'appellerai ABC, comme ça je serai toujours en tête, par ordre alphabétique, des programmes parisiens. » Tino Rossi y fit ses débuts

parisiens en juin 1934 et Édith Piaf en 1937. Léon Ledoux, concurrencé par Bruno Coquatrix à l'Olympia, céda la salle en 1964 aux frères Boublil. Transformée en cinéma entre 1965 et 1981, puis en restaurant, elle abrite aujourd'hui un magasin.

Cheminons le long du boulevard. L'immeuble du **n° 17**, propriété de M. d'Ailly au XVIIIe siècle, se distingue par sa terrasse plongeant sur le boulevard. En 1787, l'architecte Jacques Cellerier (1742-1814) construisit pour Cousin de Méricourt, caissier général des États de Bourgogne, l'hôtel du **n° 19**. Chaque niveau est affirmé par une corniche, tandis que le centre du bâtiment est discrètement marqué par un avant-corps de trois travées, couronné d'un fronton triangulaire. Selon Lefeuve, le maître maçon François-Nicolas Trou, qui travaillait sous les ordres de Cellerier, aurait prélevé des matériaux et monté pour son propre compte l'immeuble voisin, au **n° 21**. On y observe quelques similitudes (frontons triangulaires, balcon)

et des variations (pierres vermiculées, frontons cintrés, mascarons). Au **n° 27**, une inscription indique le passage de Frédéric Chopin en 1831-1832, moment où il arrive à Paris. Il livra ses premières impressions à Norbert-Alphonse Kumelski : « Dans mon cinquième étage (j'habite boulevard Poissonnière, n° 27) – tu ne pourrais croire combien est joli mon

◄ 8, rue Saint-Fiacre.

▼ 27, boulevard Poissonnière.

◄ 17, boulevard Poissonnière.

▲ Hôtel de Montholon, 23, boulevard Poissonnière.

logement : j'ai une petite chambre au délicieux mobilier d'acajou avec un balcon donnant sur les boulevards d'où je découvre Paris de Montmartre au Panthéon et, tout au long, ce beau monde. Bien des gens m'envient cette vue mais personne mon escalier » (lettre du 18 novembre 1831, envoyée à Berlin).

En 1840, cette adresse était connue pour le chocolat que produisait la fabrique Guérin-Boutron, une des cinq chocolateries de Paris. Sur cet emplacement, Jandelle fonda, en 1894, le café-concert Le Parisiana. Édouard Niermans élabora une façade surchargée de fleurs, de masques, de danseuses nues… En 1910, Paul Ruez sacrifia ce music-hall à la nouvelle mode du cinéma et obtint un vif succès. En 1957, la société Gaumont le convertit en une salle de dix-huit cents places, le Richelieu, puis le scinda en cinq salles avant de le vendre, en 1987, à un commerce.

Revenons sur nos pas, pour terminer notre promenade au **n° 23**, devant le plus bel hôtel du XVIIIe siècle restant sur les Boulevards. Le célè-

bre hôtel de Montholon fut érigé en 1775 pour Nicolas de Montholon, par François Soufflot dit le Romain, parent et élève du grand Soufflot. L'adjonction des boutiques et leurs placards d'enseignes au rez-de-chaussée gâchent l'effet monumental conféré à cette façade par l'ordre colossal. À l'intérieur est conservé le décor du petit et du grand salon auquel avait participé le peintre d'histoire Jean-Baptiste Robin. Tour à tour utilisé en dépôt par la manufacture d'Aubusson, puis devenu maison Sallandrouze en 1848, l'hôtel de Montholon accueillit des hôtes illustres, en particulier les Adam. Juliette Lamber avait épousé en secondes noces Edmond Adam, et ils s'établirent au quatrième, puis au troisième étage de l'hôtel, entre 1872 et 1886. La politique préoccupait beaucoup les Adam, très liés à Léon Gambetta. Aussi, le salon de Juliette Adam devint-il le cercle préféré, le point de ralliement des Républicains. Cependant, les invités se divertissaient également en disputant des parties de dominos, de bésigue ou d'échecs auxquelles participait l'acteur Coquelin. Juliette Lamber publia des romans et des souvenirs sur le siège de Paris après la guerre de 1870. Elle fonda *La Nouvelle Revue*, dans laquelle elle soutint de jeunes écrivains comme Pierre Loti.

De la terrasse de l'hôtel, on jouissait d'une belle vue sur le boulevard, panorama que l'on peut imaginer en contemplant, au musée Carnavalet, le tableau d'Isidore Dagnan, *Le Boulevard Poissonnière* (1834) : une large chaussée pavée, plantée d'arbres, flanquée de contre-allées et fréquentée par des marchands ambulants et des promeneurs, attirés par les terrasses des cafés et l'animation du lieu.

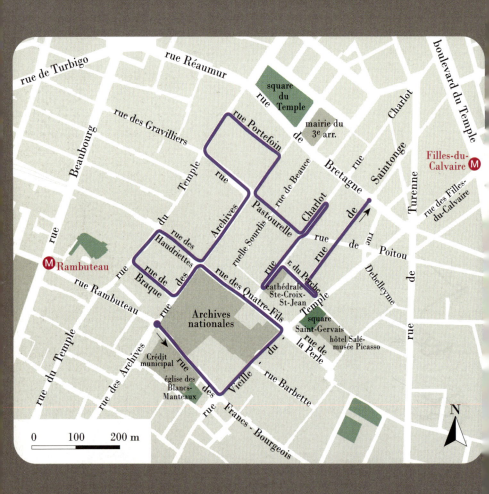

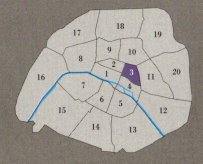

3e

Les terres du Temple

▶ Départ : rue des Archives,
métro Rambuteau

▶ Arrivée : rue de Bretagne,
métro Filles-du-Calvaire

Le quartier que nous allons découvrir dans cette promenade s'est bâti sur les terres du Temple, lotis en deux temps. La majeure partie le fut au Moyen Âge par les Templiers eux-mêmes (fin XIIIe), qui établirent une ville neuve autour d'un axe nord-sud, notre rue des Archives. Le reste des marais subsistants, appelés « couture du Temple », fut cédé à un consortium de financiers dissimulés derrière un homme de paille, Michel Pigou, et loti en 1608-1610. Henri IV souhaitait y établir une place royale qui devait s'appeler place de France : un demi-cercle entouré de bâtiments identiques, avec des tourelles et de hauts combles d'ardoises, d'où rayonneraient des rues neuves portant le nom des grandes provinces de France – Poitou, Bretagne, Normandie... Le couteau de Ravaillac en décida autrement, le 14 mai 1610, et le royal projet dut être abandonné. Il n'en subsiste que quelques noms de rues et le tracé en courbe de la rue Debelleyme, évoquant l'hémicycle.

La rue des Francs-Bourgeois

Nous partons du **croisement des rues Rambuteau, des Francs-Bourgeois et des Archives**, à l'endroit où s'élevait la porte du Chaume, qui marquait, au XIVe siècle, le passage entre Paris et la ville neuve des Templiers. Le carrefour est orné d'une ancienne fontaine, transformée, en 1705, en regard par l'architecte Jean Beausire ; remarquons son couvrement en pierre couronné d'une boule. Entrons dans la **rue des Francs-Bourgeois**, dont cette partie porta, jusqu'en 1867, le nom de rue de Paradis, qui lui venait d'une enseigne médiévale.

Nous sommes tout de suite saisi par l'entrée majestueuse de l'hôtel de Soubise, au **n° 60**. Le portail à colonnes corinthiennes est comme blotti dans un profond renfoncement en demi-lune, qui souligne la dignité de l'entrée et facilite le mouvement des voitures. Allons jusqu'à la cour, dont l'ampleur est celle d'un palais. C'est l'architecte Pierre-Alexis Delamair qui réalisa cet ensemble en 1705-1708, pour le prince François de Soubise et son épouse, Anne Chabot de Rohan. Ceux-ci venaient d'acheter le vieil hôtel des Guise (voir n° 58, rue des Archives, p. 48), qu'il fallait remettre au goût du jour ; tâche dont s'acquitta magnifiquement Delamair, qui se vit pourtant disgracié au moment de réaliser les décors intérieurs. À la mort de François de Sou-

▲ Hôtel de Soubise, 60, rue des Francs-Bourgeois.

◀ Carrefour des rues Rambuteau, des Francs-Bourgeois et des Archives.

bise, son fils préféré, Hercule-Mériadec, reprit la demeure. C'est à l'occasion de son remariage, en 1732, avec une jeune beauté de 19 ans, Marie-Sophie de Courcillon, qu'il demanda à Germain Boffrand de renouveler le décor de l'hôtel. L'architecte donna là un chef-d'œuvre (1735), témoignant dans les appartements de tout son génie de la décoration, avec l'aide des meilleurs artistes du moment : Boucher, Carle Van Loo, Restout, Lemoine, Natoire... L'ensemble est considéré comme l'un des plus beaux décors d'Europe. Après la tourmente révolutionnaire, l'hôtel fut rendu aux héritiers spoliés. Ceux-ci préférèrent le revendre, en 1807, à un nommé Chandor qui traita immédiatement avec l'État. En 1808, Napoléon décida alors d'affecter le palais Soubise aux Archives nationales, à titre provisoire : elles y sont toujours !

Comme l'entrée primitive de l'hôtel sur la rue des Archives était exiguë, Delamair eut l'idée de tourner la maison vers le sud, et de profiter, pour établir une vaste cour d'honneur, d'un ancien manège à chevaux. Il sut également persuader Mme de Soubise de l'agrément de la colonnade d'ordre composite qui, tout en

fermant l'espace, supporte un promenoir. Au fond, le corps de logis offre une façade dont le grand comble d'ardoises, un peu dissimulé par la balustrade, trahit le rhabillage de l'ancien mur latéral de l'hôtel de Guise. Delamair lui donna une réelle profondeur en poursuivant au rez-de-chaussée les couples de colonnes composites amorties, au premier étage, par des statues, *Les Quatre Saisons*, et surtout en traitant l'avant-corps en forte saillie, avec colonnes doubles et fronton ; quoique privé de ses armoiries sculptées, il a conservé, fait unique à Paris, ses statues couchées : *La Gloire* et *La Magnificence des princes*, sculptées par Robert Le Lorrain. En réalité, comme pour les *Saisons*, du même artiste, pleines de fermeté, il s'agit de copies modernes. Remarquons, dans les balcons et garde-corps de fer forgé, un losange doré : c'est la « macle » des Rohan, signe héraldique que l'on retrouvera par-

▶ La « macle », losange doré qui constitue le blason des Rohan.

▼ Deux des *Quatre Saisons* surmontant les couples de colonnes dans la cour d'honneur de l'hôtel de Soubise.

tout dans le palais, ainsi qu'à l'hôtel de Rohan (87, rue Vieille-du-Temple). À gauche, nous verrons, par une arcade, la cour des Marronniers, principale cour de l'hôtel de Guise avant Delamair, et reléguée au rang de cour secondaire. Au-dessus se trouve la chapelle de l'hôtel. De l'autre côté, vers l'est, on voit, par une grille, une allée qui s'enfonce dans l'îlot : c'est l'ancienne ruelle de la Roche, englobée par les Archives nationales après 1808, et que les habitants empruntaient sous l'Ancien Régime pour rejoindre la rue Vieille-du-Temple.

Reprenons la rue vers l'est. Face au portail, en sortant, nous avons devant nous (**n° 59**) une vigoureuse façade en pierre de style néo-classique datant de 1775.

Les Archives nationales possèdent une succession d'hôtels mitoyens, ravalés avec soin ces derniers temps, qui forment un ensemble remarquable. C'est d'abord au **n° 58 bis** l'hôtel d'Assy. Il fut construit en 1642-1643 pour le financier Denis Marin de la Chataigneraie, sans doute par l'architecte Pierre Le Muet. La façade est très sobre et seules les lucarnes en pierre moulurées trahissent une riche demeure. L'hôtel appartint, sous Louis XVI, à Jean-Claude Geoffroy d'Assy, guillotiné à la Révolution. Ses héritiers vendirent la demeure aux Archives en 1842. C'est au premier étage que Michelet eut son bureau ; le rez-de-chaussée abrita, jusqu'en 1902, la première salle de lecture du public. On devine l'arcade obturée de l'ancienne porte cochère.

Au **n° 56**, une puissante façade en pierre de taille jette en avant un solide balcon soutenu par des consoles ornées de tournesols : c'est la maison construite, en 1752, par l'architecte Mansart de Sagonne pour Jérôme-Gilbert Claustrier, garde des registres du Contrôle général.

Le **n° 54** est l'hôtel de Jaucourt, acquis par les Archives après la dernière guerre. Construit en 1599 pour Jean de Ligny, il fut transformé, à partir de 1684, pour le lieutenant civil du Châtelet Jean Le Camus. Robert de Cotte en dessina le sobre portail en 1687. La demeure fut très remaniée et surélevée à la fin du XVIIIe siècle ; lors de sa restauration, on redécouvrit les lucarnes de 1599 noyées dans les maçonneries et il fut décidé de resti-

◂ Grille de l'ancienne ruelle de la Roche.

▾ 59, rue des Francs-Bourgeois.

tuer l'état d'origine, mais la rénovation se révéla trop raide. Au-delà, la voie a perdu ses maisons anciennes jusqu'à la rue Vieille-du-Temple.

La rue Vieille-du-Temple

Le carrefour avec la rue Vieille-du-Temple est dominé par le cadavre exsangue de l'**hôtel Hérouet** : touché par une bombe allemande le 26 août 1944, il connut d'importantes rénovations. La tourelle, finement ouvragée dans le goût gothique flamboyant, est bien tout ce qui reste de la maison construite, au début du XVIe siècle, pour Jean Hérouet, trésorier de Louis XII. Prenons la **rue Vieille-du-Temple** vers la gauche. Au **n° 75**, nous découvrons une discrète demeure du Marais, l'hôtel de La Tour du Pin, élevé en 1724 par l'architecte Villeneuve pour Nicolas Bertin, trésorier des Parties casuelles ; après lui, il appartint aux marquis Gouvernet de La Tour du Pin qui lui laissèrent leur beau nom. L'hôtel adopte un plan traditionnel en U, et les élévations en pierre sont traitées avec une sobriété pleine de goût, que rehaussent seulement les appuis de fer forgé au mouvement chantourné. À la suite de l'hôtel, une haute maison locative, du même architecte, qui masquait depuis la rue la cour des communs, possède une façade en pierre aux proportions parfaites. Les maisons voisines, toutes anciennes, forment un ensemble homogène ; notons la boutique Empire des **n**os **77 et 79**, dont la façade est terminée par une vaste lucarne à fronton XVIIe.

Nous arrivons, au **n° 87**, à l'hôtel de Rohan, dont les bâtiments s'étendent jusqu'à la rue des Quatre-Fils, mais dont l'accès est malheureusement provisoirement fermé à la visite. Le cinquième fils des Soubise, Armand-Gaston, était cardinal. Sur un terrain que ses parents lui cédèrent, il fit élever cette belle résidence, également par Delamair et à la même époque (1705-1708) que l'hôtel de Soubise, mais sans que l'architecte eût à rhabiller une ancienne demeure. En comparant les deux hôtels, nous remarquons ici une austérité plus grande, une économie de moyens qui s'explique peut-être par la fonction de prélat du commanditaire. La façade, étroite et verticale, jaillit au fond d'une cour entourée de bâtiments bas. Par la suite, ayant acquis les maisons voisines, le cardinal put faire aménager une basse-cour et d'immenses écuries qui contenaient une cinquantaine

◀ 77-79, rue des Francs-Bourgeois.
▶ Hôtel Hérouet.

de stalles. C'est un endroit merveilleux, retiré, abritant un chef-d'œuvre de Robert Le Lorrain, sculpté en 1736-1737 : *Les Chevaux du Soleil*, grand bas-relief frémissant de mouvement. À la mort du cardinal, en 1749, trois parents, également cardinaux, lui succédèrent. Le deuxième, Armand, frère du maréchal de Soubise, fit remanier les appartements par son architecte, Saint-Martin ; le dernier, Louis-René-Édouard, se rendit célèbre pour sa naïveté dans « l'affaire du Collier de la Reine » qui éclaboussa la cour en 1785. L'hôtel de Rohan, saisi et pillé à la Révolution, fut vendu en 1808 à l'État, comme l'hôtel de Soubise, et Napoléon y installa l'Imprimerie nationale, qui en malmena les intérieurs. Ce n'est qu'après de longs travaux que la demeure des cardinaux de Rohan fut affectée, en 1938, aux Archives nationales, qui y organisent des expositions temporaires. Elles permettent d'entrer et de voir le grand escalier, étonnante reconstitution des Monuments historiques (il avait entièrement disparu), et, à l'étage, trois pièces ayant conservé un décor ancien significatif : le salon de Compagnie ou de Musique, avec ses trumeaux de glace surmontés d'instruments et sa vigoureuse corniche ornée de médaillons (*La Musique militaire, lyrique, bacchique et agreste*) et des dessus-de-porte de Jean-Baptiste Pierre ; le célèbre cabinet des Singes, dont les boiseries sont entièrement peintes de singeries dans un goût chinois, œuvre du spécialiste du genre, Christophe Huet ; enfin, côté cour, on remonta, lors de la restauration, les boiseries du cabinet des Fables, provenant de l'hôtel de Soubise, dont les parcloses sont ornées de médaillons inspirés des fables d'Ésope, sculptés avec esprit.

La rue des Quatre-Fils

En longeant l'hôtel de Rohan, nous trouvons, à gauche, la **rue des Quatre-Fils**, ouverte à la fin du XIIIe siècle, et dont le nom évoque les Quatre Fils Aymon, autre nom du poème épique de la fin du XIIe siècle *Renaud de Montauban*. Nous nous y engageons en suivant les écuries de Rohan, dont nous rencontrons, au **n° 1**, le magnifique portail annexe : le traitement à refends s'épanouit comme un végétal stylisé. La rive nord de la rue n'offre plus de maisons anciennes depuis son élargissement dans les années 1930. **Du n° 3 au n° 11** s'étend le CARAN (Centre d'accueil et de recherches des Archives nationales), dont l'architecture contemporaine — au vrai, trop maniérée —, œuvre de l'ar-

▲ *Les Quatre Fils Aymon*, œuvre d'Yvan Theimer ornant la façade du CARAN, 3-11, rue des Quatre-Fils.
(© Adagp, Paris 2007)

▼ 1, rue des Quatre-Fils.

▶ Ancien hôtel Aymeret, 16, rue des Quatre-Fils.

▲ 20, rue des Quatre-Fils.

▶ 18, rue des Quatre-Fils.

chitecte Stanislas Fiszer, fit couler beaucoup d'encre. La façade est ornée d'un groupe figurant *Les Quatre Fils Aymon* (deux sont en arrière, à peine esquissés), œuvre d'Yvan Theimer. Les volumes intérieurs sont beaux, bien que peu fonctionnels. Depuis le hall du CARAN, nous avons une belle vue – la seule possible, du reste – sur les jardins et la façade arrière de l'hôtel de Rohan.

Au **n° 16**, l'ancien hôtel Aymeret, construit sous Louis XIII, fut très touché par l'alignement. Son beau portail Louis XV put, néanmoins, être démonté et reculé ; l'hôtel conserve également un grand escalier du XVIIIe siècle. À l'inverse, si le **n° 18** voisin perdit son portail, ses façades restèrent intactes. Le comble d'ardoises, notamment avec ses lucarnes et *oculi* de pierre, est représentatif du style Louis XIII. Cet hôtel fut construit vers 1634 par la veuve de Noël Hureau, et il appartint, sous Louis XVI, aux Le Rebours. La maison suivante, au **n° 20**, échappa à l'alignement : c'est une belle demeure Louis XV, élevée vers 1730-1735, pour Nicolas Le Féron, président de la première chambre des Enquêtes, et son gendre René Berger, receveur payeur des rentes de l'Hôtel de Ville ; l'architecte n'en est pas connu. C'est là que le courageux avocat de Louis XVI, Romain de Sèze, qui avait acquis la demeure en 1800, mourut en 1826 (le texte de la plaque est quelque peu erroné !). La façade en pierre, soignée, s'ouvre par un portail aux vantaux sculptés avec finesse. Le comble porte encore deux lucarnes à foin. Dans le passage, à droite, allons voir le grand escalier à rampe de fer forgé dorée, fermé par une menuiserie et deux colonnes. La cour est bordée, à droite, d'une aile ancienne, le reste étant du XIXe. C'est dans cette maison que fut tourné le film de Coline Serreau, *Trois Hommes et un couffin*.

C'est à tort que la maison voisine, au **n° 22**, passe pour avoir abrité le salon de Mme du Deffand ; il s'agit, en fait, d'une dépendance de l'hôtel Guénégaud (voir n° 60, rue des Archives, p. 50), élevée sur une partie du jardin de cet hôtel en 1769-1770 ; la façade fut reprise postérieurement et surélevée. En face, de **hauts murs** ferment la rue : ce sont les dépôts Napoléon III des Archives nationales (dus à l'architecte Janniard), dont l'architecture consiste seulement en un mur aveugle, orné d'arcades florentines, afin de protéger les documents de la lumière. Ces bâtiments sont donc, avant tout, fonctionnels.

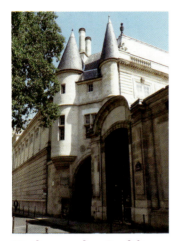

De la rue des Archives à la rue des Haudriettes

En croisant la **rue des Archives**, nous allons la prendre à gauche, afin de faire le tour complet du « quadrilatère des Archives ». Traversons pour considérer, au **n° 58**, l'hôtel de Clisson. Ses deux tourelles en encorbellement au-dessus d'une grande arcade ogivale (l'ancienne entrée de la demeure) remontent à la fin du XIVe siècle, époque à laquelle le connétable Olivier de Clisson (mort en 1407), proche de Charles V, avait entrepris de s'installer ici. C'est le dernier vestige parisien d'architecture civile à caractère défensif. À la gauche de cette porte était située la cour de l'hôtel, aujourd'hui cachée par un dépôt de 1880, assez triste. C'est en 1553 que l'hôtel entra dans la puissante famille des Guise ; dès cette date, la maison fut agrandie et embellie intérieurement (la chapelle reçut un décor peint par Niccolo dell'Abate). On sait que les Guise furent étroitement mêlés aux événements de la Ligue et des guerres de Religion : leur maison fut un quartier général du parti catholique. C'est d'ici, sans doute, que l'on prépara la Saint-Barthélemy en 1572. Au XVIIe siècle, l'hôtel fut plus tranquille et abrita, dans ses nombreux logements, les familiers des Guise : on y trouvait le poète Quinault, Pierre Corneille, ou Roger de Gaignières, le célèbre collectionneur, qui était officiellement écuyer du duc de Guise. Nous avons vu qu'en 1700, le vieil hôtel fut acheté par les Soubise (voir n° 60, rue des Francs-Bourgeois, p. 42). On loue généralement leur architecte, Delamair, d'avoir conservé les deux tourelles « gothiques » à une époque où ce style était peu prisé ; sans doute, mais elles marquaient aussi l'ancienneté de la demeure et son illustre origine.

Engageons-nous à présent, en face, dans la **rue de Braque**, qui est l'une des plus jolies du Marais ; ouverte à la fin du XIIIe siècle, elle s'appelait alors rue des Boucheries-du-Temple, celles-ci y étant établies (à l'emplacement du **n° 12**). Aux **n°s 4 et 6**, une superbe façade attire le regard : c'est l'hôtel Le Lièvre de La Grange – ou, pour être exact, les hôtels, puisqu'il s'agit de deux demeures jumelles –, œuvre de l'architecte Victor-Thierry Dailly (1734). Remarquons les consoles des balcons, ornées ici de têtes de bélier, là de têtes de vieillard. La sculpture, d'une grande qua-

◄ Hôtel de Clisson, 58, rue des Archives.

► Tête de bélier ornant une console de balcon de l'hôtel Le Lièvre de La Grange, 4-6, rue de Braque.

3ᵉ | Les terres du Temple | 49

▲ Rue de Braque et hôtel de Clisson.

◄ Hôtel de Mailly, 4, rue des Haudriettes.

▼ Hôtel de Chaulnes, 8, rue de Braque.

lité, est due à Lissy et Bourguignon. De l'autre côté de la rue, l'austère façade du **n° 5** ne laisse guère deviner le petit pavillon à colombages XVIIᵉ (très restauré !) qui s'élève au fond de la cour. Avec le jardinet qui s'étend à gauche, il forme un ensemble agréable et silencieux. Plus classique, la façade du petit hôtel de Chaulnes, au **n° 8**, remonte au règne de Louis XIV. On notera les beaux mufles de lion qui ornent les vantaux de la porte cochère.

Parvenus **rue du Temple**, nous tournons à droite jusqu'à la rencontre avec la **rue des Haudriettes**, que nous empruntons. Ce joli nom rappelle une maison qu'y possédait la communauté de veuves fondée par Étienne Haudri, les « haudriettes ». Le début de la rue est marqué par un décrochement, résultant d'une démolition déjà ancienne. Pour masquer les méfaits des urbanistes, les édiles y ont fait faire des murs peints, comme c'est la mode. Celui-ci, bien compliqué, fut réalisé en 1992 par L. Hours. Mais le carrefour évoquait, pour les Parisiens de l'Ancien Régime, une autre réalité : là se dressait l'échelle de justice du Temple, la plus haute de Paris.

Au **n° 4** est l'hôtel de Mailly, dit, à tort, de Bondeville, restauré en 2004. D'après son style, cette demeure fut construite soit à la toute fin du XVIᵉ siècle pour Jean de Ligny, soit pour Jean de Creil, locataire en 1604 puis propriétaire l'année suivante. Passé à la famille de Maupeou, célèbres parlementaires, par le mariage de Marguerite de Creil avec René de Maupeou, il appartint, au XVIIIᵉ siècle, aux Mailly, qui lui laissèrent leur nom. Le portail, refait au XVIIᵉ, est décoré d'un très beau mascaron figurant *Hercule coiffé de la peau du lion de Némée* ; sur le comble, six lucarnes en pierre, d'origine, annoncent celles que l'on retrouve aux façades sur cour. À l'origine, les ailes qui règnent aujourd'hui au même niveau que le corps de logis ne comportaient qu'un étage, et l'escalier était en position centrale, dispositions changées au début du

XVIIIe siècle pour moderniser la demeure. La restauration de l'ensemble fut assez dure. Au bout de la rue, au **n° 1**, s'élève un rare exemple de fontaine néo-classique ; œuvre de l'architecte Moreau-Desproux (1767), elle est ornée d'une superbe naïade au modelé délicat, due au sculpteur Philippe Mignot.

▶ Fontaine néo-classique, 1, rue des Haudriettes.

Retour rue des Archives

Nous retrouvons la **rue des Archives**, que nous reprenons à gauche, vers le nord. C'était, dans ce secteur, l'ancienne rue du Grand-Chantier de la ville neuve du Temple. Sa rive orientale est presque exclusivement bordée d'hôtels particuliers du XVIIe siècle, tandis qu'en face, le central téléphonique a dévoré une grande partie du parcellaire ancien. Au **n° 60**, à l'angle, se dresse le seul hôtel de François Mansart subsistant à Paris (quoique très restauré) : l'hôtel Guénégaud des Brosses. Il fut construit, en 1652-1655, pour le financier Jean-François Guénégaud, à la place de deux vieilles maisons médiévales. En 1704, il passa à un Fermier général, Jean Romanet, qui le fit embellir intérieurement. En 1766, il fut acheté par Thiroux d'Épersenne, réputé pour son goût et la collection de statues de Falconet qu'il avait réunie au rez-de-chaussée de son hôtel ; pudique, il avait fait couvrir les nudités de voiles, ce qui désespérait Diderot.

La famille Thiroux conserva la demeure jusqu'en 1895, mais, dès le milieu du XIXe siècle, elle fut envahie par le commerce et la petite industrie. L'hôtel, bientôt dans un état affreux, manqua d'être détruit plusieurs fois. La dernière tentative, en 1960, se heurta à de farouches opposants, qui réussirent à le faire acheter par la Ville de Paris ; il fut bientôt restauré et aménagé, grâce à l'action de François Sommer et de son épouse, dont la fondation et le musée de la Chasse et de la Nature occupent les lieux depuis 1967.

Mansart donna, avec ce petit hôtel, un authentique chef-d'œuvre, comme en témoignent la pureté des lignes et la rigueur du dessin et des proportions. À l'intérieur, seul le grand escalier en pierre est d'origine (on le voit lors de la visite du musée). Nous pouvons admirer, depuis la rue des Quatre-Fils, le jardin et la façade arrière, également restaurée avec soin.

Le **n° 62**, moins connu, est l'hôtel de Mongelas, récemment superbement restauré pour abriter l'extension du musée voisin. Il fut construit en 1705, peut-être sur les dessins de Jules Hardouin-Mansart (qu'il ne faut pas confondre avec son grand-oncle, François). Dans la cour à gauche subsiste un bel escalier sur plan ovale, dont la rampe est d'origine. Sans se laisser abuser par l'immeuble années 1930 du **n° 68**, il faut aller au fond de la cour pour découvrir ce qui reste de l'hôtel de Refuge, bâti en 1645 ; la façade est sobre et pleine de fermeté.

Nous rencontrons ensuite, aux **nos 70 et 72**, un vaste ensemble

▲ 70-72, rue des Archives.

formé de deux hôtels, construits pour François de Montescot vers 1647. Seul le **n° 70** a conservé un état proche de celui d'origine (mais restauré de manière brutale), le **n° 72** ayant été très remanié au XIXe siècle. C'est un bon exemple de cette architecture sobre et dépouillée qui contraste avec la période maniériste précédente, où le décor était volontiers ludique et gracieux. On admirera surtout les deux portails identiques, celui du n° 72 ayant été, sous Louis XV, rehaussé d'un étage à fronton et doté d'une très belle menuiserie de porte, où sont sculptés *Esculape* à droite et *La Justice* à gauche. Le **n° 70** a conservé son grand escalier, refait vers 1750, alors que l'hôtel était aux mains de la veuve du trésorier des Bâtiments, Denis Legras : c'est une splendeur.

Les **n°s 74 et 76** furent construits suivant le même principe d'hôtels jumeaux : le premier par le cousin du mémorialiste Tallemant des Réaux, Gédéon Tallemant, le second par Octavien Le Bys de La Chapelle, tous deux sur un ancien jardin, en 1642-1644.

Celui du **n° 74**, exécuté par les maîtres maçons Pierre Grandin et Mathieu Muret, a conservé un portail XVIIIe de sobre apparence. Le **n° 76**, au contraire, s'ouvre par un portail superbe, datant des années 1640, comme l'indique le chiffre de Le Bys et de son épouse Marie Daluymare, qui s'inscrit dans la frise du linteau. Au fond de la cour à gauche, la tour d'angle coiffée de son propre comble, et que les anciens appelaient donjon, renferme un escalier de toute beauté, à rampe de fer forgé puis, au-delà du premier étage, en bois à balustres.

Autour de la rue Pastourelle

Prenons, en face, la **rue Pastourelle**, vers l'ouest : ce tronçon remonte à la fin du XIIIe siècle. Toute la rive nord est ancienne, et offre des façades de taille modeste établies sur le parcellaire du lotissement médiéval. Notons, au **n° 22**, la petite façade Louis XV et, au **n° 44**, les garde-corps Louis XIV (rares).

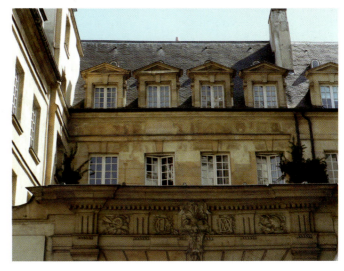

▶ 76, rue des Archives.

Nous retrouvons la **rue des Archives**, qui, jadis, n'allait pas au-delà des bâtiments de l'hôpital ; le court tronçon qui rejoint la rue de Bretagne ne fut ouvert qu'en 1806, causant des démolitions irréparables. Cependant, les Enfants-Rouges subsistent au moins au **n° 85**, maison Louis XIII récemment restaurée et au **n° 90**, où nous verrons, à gauche dans la cour, le chevet de l'ancienne chapelle Saint-Julien. Bien reconnaissable avec ses hautes fenêtres en plein cintre (les vitraux étaient réputés), elle fut conservée, mais transformée en habitation ! Une plaque, sur le mur du fond, rappelle aussi le souvenir de l'établissement charitable, fermé en 1772. De l'autre côté de la rue, au **n° 83**, est mort en 1675 l'un des fondateurs de l'Académie française, Valentin Conrart, dans un petit hôtel qu'il louait au marquis de Breteuil. L'ensemble a bien

◀ Rue Portefoin.

Une fois parvenus dans la **rue du Temple**, nous tournons à droite jusqu'à la **rue Portefoin**, rue tranquille, un peu à l'écart du bruit et de l'agitation. Elle fut également ouverte par les Templiers, et son joli nom champêtre serait la déformation du nom d'un riche habitant du Moyen Âge. Une sobre maison néo-classique marque l'angle, au **n° 19**. Au **n° 14**, un joli petit hôtel Louis XIV a conservé son portail et une cour pittoresque. Au **n° 2**, un reste de mur avec une arcade bouchée est l'ancienne porte de l'hôpital des Enfants-Rouges, fondé par François Iᵉʳ et sa sœur Marguerite de Navarre pour recueillir et éduquer des enfants orphelins ; ils étaient vêtus de rouge – d'où leur nom –, couleur symbolisant la charité.

▼ 90, rue des Archives.
▲ 2, rue Portefoin.
▼ 81-83, rue des Archives.

▶ Ruelle Sourdis.
◀ Hôtel Amelot de Chaillou, 78, rue des Archives.

souffert, mais l'escalier, accessible en faisant le tour par la droite du parasite au centre de la cour, subsiste, en bois et fer forgé. Par la même entrée et une cour pavée commune, allons voir le bel escalier Louis XV du **n° 81**, dont les motifs sculptés sont très gracieux malgré un empâtement récent. À côté, au **n° 79**, une façade datée de 1610 est couronnée de très belles lucarnes en pierre à fronton, coupant la corniche (dites lucarnes « passantes »), caractéristiques de leur époque. La cour et le rez-de-chaussée sont, en revanche, gâchés par un garage automobile.

Au **n° 78** se dresse l'imposant hôtel Amelot de Chaillou, construit par l'architecte Pierre Bullet en 1702-1704 pour Denis-Jean Amelot de Chaillou, un parlementaire. En 1722, l'hôtel était acquis par le maréchal de Tallard ; ensuite, il fut, suivant un schéma traditionnel, très dégradé par l'occupation commerciale, qui prit fin en 1978, quand fut entreprise une importante restauration. La demeure, d'une vaste étendue, s'annonce sur la rue par un magnifique portail fermant mouluré ; la menuise-

rie de la porte est ancienne, et l'imposte a conservé ses deux anges en bois qui tiennent un médaillon à chiffre. Établie à l'angle de deux rues, la cour ne comporte qu'une aile, à gauche. Les façades en pierre sont typiques du style sobre de Bullet. Les combles brisés sont éclairés par des lucarnes en pierre, archaïsme voulu au moment où se développaient les lucarnes en bois. L'hôtel abrite un escalier à la cage décorée de pilastres et de niches : c'est l'un des plus élégants du Marais, et les contemporains l'admiraient sans réserve. La façade sur le jardin n'est pas moins intéressante, mais reste difficile à voir (depuis la rue de Beauce) : elle est ornée au rez-de-chaussée de médaillons sculptés de très belle qualité et sommée d'un immense fronton triangulaire qui lui donne un caractère monumental certain.

Tournons à gauche pour reprendre la **rue Pastourelle**, vers l'est, cette fois. Cette partie de la rue ne fut ouverte qu'en 1636, sous le nom de rue d'Anjou, afin de raccorder la rue Charlot à la rue des Archives. Juste après le **n° 17**, nous trouvons le débouché de la **ruelle Sourdis**. Cette voie privée du XVIIe siècle, qui rejoignait par un coude la rue Charlot (voir au n° 5, rue Charlot, p. 55), a été amputée de sa partie médiane. Aux flancs des murs mitoyens sont accrochés des « privés », petites tours à usage de toilettes, qui composent un tableau pittoresque. En face s'ouvre la **rue de Beauce** (à l'angle, inscriptions gravées des anciens noms de rues) qui fut très dénaturée, mais où le souvenir de Mlle de Scudéry peut être évoqué : c'est là, en effet, que demeurait la célèbre précieuse, inspiratrice de la Carte du Tendre. Les rues de Beauce et Sourdis, sur le même alignement, matérialisent la limite entre le lotissement du XIIIe siècle et celui de 1608.

Restons **rue Pastourelle** pour aller voir, au **n° 11**, dans le bâtiment du fond, un ravissant escalier datant du début du XVIIIe siècle.

La rue Charlot

Nous arrivons dans la **rue Charlot**, que nous prendrons, d'abord, à gauche. Cette partie, jusqu'à la rue de Bretagne, s'appela rue de Berry jusqu'en 1851. Au **n° 28**, la façade se signale par un balcon assez plat, celui du petit hôtel dit de Bérancourt, en réalité réaménagé vers 1705 pour M. de La Garde. Allons voir, tout de suite à droite dans le passage, le bel escalier Louis XIV à rampe de fer forgé, mais, surtout, au fond de la petite cour pavée, le corps de logis au mouvement concave : c'est un petit bijou début XVIIIe, en pierre de taille blonde, dont les fenêtres ont conservé leurs petits-bois. Nous apercevons, à droite, le mouvement aérien de l'escalier, resté lui aussi en place.

En observant les façades de ce tronçon de la rue, nous constatons que chacune, sans être exceptionnelle, possède un petit détail ancien : ici de beaux garde-corps (**n° 29**), là une lucarne à poulie (**n° 26**)…

Revenons sur nos pas pour continuer la promenade vers le sud. En-deçà du carrefour avec la rue Pastourelle, la rue Charlot s'appelait rue d'Orléans-au-Marais. Remarquons, au **n° 15**, une belle porte Directoire ou Empire, avec une imposte à palmet-

▲ 28, rue Charlot.
▶ 15, rue Charlot.

3e | Les terres du Temple | 55

▶ 12, rue Charlot.
▼ Hôtel Cornuel, 7, rue Charlot.

tes. En face, au **n° 12**, le petit hôtel construit en 1610 par le maître maçon Jean Notin, (fortement) restauré : admirons particulièrement la porte cochère aux vantaux sculptés néo-Louis XV et, sur les combles brisés, les lucarnes à ailerons (appelés aussi « joues »), de style Louis XIV, qui comptent parmi les plus originales du quartier. Terminons la découverte de cette rue par l'hôtel Cornuel, au **n° 7**. Quoique très altéré par une suréléva-

tion du XIXe siècle, il conserve intactes les extrémités des ailes, que couronnent de puissantes lucarnes en pierre. Il fut construit vers 1614-1616 par Charles Margonne, qui le revendit en 1618 à Nicolas de Villantrois. En 1636, il passait aux mains de Claude Cornuel, puissant financier. L'hôtel révéla, il y a quelques années, des plafonds peints à poutres et solives Louis XIII de qualité. Gagnons la petite cour qui remplace l'ancien jardin : tout y est pittoresque. À gauche de la façade du **n° 5** surgit la ruelle Sourdis, qui possède encore son caniveau central, ses pavés et ses bornes.

De la rue du Perche à la rue de Bretagne

Revenons en peu en arrière pour tourner, côté pair, dans la **rue du Perche**, ouverte, comme toutes les voies de ce quartier, en 1608. Au **n° 13**, une cour fermée d'une grille marque l'entrée de l'ancienne église Saint-Jean-Saint-François, devenue, en 1970, la cathédrale des Arméniens de Paris, Sainte-Croix. La pauvre façade de 1855, de Baltard, masque l'édifice ancien, construit en 1715. C'était alors une église conventuelle, celle des Petits Capucins du Marais, établis là depuis 1626, et qui furent chassés en 1791. Par tradition, les capucins faisaient fonction de pompiers sous l'Ancien Régime. Après la Révolution, l'église devint paroissiale. On peut en découvrir l'intérieur lors des offices : le chœur contient quelques bonnes toiles du XVIIe, les stalles de l'église Saint-Jean-en-Grève (détruite) et surtout, de part et d'autre des marches, les statues de saint François, à gauche, par Germain Pilon (fin du XVIe siècle) et, à droite, saint Denis par les

frères Marsy (milieu du XVIIe siècle) : ce sont des œuvres splendides, bien représentatives de la grande manière française.

De l'ancien hôtel du Châtelet, aux **nos 7 bis et 9**, appelé à tort « Scarron », il ne reste guère de trace à l'extérieur – mais il renferme un ensemble de quatre plafonds peints Louis XIV, peut-être les plus beaux du Marais, attribués à Antonio Verrio, un Italien. Au **n° 8**, l'hôtel dit de Pomponne de Refuge, remanié pour le comte de Walein vers 1772, a été trop restauré, mais son portail est intéressant. Le **n° 5**, avec sa façade en pierre régulière et ses appuis, est une belle maison de rapport du début du XVIIIe siècle.

Nous tournons dans la **rue de Saintonge**, longue voie formée par la réunion de trois rues anciennes, dont nous allons découvrir deux d'entre elles.

La première est l'ancienne rue de Touraine-au-Marais, bordée d'hôtels du fait de sa proximité avec le Marais aristocratique. Mais nous verrons que plus on remonte vers le nord, moins les demeures sont cossues. Au **n° 4**, une austère façade néo-classique, dont les fenêtres sont sommées de tables creuses ou guirlandes, est la maison que le riche notaire Mathis se fit aménager en 1764, peut-être par son ami et prête-nom l'architecte Étienne-Louis Boullée. Dans le passage cocher qui conduit à la cour parasitée, nous verrons deux belles colonnes doriques. Il nous faut emprunter une petite porte à gauche pour gagner l'escalier : bien qu'inconnu, c'est un morceau admirable, avec un aileron de départ ouvragé encore Louis XV, mais un dessin de rampe déjà Louis XVI, qui semble s'enrouler et se dérouler en un mouvement continu.

Le **n° 6** voisin est bien représentatif des hypothèses historiques infondées devenues bientôt certitudes inébranlables... Un théâtre Directoire se dissimulerait derrière cette pauvre façade Louis-Philippe ! Et il serait si original que les Monuments historiques n'ont pas dédaigné de le protéger scrupuleusement... Après quelques recherches, il s'agit – ce qui n'est pas moins intéressant et tout aussi indispensable à sauvegarder – d'un atelier sur trois niveaux avec galeries en bois, construit en 1830-1832 pour un fabricant de casques militaires, Antoine Dida, fournisseur de la Garde nationale ! On en aperçoit la structure à travers certaines fenêtres ; l'immeuble est aujourd'hui vide.

Au **n° 8**, une austère façade sans ornement, mais coiffée de lucarnes maçonnées, annonce l'hôtel du financier Adrien Bence, aujourd'hui oublié, mais qui fit, dans le sillage de Fouquet, une belle fortune, qu'il parvint à conserver après la chute de son maître. Il fit construire cette grosse demeure cossue en 1660-1661 par Michel Villedo, et l'habita jusqu'à sa mort en 1696. Le corps de logis étant sur la rue, on découvre, l'un à la suite de l'autre, la cour et le jardin, couvert d'ateliers au XIXe siècle. Dans l'aile gauche, le grand escalier se déploie avec majesté autour d'une cage carrée. La

▲ 8, rue du Perche.
▲ 4, rue de Saintonge.

▶ 38, rue de Poitou.
◀ 10, rue de Saintonge.

rampe à panneaux de fer forgé symétriques est très belle, encore un peu « archaïsante » sans doute, mais le départ est déjà maîtrisé, avec son mouvement accueillant. Dans l'aile opposée, on accède au petit escalier en bois, à balustres carrés, par une porte que couronne une exquise frise de feuillage et d'oiseaux picorants. Son origine est mal assurée : est-ce une pièce rapportée ?

Adrien Bence posséda également longtemps le **n° 10** voisin, hôtel début XVIIe qui tombait en ruine lorsqu'un orfèvre, Gaudin, l'acheta en 1759. Celui-ci confia à son frère Pierre, architecte, le soin de reconstruire l'ensemble, qui n'a pas bougé depuis. Si la façade sur rue adopte un parti de simplicité, les vantaux de la porte cochère, très sculptés, se rattachent encore à la période Louis XV ornée. Plus haut, le **n° 15**, très transformé également, fut habité par Pascal encore jeune, qui le quitta à la mort de son père en 1651. Au **n° 12**, à l'angle de la rue de Poitou, un haut immeuble de rapport fut construit en 1774 pour un maître boulanger, Delacroix : on y verra gravé l'ancien nom de la rue.

Dépassons la **rue de Poitou** — on peut, toutefois, y faire un aller-retour pour l'ensemble des façades anciennes et le charme des détails de certaines (en particulier une enseigne en forme de thermomètre géant au **n° 38**) — et continuons dans la seconde partie de la **rue de Saintonge**, ex-rue de la Marche. Au **n° 20** se dresse une maison de rapport de toute beauté, dont la façade en pierre soigneusement bâtie et moulurée est sommée d'un fronton triangulaire à modillons, qui se détache sur un étage d'attique. Elle fut bâtie, pour lui-même, par l'architecte-entrepreneur Edme-Jacques Blondel en 1780. Le premier étage est souligné par un balcon sur consoles qui porte une balustrade en fonte début XIXe en place des balustres en pierre d'origine, qui devaient donner à l'ensemble un aspect encore plus sévère. Le **n° 22** fut refait en même temps, toujours par Blondel. Terminons notre visite au **n° 24**, qui cache, au fond de la cour, un petit escalier sur plan circulaire tout à fait gracieux et auquel le temps a donné un cachet inimitable. Le second étage abritait encore récemment un salon orné de boiseries Louis XV. Nous débouchons dans la **rue de Bretagne** où s'achève la promenade.

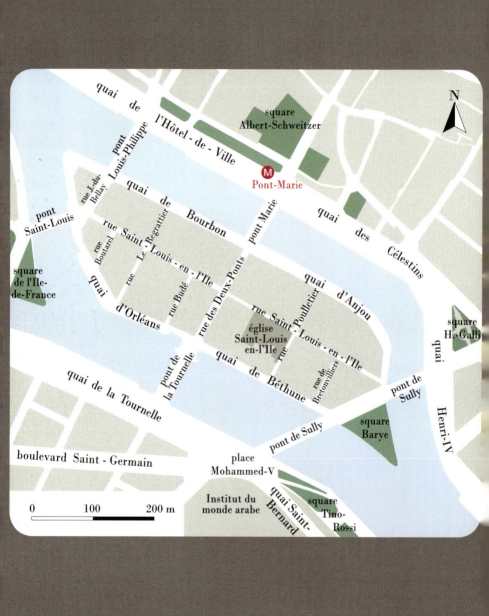

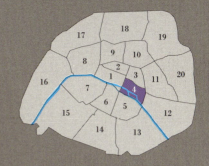

4e

L'île Saint-Louis

▶ Départ et arrivée :
métro Pont-Marie

L'île Saint-Louis | 4ᵉ

L'île Saint-Louis est unique au monde. Lorsque l'on franchit la Seine, on est accueilli par de grands ombrages qui caressent de beaux hôtels un peu sombres au nord, lumineux au sud. Les amoureux y trouvent silence et rêverie, les promeneurs matière à flânerie. Nous découvrirons l'île, au cours de cette balade, en longeant d'abord ses quais, puis en remontant son axe central, la rue Saint-Louis-en-l'Ile, pour explorer, enfin, les rues adjacentes.

▲ Pont Marie.
▶ 1, quai de Bourbon.

Le pont Marie

Les ponts qui permettent d'accéder à l'île furent démolis et reconstruits à plusieurs reprises. Seul le **pont Marie**, par lequel nous prenons pied dans l'île, échappa à cette instabilité. Louis XIII posa, en 1614, la première pierre de ce pont à cinq arches dont Christophe Marie était l'entrepreneur. On bâtit dessus cinquante maisons, chacune comprenant un rez-de-chaussée, une boutique et une cuisine, un entresol et trois étages avec une seule pièce par étage. En 1658, une crue du fleuve, qui recouvrit plus de la moitié de Paris, se solda par un bilan tragique : le flot impétueux des eaux emporta une pile, deux arches et une partie des maisons avec une soixantaine de personnes et les biens de beaucoup d'autres. La communication entre l'île et le quartier Saint-Paul ne fut rétablie qu'en 1659.

Par la suite, menacées par les crues et, parfois, la débâcle des glaces, les maisons furent détruites sur tous les ponts de Paris. Beaucoup de maisons bordant les quais avaient une porte d'eau qui ouvrait sur la Seine. Ainsi les fournisseurs pénétraient-ils directement dans les communs. Ces portes jouaient aussi un rôle plus romanesque, lorsqu'elles favorisaient liaisons et rendez-vous secrets.

Le quai de Bourbon

Empruntons, côté nord, le **quai de Bourbon**. L'été, sous la chaleur accablante du mois d'août, c'est un lieu privilégié de flânerie, au charme un peu nostalgique.

Au **nº 1** se trouve un agréable restaurant dont nous pouvons, aujourd'hui encore, admirer la grille classée, décorée de pampres, vestige de l'ancien cabaret à l'enseigne Au Franc Pinot. Dans ce lieu se réunissaient les mariniers ; c'est aussi là que descendaient les voyageurs du coche d'eau venant de Melun. Le cabaret paya de sa fermeture, en 1716, le pamphlet de Lagrange-Chancel, « Les Amours de Monsieur le duc d'Orléans », que l'on y découvrit.

L'île Saint-Louis au fil des âges

Cette île si harmonieusement architecturée laisse difficilement imaginer la terre déserte à fleur d'eau qu'elle fut un jour. Pourtant, on ne s'y intéressa guère avant l'an 867, lorsque Charles le Chauve la donna à Énée, évêque de Paris. Elle devint propriété du chapitre de Notre-Dame, d'où le nom d'île Notre-Dame qu'elle garda jusqu'au XVIIIe siècle. Mais entre-temps, vers la fin du XIVe siècle, elle fut scindée en deux – îlot Notre-Dame et île aux Vaches – par un grand fossé (sur le tracé de l'actuelle rue Poulletier), afin de renforcer l'enceinte de Charles V. Couverts d'herbages, de saules et de roseaux, les deux îlots devinrent un lieu de pâturage pour les vaches. De temps en temps, des citadins s'y aventuraient pour une promenade ou une baignade… à moins qu'ils ne vinssent y décharger leurs ordures. Les pêcheurs à la ligne y trouvaient un lieu de prédilection, les blanchisseuses un espace pour faire sécher leurs draps.

Avec Henri IV commença une période de construction et d'urbanisme ; le projet de relier les deux îles à la rive droite était lancé. C'est Louis XIII qui, en 1614, confia à l'entrepreneur général des ponts, Christophe Marie, le soin de réunir les deux îles, en comblant le bras de Seine qui les séparait, et de construire un pont ancrant l'île à la rive droite. Les travaux incluaient une vaste entreprise immobilière associant à Christophe Marie MM. Le Regrattier et Poulletier.

Les financiers furent leurs premiers clients, rejoints par de hauts dignitaires, des artistes consacrés et riches. De grands seigneurs s'établirent enfin sur l'île, tandis que toute une population d'artisans ouvrait des ateliers dans les petites rues intérieures.

Un siècle après, l'île, moins à la mode, commença une « tranquille vie provinciale ». Le XIXe siècle sonna son déclin ; promoteurs et démolisseurs s'attachèrent à modifier son visage avec, en 1874, la construction du pont de Sully ; en 1862, le percement de l'inutile rue Jean-du-Bellay ; en 1913, l'élargissement de la rue des Deux-Ponts. Après la Seconde Guerre mondiale, l'image de l'île se reconstitua différemment avec la présence nouvelle de peintres, d'acteurs, de chanteurs, d'hommes politiques et d'amoureux fortunés du Vieux Paris. Habiter l'île devint une distinction.

▼ Quai d'Orléans.

▲ 9, quai de Bourbon.

L'habitation du **n° 9** date de 1640. Une belle porte cache un escalier intérieur ; peut-être aurons-nous la chance de pouvoir en admirer le travail ?

Sis aux **n°s 13-15**, l'hôtel Le Charron. Jean Charron, contrôleur de l'extraordinaire des guerres en Picardie, se fit construire, en 1637-1640, par Sébastien Bruand, cette demeure qui n'a pratiquement pas changé depuis. Dès la fin du XVIIe siècle, elle connut de nombreux propriétaires et compta, par la suite, des locataires célèbres : Meissonnier, Geoffroy-Dechaume et le peintre Émile Bernard. À l'intérieur, les plafonds sont contemporains de la construction. L'ensemble est classé.

Au **n° 19**, l'hôtel de Jassaud est orné de trois superbes frontons. Léon Blum (1872-1950), écrivain et homme politique français, président du Conseil durant le Front populaire, habita au **n° 25**. Le romancier Charles-Louis Philippe franchit souvent la belle porte cochère du **n° 31**.

La maison du **n° 45** – dite du Centaure, en raison des deux bas-reliefs en médaillon décorant les pans coupés représentant Hercule abattant Nessus – fut fréquentée par Apollinaire, Derain, Marie Laurencin, Lucie Delarue-Mardrus, Dorgelès, Giraudoux, Mac Orlan, Picasso. Charles-Louis Philippe, Drieu La Rochelle y vécurent, et la princesse Bibesco, femme de lettres née à Bucarest, y mourut. Cet hôtel date de 1659 ; il fut construit par François Le Vau, frère cadet de Louis.

Le quai de Bourbon nous a conduits à la **pointe ouest de l'île**. Là, il nous faut faire halte à la proue du bateau et laisser notre regard errer sur les péniches qui passent, les pêcheurs immobiles, Paris qui semble glisser des deux côtés de l'étrave...

Nous parvenons au **pont Saint-Louis**, qui relie le quai de Bourbon à l'île de la Cité. De 1634 à la fin du XVIIIe siècle, cette liaison fut assurée par un pont en bois, réservé aux piétons. De ce pont appelé, à l'origine, Saint-Landry, on retiendra l'anecdote rapportée par Jacques Hillairet : « Le 5 juin de cette même année [1634], trois paroisses, se disputant la préséance, voulurent y passer à la fois à l'occasion d'une procession générale qui avait lieu à Notre-Dame. Il y eut une forte bousculade, des balustrades et garde-fous cédèrent, nombre de gens, croyant que le pont s'écroulait, se jetèrent à l'eau, d'autres furent étouffés. En résumé, une vingtaine de personnes trouvèrent la mort et une quarantaine d'autres furent plus ou moins grièvement blessées ». De ce fait, le passage des processions sur les ponts en bois fut, par la suite, interdit dans tout le royaume.

En 1709, sa solidité fut mise à l'épreuve par la débâcle des glaces charriées par la Seine. Son remplaçant, peint en rouge, fut nommé le Pont-Rouge. Démoli, il fut reconstruit quatre fois à l'emplacement de la passerelle qui, aujourd'hui, relie les deux îles.

Le quai d'Orléans

Le **quai d'Orléans** fut, comme tous les autres quais de l'île, construit de 1614 à 1646. C'est la partie de l'île où le soleil joue de toute sa lumière. Les habitants y aperçurent plus d'une fois la silhouette de Francis Carco, en quête de sensations : « À la pointe de l'île Saint-Louis où je louai une pièce meublée, quai d'Orléans, il me semblait vivre en province. Des trains de bateaux passaient sous les fenêtres et me réveillaient le matin de bonne heure, aux meuglements lugubres, multipliés par les échos, des remorqueurs dont les épaisses fumées soudain brouillaient la douce lumière du jour. »

En passant devant les **n°s 32, 30, 28, 22**, remarquons balcons, portes

▲ Bas-relief en médaillon ornant la façade du 45, quai de Bourbon.

▼ 22-32, quai d'Orléans.

▶ Pont de la Tournelle.
◀ 6, quai d'Orléans.

et ferronneries, mais prenons aussi le temps de nous accouder au parapet pour admirer le chevet de la cathédrale Notre-Dame, dont on a, d'ici, une vue exceptionnelle.

Au **n° 12** s'élève la maison natale de Félix Arvers, dont on a surtout retenu le premier vers d'un sonnet dédié à Marie Nodier, « Ma vie a son secret, mon âme a son mystère... » Au début de la Révolution, Pierre Royer-Collard, député au Conseil des Cinq-Cents, en fut un des habitants.

L'hôtel du **n° 6**, à l'architecture néoclassique, date de 1655. D'abord propriété d'Antoine Moreau, secrétaire du

roi, il fut racheté, en 1838, par le comte Ladislas Zamoiski qui y installa la Bibliothèque polonaise. Constituée grâce aux apports des émigrés politiques (réfugiés en France lors de la première révolution polonaise de 1830 contre l'occupation russe), elle abrite actuellement plus de cent soixante mille volumes, huit mille gravures, cinq mille cartes géographiques, sans compter des manuscrits anciens ainsi que des partitions et des souvenirs de Frédéric Chopin. Les archives des trois insurrections polonaises y sont à l'abri. Un petit musée à la mémoire du grand poète polonais Adam Mickiewicz (il vécut à Paris à partir de 1832, fut chargé de cours de langues et de littérature slaves au Collège de France et conservateur de la bibliothèque) fut créé par son fils en 1902.

Avant les ponts de pierre, des passerelles en bois, avec droit de péage, reliaient l'île Notre-Dame à la rive gauche. Le **pont de la Tournelle** (1923) peut faire regretter l'ancien pont construit par Christophe Marie qui s'embellissait de niches et de colonnettes – tandis que la statue de sainte Geneviève par Paul Landowski n'a guère d'intérêt que pour sa bonne intention.

Le quai de Béthune

Poursuivons sur le **quai de Béthune**. Le Vau, l'architecte de nombreuses maisons de ce quai, avait désiré que celles-ci soient ornées de balcons, d'où le nom de « quai aux Balcons », qui fut conservé jusqu'au XVIIIe siècle. Nombreuses sont les façades restées intactes, les immeubles rehaussés d'étages étant ainsi sauvés de la destruction. Outre leurs balcons, ces demeures possèdent souvent de belles portes, de larges escaliers aux rampes ouvragées et des cages parfois décorées, mais aussi des cours et jardins dont il est impossible d'imaginer l'existence de l'extérieur.

L'élargissement de la rue des Deux-Ponts, en 1913, fit disparaître la maison d'angle, au n° 38, avec son pittoresque cabaret de L'Ancre, fréquenté par les mariniers.

L'immeuble du **n° 36** abrita plusieurs prix Nobel : la physicienne Marie Curie, de 1912 à 1934, puis René Cassin, prix Nobel de la Paix en 1968, qui y vécut de 1946 à 1976. Aux **n°s 32 et 30**, il faut suivre le conseil de Le Vau et regarder les balcons et la belle ordonnance des façades. Celle du XVIIIe siècle, au **n° 28**, est tout particulièrement remarquable pour ses bas-reliefs mythologiques.

Au **n° 24**, s'élevait l'hôtel Hasselin, construit par Le Vau pour l'intendant des plaisirs du roi et ordonnateur des ballets. De son vrai nom Louis Cauchon, il mourut d'indigestion en 1662 pour avoir mangé, dit-on, deux cent quatre-vingt-quatorze cerneaux de noix à la suite d'un pari. La démolition de cet hôtel, l'un des plus beaux de l'île, dans les années 1930, peut être considérée comme un scandale. C'est Helena Rubinstein, connue pour ses produits de beauté, qui, propriétaire de l'hôtel, le fit démolir sous prétexte que ses fondations étaient branlantes. L'architecte et l'administration des Beaux-Arts partagent la responsabilité de cette destruction. Le nouvel immeuble, œuvre de Süe, a conservé la magnifique porte de Le Hongre. Le président Georges Pompidou y demeura (son service funèbre fut d'ailleurs prononcé en l'église Saint-Louis-en-l'Île en 1974).

Une belle porte, au **n° 22**, est surmontée d'une chimère dont les ailes se « déploient comme un oiseau de proie ». L'hôtel du **n° 20** formait avec le précédent, dont il dépendait, un bel ensemble du XVIIe siècle. L'escalier abrite trois bas-reliefs relatifs aux travaux d'Hercule. La décoration du plafond est attribuée à Mignard.

▲ 24, quai de Béthune.

▲ 36, quai de Béthune.
▲▼ 20 et 22, quai de Béthune.

▲ Pont de Sully.

Au **n° 18** se trouve l'hôtel du maréchal de Richelieu (arrière-petit-neveu du cardinal), qui ne l'habita jamais. Brillant homme de guerre, il fréquentait la cour, où son élégance et son esprit lui valurent un grand succès auprès des femmes... mais aussi quelques séjours à la Bastille. À l'origine, le terrain était la propriété du grand-père de Mme de Sévigné, Philippe de Coulanges.

Du n° 14 au n° 2 s'élevait, au XVIIe siècle, le magnifique hôtel de Bretonvilliers. Il occupait le triangle délimité aujourd'hui par le quai d'Anjou, les rues Saint-Louis-en-l'Île et de Bretonvilliers. Il fut victime de démolisseurs avides, peu respectueux du passé.

Avant d'aborder le quai d'Anjou, accoudons-nous un instant au parapet : sur l'autre berge, on aperçoit le célèbre restaurant La Tour-d'Argent et, à gauche, l'Institut du monde arabe.

On ne voit plus les baigneuses qui se rendaient à l'établissement de bains installé sur un bateau à hauteur de l'extrémité orientale de l'île. Sous le règne de Louis-Philippe et sous le Second Empire, une école de natation, les Bains Lambert, enseignait la brasse aux dames. Il fallait débourser soixante centimes pour y entrer, cinquante pour le costume de bain, vingt-cinq pour le peignoir et deux francs cinquante pour la leçon.

Hélas, le « bateau » coula avec la construction du **pont de Sully**. Haussmann rêvait de relier le boulevard Saint-Germain au boulevard Henri-IV ; la guerre de 1870, en vidant les caisses de l'État, ajourna le projet. Mais habitants et commerçants en vins voulaient leur pont : ils l'obtinrent en 1877. Lors de la construction, on découvrit des vestiges de l'enceinte de Philippe Auguste et l'embouchure d'un canal, dérivé de la Bièvre, qui arrosait le jardin de l'abbaye de Saint-Victor. Situé à la pointe est de l'île Saint-Louis, ce pont tout de fer et de pierre traverse deux fois la Seine. Le premier tronçon relie le quai Henri-IV au quai d'Anjou, le second le quai de Béthune aux quais de la Tournelle et Saint-Bernard. On donna à l'ouvrage, d'abord appelé pont Saint-Germain, le nom de Sully, le grand ministre d'Henri IV, qui fut, à l'Arsenal, un voisin.

Le quai d'Anjou

Des quatre qui entourent l'île, le **quai d'Anjou** est celui qui a le moins changé de physionomie depuis sa construction. Situé plein nord, il naquit de l'unification de l'île aux Vaches et de l'île Notre-Dame, et porte le nom du frère de Louis XIII, Gaston, duc d'Anjou. Ce quai doit à son exposition une apparence sévère et froide, compensée par un ensemble architectural unique : la plupart de ses hôtels sont l'œuvre de Le Vau.

La quasi-totalité des beaux arbres qui ombrageaient le quai ont disparu. Sur le parapet, **à la hauteur du n° 1**, scellée dans la pierre, une petite plaque verte émaillée portant l'inscription « crue-janvier 1910 » rappelle la grande inondation qui recouvrit presque toute l'île.

Nous remarquons immédiatement l'hôtel Lambert, au **n° 1**, et son voisin, au **n° 3**, que Le Vau lui adjoignit pour son propre usage, en intégrant la façade sur le quai dans une même architecture et la décorant d'un balcon « courant d'un bâtiment à l'autre ».

Jean-Baptiste Lambert, enrichi par la spéculation et le « maniement des deniers publics », commanda à l'architecte Le Vau, en 1642, une demeure digne de son opulence. La mort devait interrompre ce beau rêve, et son frère Nicolas lui succéda. Le Vau innova dans la disposition des pièces, qui présentent ces enfilades dont se souviendra Versailles. L'architecture, classique, est encore dégagée de l'académisme.

L'hôtel Lambert conserve sa richesse intérieure : si les peintures de Le Sueur furent dispersées – à quelques médaillons près –, Le Brun triomphe dans la galerie d'Hercule, sa première œuvre monumentale, qui prélude à Vaux-le-Vicomte, au Louvre et à Versailles.

Parmi les occupants que connut l'hôtel Lambert, retenons notamment la marquise du Châtelet, qui y accueillit Voltaire. Celui-ci décrira son hôtesse comme « une femme unique dans son espèce, qui lit Ovide et Euclide et qui a l'imagination de l'un et la justesse de l'autre ». Nancy Mitford, la romancière anglaise, y ajoute une note plus libertine : « Un homme engagé chez elle comme valet a dit que le matin du premier jour où il prit son service, il fut appelé dans sa chambre à coucher. Tout en lui donnant des ordres, elle ôta sa chemise de nuit et se trouva devant lui nue comme une statue de marbre » (Nancy Mitford, *Voltaire amoureux*).

Revendu, dépecé, devenu pensionnat de jeunes filles puis dépôt de lits militaires, l'hôtel fut rendu à sa vie mondaine quand le prince Adam Czartoryski en fit l'acquisition. On y rencontrait alors Mickiewicz, Chopin, Delacroix, George Sand, Montalembert. Plus tard, Cézanne y peignit. Nous devons au baron de Rédé, qui acquit l'hôtel en 1947, la conservation de ce magnifique témoin du Grand Siècle. L'actrice Michèle Morgan y vécut. Aujourd'hui, l'hôtel Lambert est la propriété de Guy de Rothschild.

Construit en 1640, le petit hôtel Marigny, au **n° 5**, hébergea Rennequin, le créateur de la machine de Marly. En 1903, on y rencontrait l'écrivain Charles-Louis Philippe, qui devait, peu de temps après, habiter au n° 31, quai de Bourbon.

L'hôtel du **n° 7**, propriété de la Corporation des maîtres boulangers de Paris et de la Seine depuis 1843, était autrefois une dépendance de l'hôtel

▲ Plaque indiquant le niveau atteint par la Seine lors de la crue de 1910, face au n° 1, quai d'Anjou.

▼ Hôtel Lambert, 1, quai d'Anjou.

Lambert. Au XIXe siècle, le dessinateur et lithographe Honoré Daumier fut locataire du dernier étage du **n° 9** pendant dix-sept ans. Dans son atelier, il recevait ses amis François Bonvin, Corot, Daubigny, Courbet, Millet, Delacroix, parfois Michelet, et le sculpteur Geoffroy-Dechaume.

Au **n° 13**, cette demeure du XVIIe siècle était fréquentée par de nombreux artistes et occupée par le peintre Daubigny, ami de Corot. Le sculpteur Geoffroy-Dechaume y avait un atelier. Au **n° 15** se trouvait une des plus riches demeures de l'île, probablement construite par Le Vau, pour Nicolas Lambert de Thorigny.

Au **n° 17**, l'hôtel de Lauzun (voir encadré), dont la construction est attribuée à Le Vau, abrite de somptueux décors de Le Sueur et de Le Brun. Il appartient aujourd'hui à la Ville de Paris, qui y fête ses hôtes de marque par de fastueuses réceptions où les laquais perruqués sont dignes du Grand Siècle.

L'hôtel de Lauzun

L'hôtel de Lauzun fut probablement construit par Le Vau pour un certain Charles Gruÿn, fils d'un tavernier enrichi qui tenait un cabaret dans l'île de la Cité, À la pomme de pin, que fréquentaient Racine, Boileau, La Fontaine, Molière, Lully, Mignard et Chapelle. Gruÿn ne lésina pas sur la décoration. Peintures et sculptures rivalisent d'élégance. Boiseries et plafonds de Le Sueur et de Le Brun sont conservés dans leur état primitif. Bas-reliefs, ors, sculptures, tableaux de Mignard et d'Hubert Robert ornent l'escalier, les salles, la « chambre à l'italienne », le salon de musique. Gruÿn n'eut pourtant guère le loisir d'en profiter, car, en 1662, alors qu'il était commissaire des vivres de la cavalerie de Louis XIV, Colbert le condamnait pour malversation.

Antonin Nompar de Caumont, comte de Lauzun, dont Saint-Simon disait qu'il avait « la plus belle jambe du monde, peu de lettres et beaucoup d'esprit », acheta l'hôtel, à son retour d'un cachot de la forteresse de Pignerol où il séjourna dix ans pour avoir nourri des projets de mariage avec la Grande Mademoiselle (cousine germaine de Louis XIV), qu'il épousa finalement en secret. Union orageuse s'il en fut, puisque le couple se sépara trois ans plus tard. L'hôtel vendu en 1685, le marquis de Richelieu lui succéda, puis la famille Ogier et, enfin, le marquis de Pimodan.

Au XIXe siècle, Jérôme Pichon, célèbre bibliophile, ouvrit l'hôtel aux célébrités artistiques et littéraires. L'hôtel était pourtant déjà fort dégradé, comme l'écrit Jacques Hillairet : « C'était l'hôtel des Teinturiers aux carreaux cassés, aux escaliers disjoints, à la toiture rapiécée et où, à l'intérieur, les beaux lambris dorés et les panneaux

▲ Hôtel de Lauzun, 17, quai d'Anjou.

décoratifs avaient été souvent recouverts d'un épais badigeon où les taches et les souillures ne manquaient pas. » Le club des Haschichins s'y réunissait. Théophile Gautier, Barbey d'Aurevilly, Boissard, Meissonnier, Delacroix, Daumier, Balzac parfois, venaient y fumer l'opium et mâcher le haschisch avec Baudelaire qui logeait dans l'hôtel.

Nous continuons à longer le quai d'Anjou, puis reprenons le **quai de Bourbon**, jusqu'à la **rue Le Regrattier**, par laquelle nous gagnons la **rue Saint-Louis-en-l'Ile**.

La rue Saint-Louis-en-l'Ile

◂ 51, rue Saint-Louis-en-l'Ile.

Nous entrons, à présent, au cœur même de l'île. La rue Saint-Louis-en-l'Ile en est le centre commercial et religieux. Jusqu'à sa rénovation, une population de bourgeois et de petits commerçants se partageait la rue. À la sortie de la grand-messe, on faisait la queue chez le pâtissier et le charcutier. Le petit peuple des artisans qui en occupaient les cours a désormais disparu et, dès la belle saison, la rue est envahie par les promeneurs et les touristes, balayant son dernier souffle villageois.

Au **n° 61**, le restaurant des Anysetiers du Roy, portant l'enseigne Au Petit Bacchus, fut photographié par Atget en 1902 ; c'était autrefois un cabaret que fréquentaient, sans doute, les joueurs du jeu de paume. L'enseigne d'origine date de 1665 : elle est toujours à sa place, même si elle fut abîmée par un incendie. Elle est en bois et représente un Bacchus enfant, assis à califourchon sur un tonneau, tenant, de la main gauche, une bouteille, tandis que, de la droite, il porte une grappe de raisin à sa bouche. La devanture est classée.

Une belle maison du XVIIe siècle ouvre sur la rue, au **n° 51**, avec un magnifique portail ouvragé, surmonté d'une tête de faune encadrée par deux chimères grimaçantes qui soutiennent le balcon. L'hôtel disposait d'un grand jardin qui s'étendait jusqu'au quai d'Orléans. À partir de 1840, l'État le loua pour l'Archevêché. C'est de là que Mgr Affre, archevêque de Paris, partit rejoindre la place de la Bastille lors de la journée insurrectionnelle du 24 juin 1848, pour tenter de s'interposer entre les troupes du gouvernement provisoire et les insurgés. Grièvement blessé par une balle, il mourut dans cet hôtel trois jours après. Dix ans plus tard, l'État transforma cette demeure en caserne de gendarmerie ! Son propriétaire l'amputa ensuite du jardin, occupé par un immeuble de rapport. Peu à peu, toute la décoration intérieure disparut, hormis la rampe d'escalier. En revanche, les façades sur rue et sur cour sont restées intactes.

La dernière salle de jeu de paume de Paris se trouve au **n° 54**. Elle est, bien entendu, depuis longtemps désaffectée, mais elle possède encore ses charpentes du XVIIe siècle. Un industriel y entreposa un temps des fours de boulangerie ! Le lieu est aujourd'hui reconverti en hôtel.

◂ Enseigne (1665) du Petit-Bacchus, 61, rue Saint-Louis-en-l'Ile.

▲ Église Saint-Louis, 21, rue Saint-Louis-en-l'Ile.

▶ 1, rue Saint-Louis-en-l'Ile.

◀ Berthillon, 31, rue Saint-Louis-en-l'Ile.

direction successive de plusieurs architectes : François Le Vau, Gabriel Le Duc puis Jacques Doucet. L'église fut consacrée en 1726 sous le nom de Saint-Louis-en-l'Ile. La foudre ayant détruit, en 1740, le campanile de la coupole, on construisit, en 1765, un clocher ajouré, haut de trente mètres.

Cette église de style jésuite est étonnamment lumineuse. Des pilastres corinthiens ornent les travées à arcades du chœur, qui ouvrent sur le déambulatoire. Les sculptures de la nef, œuvres de Jean-Baptiste de Champaigne, datent du XVIIe siècle. Le fils de Racine y fut tenu sur les fonts baptismaux et Le Vau s'y maria.

L'ingénieur Philippe Lebon allait changer notre vie lorsqu'il découvrit dans la maison du **n° 12**, en 1799, le principe de l'éclairage et du chauffage par le gaz.

Au **n° 31**, Berthillon, le glacier le plus connu de Paris, fait recette.

Telle une enseigne, une horloge signale l'église au **n° 21**. Une petite chapelle s'élevait primitivement à cet endroit. La population de l'île augmentant, elle devint insuffisante. On décida donc la construction d'une église en 1622. Son édification définitive dura soixante-deux ans, sous la

Au bout de la rue, au **n° 1**, se trouve le pavillon dit des Arbalétriers, qui dépendait de l'hôtel de Bretonvilliers ; s'il n'a guère changé, il perdit son pittoresque avec la disparition de son café-billard, À l'estacade, où se retrouvaient, au début du XXe siècle, des joueurs acharnés.

Les rues adjacentes

Nous pouvons maintenant musarder au hasard des rues adjacentes. Au **n° 4 de la rue de Bretonvilliers** s'ouvrait l'hôtel du même nom. Le percement du boulevard Henri-IV et la construction du pont de Sully coûtèrent la disparition complète de ce merveilleux hôtel de Claude Le Ragois, sieur de Bretonvilliers, qui était, en 1636, le plus grand propriétaire de l'île. Il ne reste que quelques gravures, plans et peintures pour exciter notre imagination. La maison du **n° 6** abrite toujours un escalier en bois original.

Quelques maisons anciennes bordent la **rue Poulletier**, où s'établirent les sœurs de la Charité, au **n° 5 bis**, dans une maison du XVIIe siècle. Un écusson au-dessus de la porte d'entrée signalait la présence de l'école des Filles de la charité de la paroisse Saint-Louis. En 1677, le **n° 9** était la demeure de Philippe-Auguste Le Hardy, marquis de la Trousse, cousin germain de Mme de Sévigné. Au **n° 12**, de belles fenêtres aux balcons en ferronneries ornent la façade du XVIIIe siècle. Au **n° 20**, une grande porte de style Louis XIV est décorée de deux têtes d'Hercule couvertes d'une peau de lion. L'écusson entouré de palmes a perdu ses armoiries. Bel escalier intérieur.

La **rue des Deux-Ponts** fut la première voie ouverte dans l'île (1614-1620). Son élargissement, en 1912-1913, la rendit banale, la démolition de ses vieilles maisons lui faisant perdre son charme et son atmosphère. Le peintre Émile Bernard, qui habitait l'hôtel Le Charron, tenta l'impossible auprès des autorités pour éviter cette mutilation. Rien n'y fit. Sa pétition avait pourtant recueilli plusieurs centaines de signatures, dont celles de Rodin et d'Anatole France. Voilà pourquoi nous pouvons voir, d'un côté, des maisons témoins du style Louis XIII et, de l'autre, **du n° 2 au n° 14**, des immeubles contemporains de la IIIe République. Au **n° 10**, où se trouve la fondation Halphen, arrêtons-nous un instant devant la plaque : « À la mémoire des 112 habitants de cette maison dont 40 petits enfants déportés et morts dans les camps allemands. 1942. »

Dans cette rue habita Restif de la Bretonne, écrivain prolixe et flâneur infatigable. On lui doit d'avoir jeté un regard lucide et sans indulgence sur son époque, très attaché à la petite anecdote et à la critique. Il mourut

▶ 5 bis, rue Poulletier.
◀ 20, rue Poulletier.

▶ Rue des Deux-Ponts.
◀ Rue Le Regrattier, anciennement rue de la Femme-sans-Tête.

dans la misère à soixante et onze ans, rue de la Bûcherie, ayant été bien souvent, à cause de son accoutrement incroyable, la risée des passants et de nombreux gamins.

La **rue Le Regrattier** a gardé un petit air provincial avec ses vieilles maisons. Sa partie nord s'appela, de 1680 à 1870, rue de la Femme-sans-Tête, à cause d'une enseigne qui représentait une femme décapitée tenant un verre à la main avec cette phrase : « Tout est bon. »

Baudelaire gravit plus d'une fois quatre à quatre les escaliers du **n° 6**, pour visiter son amie Jeanne Duval, qu'il avait installée dans un petit appartement alors que lui-même habitait au 17, quai d'Anjou, l'hôtel de Pimodan (ou de Lauzun).

La **rue Boutarel** doit son nom à un teinturier de la rue Saint-Louis, colonel de la Garde nationale, qui établit là son atelier. L'ouverture de la **rue Jean-du-Bellay** entraîna la disparition des hôtels de l'extrémité du quai d'Orléans et du quai Bourbon en 1867.

Ici s'achève notre visite. Le vacarme de Paris ne traverse pas la Seine et, à défaut d'entendre les coups de corne de ses défunts remorqueurs, nous pourrons encore y suivre du regard le bouchon d'un pêcheur, les ébats d'une flottille de canetons ou une hirondelle qui rase l'eau. À la proue du quai Bourbon, les effluves maritimes qui remontent le fleuve avec les mouettes font rêver à d'autres voyages...

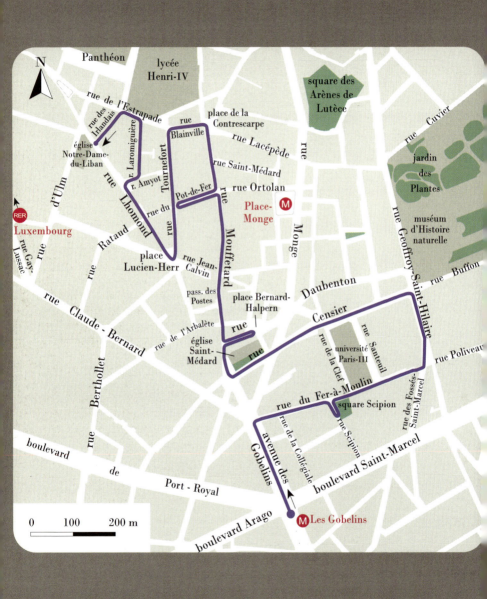

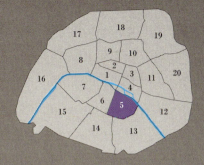

5e

Autour de la rue Mouffetard

▶ Départ : avenue des Gobelins, métro Les Gobelins
▶ Arrivée : rue Lhomond, RER Luxembourg ou métro Place-Monge

De part et d'autre de l'ancien lit de la Bièvre – dont le cours finit d'être dissimulé au début du XXe siècle – et sur les pentes formant sa vallée, se constituèrent, au fil des siècles, deux bourgs, Saint-Marcel et Saint-Médard, que la voie romaine de Lutèce à Lyon, aujourd'hui rue Mouffetard, traversait du nord-ouest au sud-est. Avant d'être réunis à Paris en 1724, ces deux bourgs furent considérés comme les « banlieues » du pays latin ou, à la fin du Moyen Âge, plutôt comme ses villégiatures où l'aristocratie se réfugiait loin du monde et du bruit. Des deux bourgs, le plus ancien est celui de Saint-Marcel (Ve-VIe siècles), celui de Saint-Médard ne s'étant formé, autour de son église primitive, qu'au début du IXe siècle et véritablement développé qu'entre les XIIe et le XVe siècles.

Le carrefour des Gobelins

À la limite des 5e et 13e arrondissements, le **carrefour des Gobelins** est situé au pied de la colline d'Italie et forme avec celle-ci le bord sud-est de la vallée de la Bièvre. Il est constitué par la convergence de trois boulevards d'origine haussmannienne (Arago, de Port-Royal et Saint-Marcel) et de l'avenue des Gobelins établie, depuis 1869, sur l'ancien tracé de la rue Mouffetard, qui remontait alors jusqu'à la place d'Italie actuelle.

Dès le haut Moyen Âge, ce carrefour fut quasiment au centre du bourg en cours de formation autour de l'oratoire dédié à Saint-Marcel, premier évêque parisien de la capitale, mort en 436 et enterré en ces lieux. Détruit par les Vikings vers 887, l'oratoire ne fut remplacé par une église qu'au début du XIe siècle. Le cloître de celle-ci jouxtait l'actuel boulevard Saint-Marcel face à la rue de la Collégiale (nos 3, 4, 5 et 6) où fut élevée l'église Saint-Martin-du-Cloître, devenue paroisse en 1220.

Ce fut aux abords de cette dernière église qu'un jardinier découvrit, en 1753, une cinquantaine de très anciennes sépultures, point de départ de découvertes beaucoup plus importantes. Jusqu'aux dernières campagnes de fouilles du milieu des années 1950, les archéologues durent mettre au jour près d'un millier de tombes s'échelonnant du IIIe au XVIIe siècle. Le carrefour des Gobelins et ses environs se révélèrent être la plus ancienne nécropole chrétienne de Paris. Dès avant l'arrivée du futur saint Marcel, au Ve siècle, l'espace fut consacré aux inhumations de ceux à qui l'autorité impériale romaine refusait une sépulture dans les limites de Lutèce. Au cimetière primitif succéda une nécropole mérovingienne, puis carolingienne et l'on continua d'inhumer jusqu'au Grand Siècle.

Au long de la rue du Fer-à-Moulin

Au-delà du carrefour, descendons l'**avenue des Gobelins** d'où l'on a, au loin, une perspective intéressante sur la montagne Sainte-Geneviève et le Panthéon. Après la rue du Petit-Moine, nous empruntons, à main droite, au coin du café à l'enseigne originale À verse toujours, l'étroite **rue du Fer-à-Moulin**. Au Moyen Âge, cette rue s'appelait rue Richebourg, du fait du nombre important de nobles propriétés qui la bordaient et dont les jardins descendaient jusqu'à la Bièvre.

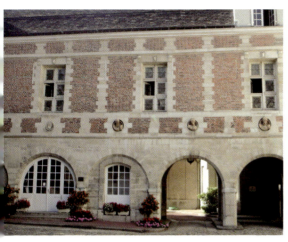

cherie et la boulangerie centrales de l'hôpital général de la Salpêtrière, édifié à peu de distance du bourg Saint-Marcel. L'Assistance publique y « boulangea » jusqu'en 1975.

La cour pavée de l'ancien hôtel Sardini est entourée de quelques beaux épicéas. À notre droite, dernier vestige de la demeure du XVIe siècle, un mur fait de briques et de pierres – le premier de ce type à Paris – est percé de six arcades dont seules deux n'ont pas été fermées. Des médaillons de terre cuite en haut-relief, représentant des figures de femmes ou de guerriers, ornent le haut de ces arcades et donnent à l'hôtel des allures de Renaissance italienne.

Face à l'hôtel, le petit **square Scipion** est décoré, en fond de jardin, par un monument en grès émaillé du début du siècle où Müller et Charpentier sculptèrent le travail de la boulangerie. Ce square est installé sur une partie de l'ancien cimetière Sainte-Catherine, ouvert en 1783 et fermé en 1824. Ce dernier avait été installé à la suite de l'encombrement du cimetière de Clamart voisin, qui, jusqu'à la rue des Fossés-Saint-Marcel, bordait la rue du Fer-à-Moulin.

Établi sur les jardins de l'ancien hôtel des Catins, seigneurs de Clamart, ce dernier cimetière fut, très tôt, celui des pauvres et, en particulier, des morts non réclamés de l'Hôtel-Dieu. Plus vaste que le cimetière des Innocents situé aux abords des Halles, celui de Clamart fut peu à peu abandonné au début du XIXe siècle. Un amphithéâtre d'anatomie – idée bien macabre – fut construit en 1833 sur une partie de l'ancien champ des morts où, dit-on, les étudiants en médecine venaient s'approvisionner en ossements humains.

▲ Hôtel Scipion-Sardini, 13, rue Scipion.

Tous les hôtels disparurent à la fin du Moyen Âge. Seul demeure encore, au coin de la rue du Fer-à-Moulin, au **n° 13, rue Scipion**, le bel hôtel fortement restauré du sieur Scipion Sardini, devenu, au XVIIe siècle, la bou-

Un Italien bien en cour

Scipion Sardini était un jeune Toscan venu en France, vers 1535, dans les bagages de Catherine de Médicis et qui se constitua une solide fortune. Devenu comte de Chaumont-sur-Loire, il poursuivit sa brillante carrière sous Henri III, qui le chargea de collecter les taxes sur les auberges et cabarets de la capitale. Une telle fonction ne manqua pas de susciter la jalousie de son entourage et la haine du bon peuple de Paris qui inventa ce distique :
« Naguère sardine, aujourd'hui grosse baleine ; c'est ainsi que la France engraisse les petits poissons italiens. »

Remarquons, **à l'angle de la rue de la Clef**, un ancien immeuble à balcons-terrasses en retrait, joliment restauré.

La **rue du Fer-à-Moulin** rejoint bientôt un petit carrefour où elle rencontre la rue des Fossés-Saint-Marcel et la rue Geoffroy-Saint-Hilaire. À cet endroit, elle passe à l'emplacement de l'ancien pont Livaux sur la Bièvre qui donna son nom à la rue qui lui fait suite, la rue Poliveau.

▲ 11, rue Geoffroy-Saint-Hilaire.

◀ Immeuble à balcons-terrasses en retrait, à l'angle des rues de la Clef et du Fer-à-Moulin.

La rue Geoffroy-Saint-Hilaire

La rue des Fossés-Saint-Marcel et la rue Geoffroy-Saint-Hilaire – la première longeait, au Moyen Âge, les petits remparts du bourg Saint-Marcel – menaient, au XVIIIe siècle, au plus important marché aux chevaux de la capitale. Ce dernier s'étendait de part et d'autre de l'actuel boulevard Saint-Marcel et poussait jusqu'au boulevard de l'Hôpital. Au **n° 5 de la rue Geoffroy-Saint-Hilaire**, ancienne rue du Marché-aux-Chevaux, existe encore le beau bâtiment d'entrée de ce marché. Il fut construit en 1760 sur ordre de Sartine, lieutenant général de police. Dans un chapitre des *Misérables*, Hugo donne du quartier du marché aux chevaux une description tout en contraste : « Le promeneur arrivait à des endroits où l'on eût pu dire que Paris disparaissait. Ce n'était pas la solitude, il y avait des passants ; ce n'était pas la campagne, il y avait des maisons et des rues ; ce n'était pas une ville, les rues avaient des ornières comme les grandes routes et l'herbe y poussait ; ce n'était pas un village, les maisons étaient trop hautes. Qu'était-ce donc ? C'était un lieu habité où il n'y avait personne... »

De la rue Poliveau voisine devaient commencer deux errances restées célèbres, l'une littéraire, l'autre cinématographique. La première est celle de Jean Valjean et Cosette qui, craignant l'arrivée de Javert, abandonnè-

◀ Bâtiment d'entrée de l'ancien marché aux chevaux, 5, rue Geoffroy-Saint-Hilaire.

rent leur masure Gorbeau du 52, boulevard de l'Hôpital, pour fuir à travers le quartier Saint-Marcel et au-delà. La seconde est celle de Jean Gabin et Bourvil dans *La Traversée de Paris*, qui partent de l'officine de marché noir de Louis de Funès-Jambier (« 25, rue Poliveau ! »), pour entamer leur long périple à travers la capitale.

La rue Censier

En longeant la rue Geoffroy-Saint-Hilaire vers le nord, nous croisons bientôt la **rue Censier** qui, prolongeant la rue Buffon, monte en direction de la rue Monge. Cet ancien chemin en cul-de-sac (rue « sans-chief » devenu, par déformation, Censier) partait au Moyen Âge de la rue Mouffetard et courait sur une partie du séjour d'Orléans. Ce domaine royal descendait jadis des hauteurs du quartier Saint-Médard et venait border la rive gauche de la Bièvre. Ancienne propriété d'Isabeau de Bavière, épouse de Charles VI, elle fut cédée en 1388 par la reine à son beau-frère et amant, le duc Louis d'Orléans. Démantelé à la fin du XVe siècle, ce domaine, comme son voisin, celui des évêques de Dormans-Beauvais, fut loti à partir de 1530. Il ne reste rien, aujourd'hui, des propriétés établies aux XVIIe-XVIIIe siècles sur ces anciens domaines. Le restaurant universitaire Censier (**n° 3**), avec son étrange façade aveugle de céramique noire et les immeubles voisins bâtis dans les années 1970 remplacèrent d'anciens bâtiments des **n°s 17 et 19** de la rue, vestiges de la brasserie de la famille Santerre (dont l'un des membres fut le héros de la prise de la Bastille).

Au-delà de la rue de Santeuil, ouverte en 1863, à la hauteur des **n°s 21 à 25, rue Censier**, était l'Hôpital des Cent-Filles, orphelinat fondé en 1624 par Antoine Séguier, oncle du futur Grand Chancelier de France. Louis XIV s'intéressa à cet établissement en accordant directement la maîtrise à tout aspirant artisan acceptant d'épouser une de ces orphelines. Fermée à la Révolution, cette maison devint, en 1868, le siège de la Halle aux cuirs installée sur le cours de la Bièvre. Jusqu'à la fin des années 1950 s'entassaient là des milliers de peaux, que l'on salait et traitait avant de les vendre aux différents artisans du cuir, entre autres ceux longtemps installés en amont de la rivière.

Cet ancien bourg Saint-Marcel, quartier miséreux, fut souvent photographié, à la fin du XIXe siècle, par Charles Marville.

Derrière la faculté Censier passe la **rue de la Clef**, qui prend naissance rue du Fer-à-Moulin. Entre les **n°s 12 et 14** de cette ancienne rue du Pont-aux-Biches, on passait autrefois la Bièvre sur un pont du même nom. Du côté des numéros impairs subsiste un ensemble de maisons, derniers témoins de ce que fut l'architecture du quartier à la fin du XIXe siècle.

◀ Rue de la Clef.

Les deux vieilles maisons **à l'angle de la rue Censier avec la rue de la Clef** sont les derniers témoins de l'habitat ancien. La **rue Censier** continue au-delà de la rue Monge – nouvelle frontière entre les bourgs Saint-Marcel et Saint-Médard, qui longe le flanc sud de l'église Saint-Médard – pour achever son parcours au pied de la rue Mouffetard.

Autour de l'église Saint-Médard

À cet endroit, la rue Mouffetard marquait autrefois une pause avant de franchir la Bièvre sur le pont aux Tripes (rue de Bazeilles) et de monter jusqu'à la barrière d'Italie.

D'après Grégoire de Tours, ce fut aux abords de l'endroit où devait s'élever plus tard la première **église Saint-Médard**, que l'apôtre Denis arrivant de Rome, au IIIe siècle, célébra la première messe de Paris auprès de l'humble population agricole que les pentes limoneuses de la vallée de la Bièvre avaient déjà fixée en ces lieux. Saint Denis ne devait pas entrer dans Lutèce. Il se réfugia, d'après la légende, dans les carrières qui parsemaient le plateau du flanc sud de la montagne Sainte-Geneviève. Le premier évêché de la capitale, dont saint Marcel fut le neuvième titulaire, s'établit ici, de part et d'autre de la rivière.

◂ Vieilles maisons à l'angle des rues de la Clef et Censier.

Le « vacarme de Saint-Médard »

Les événements des 27 et 28 décembre 1561 sont connus sous le nom pudique de « vacarme de Saint-Médard ». Depuis le colloque de Poissy (1561), Catherine de Médicis, poussée par Michel de l'Hospital, son conseiller, avait fini par accorder aux protestants la liberté du culte en un certain nombre de places dûment fixé. À Paris, deux lieux de prière avaient été autorisés. L'ancien hôtel de Simon de Cramault, archevêque de Reims et patriarche d'Alexandrie au XVe siècle, venait d'être loué par un certain Jean Canaye, maître teinturier, gendre de la famille Gobelin et calviniste convaincu, qui l'avait prêté comme lieu de culte à ses coreligionnaires. Dans l'après-midi du 27 décembre, lors du prêche du pasteur, les cloches de l'église Saint-Médard voisine se mirent à sonner à toute volée, empêchant les huguenots de suivre l'office. Venus se plaindre, quelques réformés furent chassés par la foule hostile des paroissiens. Les protestants en armes vinrent alors leur prêter main forte. Quelques catholiques périrent et l'église fut saccagée. Le lendemain 28, le connétable Anne de Montmorency, à la tête de ses troupes, entrait dans le temple des Patriarches (devenu aujourd'hui un gymnase surmonté de logements sociaux), y mettait le feu et faisait pendre quelques fidèles. Avant l'« ouverture officielle » des guerres de religion, cette violente échauffourée marquait le début d'une longue période de troubles.

5e | Autour de la rue Mouffetard | 79

▲ Église Saint-Médard.
▼ Décor de la façade du 134, rue Mouffetard.

S'il ne reste aucune trace de la première église Saint-Médard qui aurait été fondée au VIIe siècle et détruite par les Vikings, une bulle du pape Alexandre III de 1163 mentionne, pour la première fois, l'existence de la deuxième église. Elle est signalée comme faisant partie du fief de l'abbaye de Sainte-Geneviève et desservie par l'un de ses chanoines.

L'église dans laquelle nous pénétrons est, en réalité, la troisième élevée au même endroit, sous l'invocation de saint Médard qui avait été, vers 530, évêque de Noyon puis de Tournai et conseiller des rois mérovingiens. Plus qu'aucune autre église parisienne, Saint-Médard a su conserver le charme d'une église de campagne. Son clocher en ardoise, au sommet duquel cohabitent tranquillement le coq gaulois et la croix, confère à l'édifice une rusticité de bon aloi.

Le bâtiment est très composite, compte tenu des trois périodes au cours desquelles il fut édifié. Même les éléments de la façade ne sont pas de la même époque. Le grand vitrail de style gothique flamboyant date du milieu du XVe siècle alors que le porche est dans la manière du XVIIIe. Si la nef sans transept de l'église est de la fin du Moyen Âge, son chœur et ses chapelles ne furent édifiés qu'à la Renaissance, après 1560. Ce n'est qu'un siècle plus tard que l'église fut enfin achevée. Vers 1775, le décor intérieur fut remanié. Les colonnes du chœur furent cannelées dans le goût de l'époque, les chapelles absidiales construites et le portail fut modifié dans le style Louis XVI. C'est également du XVIIIe siècle que datent deux tableaux décorant l'église : *Les Vendeurs chassés du Temple*, de Natoire – peintre plus connu pour ses toiles d'inspiration mythologique et galante et ses décors du château de Versailles –, et *La Multiplication des pains*, de Restout, décorateur de la coupole de l'ancien couvent des Génovéfains (aujourd'hui lycée Henri-IV) et auteur, essentiellement, de tableaux aux thèmes religieux comme *Le Christ guérissant les paralytiques*.

Dès le **parvis de Saint-Médard**, le marché, comme cela devait être au Moyen Âge, entre en symbiose avec l'église dont le portail s'ouvre directement sur lui. Aux grandes heures, il y a ici comme un parfum d'éternelle kermesse flamande. On s'interpelle entre marchands, on hèle le chaland, on bonimente. Face à l'église, ne manquons pas d'admirer, au **n° 134 de la rue Mouffetard**, le décor de la façade, conçu en 1929 par le peintre italien Eldi Gueri. Entre les fenêtres de l'entresol, remarquons quatre panneaux peints sur tôle présentant des scènes campagnardes. Au-dessus, sur un fond ocre, biches, cerfs et sangliers sont surmontés d'un décor végétal des plus fous inspiré de la Renaissance italienne.

L'omniprésence de la nourriture dans cette partie de la rue ne doit pas, cependant, faire oublier que le quartier fut très tôt un foyer d'agitation politique. Devenu à partir du XVIIe siècle un quartier populaire travaillé par la misère, le secteur fut souvent prompt à prendre la fièvre. Lors de la Révolution, par exemple, Gracchus Babeuf, dont le club des Égaux était installé sur la montagne Sainte-Geneviève, recruta ici nombre de ses partisans. En juin 1848, comme lors de la Semaine sanglante de la Commune en mai 1871, les habitants du quartier dressèrent des barricades, telle celle à l'angle de la rue de l'Épée-de-Bois, au pied d'un des célèbres estaminets du secteur (n° 91) qui avait donné son nom à cette rue.

À la fin du siècle dernier, l'anarchiste Jean Grave installa, au **n° 140**, son journal *Les Temps nouveaux*,

◄ 41, rue Daubenton.

► Porte murée du cimetière de Saint-Médard, rue Daubenton.

dont ses amis Kropotkine et le géographe Élisée Reclus faisaient partie du comité de rédaction. Nadar, Pissarro et Signac l'illustrèrent bénévolement, de temps à autre.

Nous remontons jusqu'à l'étroite **rue Daubenton**, que nous allons emprunter à droite. Cet ancien chemin d'Orléans-Saint-Marcel menait jadis au grand domaine, nommé séjour d'Orléans, dont l'entrée était à la hauteur des **n°s 19 et 21** de la rue actuelle. Au **n° 41**, s'ouvre la porte latérale de l'église par laquelle, le 27 décembre 1561, pénétrèrent les protestants.

Nous arrivons sur l'ancienne place du Marché-des-Patriarches, aujourd'hui **place Bernard-Halpern**. À notre droite, le mur en bordure de la rue Daubenton a conservé la trace de la porte du cimetière, murée en 1732 à la suite de la célèbre affaire des Convulsionnaires de Saint-Médard, succession de scènes d'hystérie collective autour de la tombe du janséniste Pâris, diacre de l'église. L'autre porte, murée également, l'avait été près d'un siècle plus tôt.

En remontant la rue Mouffetard

Revenons sur nos pas pour regagner la **rue Mouffetard**, que nous allons remonter du pas du flâneur. Le curieux nom de cette voie trouve son origine à l'époque romaine, dans celui d'une petite éminence appelée *Montus Cetardus* située de l'autre côté de la Bièvre. Ce qui était la rue du Mont-Cétard vit son nom déformé, au fil du temps, en Mouffetard. Mais, pour certains, ce nom se serait formé sur celui de « mofettes », en souvenir des exhalaisons pestilentielles montant des rives de la Bièvre…

▶ Passage des Postes.
▼ Vieille enseigne, 122, rue Mouffetard.

Au **n° 122**, une vieille enseigne, À la bonne source, plaquée sur la façade, voisine avec l'un des derniers grands cafés du secteur au **n° 116**. On y remarque, au-dessus de l'entrée, une belle frise de grappes de raisin en manière de haut-relief. Deux joviales têtes de Bacchus servent de chapiteaux aux extrémités de la devanture.

En prolongeant, au XIXe siècle, la rue de l'Arbalète en direction du marché des Patriarches, les urbanistes firent disparaître, au **n° 115**, l'entrée de l'hôtel de Jean de Meulan, archevêque de Paris vers 1350. Jusqu'à la Renaissance, tout le côté des numéros impairs de la rue était occupé par nombre de propriétés aristocratiques ou ecclésiastiques. Quelques prélats préférant les abords de la Bièvre au quartier Saint-André-des-Arts, lieu habituel de leur résidence parisienne, vinrent s'établir en ces lieux. Leurs domaines, plantés de vignes, descendaient jusqu'au bord de la rivière. Citons, entre autres occupants, les évêques de Senlis, de Châlons, de Beauvais. Raymond du Temple, architecte du Louvre de Charles V, s'y installa également.

Notons, sur la façade du **n° 103** une plaque commémorative en souvenir du siège de Paris par les Prussiens en janvier 1871.

En face, à la hauteur du **n° 104**, s'ouvre, sous un immeuble, le passage des Postes (1830) qui rejoint la rue Lhomond (ancienne rue des Postes). Les bédéphiles ne manqueront pas d'y faire un pèlerinage. En effet, c'est à cet endroit, dans une maison s'élevant sur la gauche du passage, qu'Edgar P. Jacobs, dans *L'Affaire du collier*, situe le quartier général souterrain du « méchant Olrik », l'éternel adversaire du capitaine Blake de l'Intelligence Service et de son ami le professeur Mortimer, physicien de renom. Il faut dire que les pentes sud et est de la montagne Sainte-Geneviève reposent sur un vaste réseau d'anciennes carrières qui servit longtemps de refuge ou de lieu de promenades initiatiques aux étudiants du quartier Latin.

Entre les nos 96 et 100 débouche, sous un immeuble récent, la rue Jean-Calvin, en face de la rue de l'Épée-de-Bois. Pendant plusieurs années, l'espace resta vide car un grand projet de voie urbaine avait été envisagé. On avait imaginé de tracer une grande radiale entre les gares Montparnasse et d'Austerlitz ; dans le 5e arrondissement, les rues de l'Abbé-de-l'Épée, Érasme et Calvin étaient sur le parcours. Un comité de défense du quartier éleva d'énergiques protestations et le projet, qui aurait complètement destructuré le bourg Saint-Médard, fut heureusement abandonné.

Un peu avant la longue façade aveugle de la caserne de la Garde républicaine (**n° 61**), se dresse, au **n° 69**, une maison du XVIIIe siècle à double étage de mansardes. Bâtie, à l'époque, à la place de l'ancien hôtel de Mainville (XVe siècle), elle accueillit, entre 1830 et 1848, un des plus importants clubs révolutionnaires du quartier Latin. Le célèbre Vidocq, ancien bagnard devenu inspecteur de la Sûreté, venait, dit-on, de temps à autre en respirer l'atmosphère. Au Vieux Chêne – aujourd'hui un bar –, Frehel, qui fut la Piaf de l'entre-deux-guerres, venait, dans les années 1920, pousser ses goualantes réalistes.

La caserne dont nous parlons plus haut fut installée, en 1821, sur les bâtiments de l'ancien couvent de la Miséricorde de Jésus fondé en 1652. Entièrement consacré aux soins aux malades et à l'aide aux indigents, il avait bénéficié de la sollicitude et de l'appui financier de Françoise d'Aubigné devenue marquise de Maintenon.

En face de la caserne, au **n° 76**, l'ancienne Maison pour Tous, centre de la vie culturelle du village Mouffetard, a laissé sa place à l'une des grandes bibliothèques de l'arrondissement. Nous constaterons que, depuis la disparition de la plupart des anciens bistrots de la rue, s'est mise en place, comme dans le quartier Saint-Séverin, toute une géographie de la cuisine méditerranéenne où les pizzerias vésuviennes rivalisent avec les tavernes égéennes. On rôtit à Mouffetard, mais avec une productivité plus faible qu'à la Huchette.

▲ Caserne de la Garde républicaine, 61, rue Mouffetard.
▶ 69, rue Mouffetard.

De la rue du Pot-de-Fer à la place de la Contrescarpe

À main gauche prend la **rue du Pot-de-Fer**, nom qui évoque bien les ustensiles de nos vieilles cuisines, où nous pouvons faire une brève incursion. À l'angle droit de la rue, une ancienne **fontaine** à bossage de 1671, alimentée par une dérivation des eaux de l'aqueduc d'Arcueil, remplace un vieux puits médiéval. Remarquons, au **n° 7**, un fort beau portail du XVIIIe siècle. Cette rue permet de rejoindre le quartier Lhomond qui jouxte le secteur Mouffetard, et longe, en fin de parcours, les murs du couvent des Filles de Sainte-Aure de la rue Tournefort voisine.

Revenons **rue Mouffetard**. Face à la rue Saint-Médard, percée au XVIe siècle sur l'ancien domaine de Jacques de Pacy, seigneur d'Ablon, au **n° 38** de la rue Mouffetard se réunissaient régulièrement, dans les années 1820, les maçons creusois de Paris. Dans ce quartier populaire, les lieux de sociabilité n'ont jamais manqué. Il n'est que d'évoquer le fameux cabaret des chiffonniers, au **n° 23**, qui, sous l'Empire, rassemblait une clientèle de traîne-ruisseaux que n'aurait pas reniée Léon Daudet, polémiste de L'Action française. Dans son Paris vécu (1910), il brossa sans pitié un tableau apocalyptique de la rue et des abords : « La rue Mouffetard est, au point de vue de la crasse, de la sordidité, de la puanteur, et aussi de l'ancienneté, du relief et de la couleur, une des plus remarquables de Paris.

Là voisinent, coagulés dans une sorte de magma, des chiffonniers, des revendeurs, des filles, des maquereaux, des tire-laine, des êtres sans âge, sans sexe, non sans fumet, couverts de haillons d'une couleur ramenée au vert et au jaune... de cette pourriture émerge tout à coup une jolie fille, cheveux courts et accroche-cœurs, à la mine provocante, une Marie-Madeleine du ruisseau. »

Depuis la fin des années 1960, le quartier, malgré les apparences, s'est fortement transformé. Les anciens habitants quittèrent, peu à peu, le secteur devant la flambée des loyers après les nombreuses opérations de réhabilitation. Ils suivirent de peu ceux de la cloche pour qui la Contrescarpe et la Mouff' étaient un des lieux de prédilection de la capitale. Le quartier Mouffetard est, aujourd'hui, devenu une sorte de décor où, entre Saint-Médard et Contrescarpe, est entretenu savamment un pittoresque artificiel, mais charmant. Éric Rohmer dans Le Signe du lion, en 1959, et par la suite Krzysztof Kieslowski, dans Bleu, choisirent d'ailleurs ce décor naturel pour y tourner un certain nombre de séquences de leurs films.

La place de la Contrescarpe

Nos pas nous ont enfin amenés **place de la Contrescarpe**, qui invite à un repos bien mérité dans un de ses cafés. Ce n'est qu'en 1852 que la place fut dégagée par la destruction de l'îlot insalubre qui occupait l'endroit. Situé, au Moyen Âge, au bout de l'avancée de la porte Bordelles, celui-ci connaît, depuis des siècles, une animation permanente. Point de rupture de charges avant de pénétrer dans le Paris

▲ 7, rue du Pot-de-Fer.
▶ Ancien couvent des Filles de Sainte-Aure, à l'angle des rues du Pot-de-Fer et Tournefort.

médiéval, le lieu vit très tôt proliférer auberges et tournebrides, de plus ou moins bonne réputation.

C'était dans un de ces établissements, à l'enseigne de la Pomme de pin, qu'Antoine du Baïf, habitant du quartier, réunissait souvent ses amis de la Pléiade. Cet estaminet figurait sur les itinéraires parisiens de Pantagruel et Panurge dans l'œuvre de Rabelais. Une inscription en lettres gothiques en rappelle l'existence au fronton du **n° 1** de la place alors que, semble-t-il, la taverne ouvrait ses portes à l'angle de la rue Mouffetard et de l'actuelle rue Blainville, là où, aujourd'hui, le Requin chagrin propose bières pression et vieux rhums.

De l'autre côté de la rue Blainville, sur le flanc ouest de la place, remarquons la naïve inscription « Au Nègre Joyeux », vieille enseigne d'un marchand de chocolat du XVIIIe siècle où un jeune Noir se fait servir une tasse de cacao par une belle soubrette.

Depuis une trentaine d'années, la Contrescarpe évoquée par Léo Malet, « provinciale et touchante, avec sa vespasienne, son kiosque de la RATP, son terre-plein planté d'arbres », a quelque peu changé. On l'assainit et une ridicule petite fontaine, réplique réduite de celle de la place Saint-Médard, y fut récemment installée. Les clochards flamboyants ont déserté ces lieux devenus trop touristiques à leurs yeux.

De la rue Blainville à la place Lucien-Herr

Par la **rue Blainville**, ancienne rue de la Contrescarpe-Saint-Marcel, chemin qui bordait, à l'extérieur, les fossés Charles V protégeant l'enceinte médiévale, nous entamons la dernière partie de notre promenade.

Du côté des **numéros impairs**, la courte rue a conservé nombre de vieilles bâtisses à greniers mansardés. Au **n° 9**, Jean-Baptiste Girard, ouvrier typographe, fonda en 1864 la première bibliothèque populaire de Paris. Dans ce secteur proche des anciens couvents de la rue Saint-Jacques, flotta, longtemps, l'Esprit saint, et nombreuses furent les figures de religieux et religieuses dévoués corps et âme au Christ. Catherine Théot, surnommée la « mère de Dieu », fut l'un de ces esprits exaltés qui réunit autour d'elle une petite communauté de laïcs dans l'immeuble du **n° 11**, à l'angle de la rue Tournefort. Destin tragique : ces fous de Dieu devaient en pleine Terreur (juin 1794) rencontrer des fous de sang qui firent monter sur l'échafaud toute la secte, hormis la « mère de Dieu » qui mourut à la Conciergerie.

▲ 1, place de la Contrescarpe.

▶ Vieille enseigne, place de la Contrescarpe.

5ᵉ | Autour de la rue Mouffetard | 85

▶ Le Panthéon depuis la rue Blainville.
▼ 3, rue de l'Estrapade.

▶ 25, rue Tournefort.

La rue Blainville débouche sur une petite place d'où l'on a une fort belle vue sur le lycée Henri-IV et le Panthéon. À main gauche, commence la **rue Tournefort** qui mène dans un secteur tout à fait à part du quartier Saint-Médard. À quelques mètres de la rue s'élève toujours l'immeuble du **n° 3 de la rue de l'Estrapade** où, au deuxième étage, Diderot vécut plusieurs années. C'est là qu'en 1749 la police vint arrêter le philosophe dont la *Lettre aux aveugles*, marquée du sceau de l'athéisme, avait fait scandale. Il fut enfermé quelques semaines au château de Vincennes, où Rousseau devait lui rendre visite. Depuis deux ans déjà, l'auteur de la *Lettre* avait commencé l'œuvre immense de *L'Encyclopédie*.

La **rue Tournefort**, ancienne rue Neuve-Sainte-Geneviève est, avec la rue Lhomond sa voisine, l'un des axes d'une sorte de petite ville de province, entre les quartiers Mouffetard et Saint-Jacques, où le temps semble s'être arrêté au milieu du XIXᵉ siècle. Hormis quelques immeubles, l'ensemble du bâti date du XVIIIᵉ siècle et du début du XIXᵉ. Dans cette rue, côté **numéros impairs**, on remarquera un certain nombre de vieilles maisons de deux étages à toit mansardé, comme celle du **n° 25** où vécut le jeune Prosper Mérimée alors que son père enseignait au lycée Henri-IV.

Au **n° 18** s'ouvrait le grand couvent des Filles de Sainte-Aure fondé en 1690. Cette communauté, bénéficiant en 1753 d'importants soutiens financiers, finit par occuper tout l'espace compris entre les rues Tournefort, du Pot-de-Fer et Lhomond, alors rue des Postes. Loin d'être un ordre fermé sur lui-même, les augustines du couvent firent de l'éducation des jeunes filles leur mission principale. Elles n'y réussirent pas toujours, quand on sait que Jeanne Bécu, qui devait devenir la maîtresse officielle de Louis XV sous le nom de comtesse du Barry, fit un assez long séjour en ces lieux.

Fermé à la Révolution, ce couvent fut racheté en 1814 par les bénédictines de l'Adoration perpétuelle du Saint-Sacrement. Elles devaient y demeurer jusque dans les années 1960. Aux **nᵒˢ 19 et 19 ter**, ce furent les Filles-Saint-Thomas, venues de Toulouse, qui s'installèrent en 1642

dans une partie de l'hôtel du Bel-Air dont les jardins descendaient jusqu'à la rue Mouffetard. Il demeure quelques vestiges dans la cour.

Au-delà du croisement de la rue du Pot-de-Fer, nous abordons la partie de la rue Tournefort où Balzac situe la fameuse pension de Mme Vauquer dans *Le Père Goriot* « à l'endroit où le terrain s'abaisse vers la rue de l'Arbalète par une pente si brusque et si rude que les chevaux la montent ou la descendent rarement ». L'endroit n'a, pour ainsi dire, pas changé depuis 1820, et l'on a coutume de voir dans la vieille maison du **n° 30** la demeure décrite par l'auteur de la *Comédie humaine* qui « donne sur un jardinet, en sorte que la maison tombe à angle droit sur la rue ».

Doisneau (dont le quartier Mouffetard fut le terrain de prédilection), avec le promontoire, véritable proue de navire qui domine en surplomb le petit square et où trône toujours le restaurant Chez Léna et Mimile.

▲ Place Lucien-Herr.
▶ 30, rue Tournefort.

De la rue Lhomond à la rue de l'Estrapade

À partir des **n°s 28 et 30** de la rue Tournefort, nous ne manquerons pas de remarquer que, pour accéder aux portes d'entrée des maisons, il faut aujourd'hui monter trois ou quatre marches. Comme nous venons de le préciser, la rue vient à la rencontre de la rue Lhomond, avec laquelle elle forme l'agréable petite **place Lucien-Herr** à l'ombre de ses paulownias. Curiosité qui n'a pas échappé à l'œil de Robert

En empruntant la **rue Lhomond** qui, au-delà du carrefour, descend jusqu'à la rue de l'Arbalète, nous allons remonter, par la droite, jusqu'à la rue d'Ulm. Ancienne rue des Poteries, des Pots puis des Postes, la rue Lhomond était, à l'époque romaine et au Moyen Âge, bordée d'échoppes d'artisans-potiers exploitant les puits d'argile du sommet de la montagne Sainte-Geneviève. Le nom du célèbre professeur

◀ Rue Lhomond.

► Séminaire du Saint-Esprit, 28, rue Lhomond.

de grammaire du collège du cardinal Lemoine ne lui fut donné qu'en 1867.

Symétriques à celles de la rue Tournefort, les maisons des **nos 45 à 41** présentent le même aspect humble et provincial avec leurs minuscules perrons auxquels on accède par quelques marches. Un modeste hôtel particulier du XVIIIe siècle s'aperçoit au fond de la cour du **n° 45**.

L'école élémentaire du **n° 36**, située en face de ces vieilles maisons, fut ouverte à l'emplacement de l'ancien collège Rollin créé, en 1826, par la municipalité parisienne en lieu et place d'une institution éducative fondée par d'anciens professeurs du collège Sainte-Barbe. Cet établissement, où enseigna l'historien Michelet, s'était établi après la Révolution dans les bâtiments d'un ancien couvent de sœurs augustines.

La rue Lhomond croise bientôt, de part et d'autre, la rue du Pot-de-Fer et la **rue Rataud**. Ancienne rue des Vignes, cette dernière file, depuis 1862, jusqu'à la rue Claude-Bernard. De la grille qui la fermait autrefois sur la rue Lhomond, il ne reste aujourd'hui qu'une longue barre métallique aux dents recourbées comme celles d'un râteau. Pourtant, son nom est celui d'un maire de l'arrondissement en 1870…

L'étroite **rue Lhomond** est véritablement écrasée par la haute façade orientale du séminaire du Saint-Esprit dont l'entrée est au **n° 28**. Bien que cet

imposant bâtiment, dont la chapelle fut édifiée par Chalgrin, ne se visite pas, nous en admirerons la majestueuse façade à l'aplomb de la rue, où un haut-relief de Duret, vraiment haut placé au-dessus de la porte du n° 28, représente deux missionnaires, l'un baptisant, l'autre évangélisant.

À l'autre angle du carrefour, au **n° 33**, s'ouvrent les Résidences du Panthéon, dont l'étonnant jardin est celui de l'ancien couvent des bénédictines du Saint-Sacrement qui, en 1814, avaient remplacé les religieuses de la communauté Sainte-Aure. L'ensemble immobilier actuel, qui a conservé une petite partie des bâtiments de l'ancien couvent (côté est), date du début des années 1960. L'entrée en pan coupé est l'endroit même où Victor Hugo, dans la première version des *Misérables* intitulée *Les Misères*, parue en 1847, situe l'épisode où Jean Valjean et Cosette, poursuivis dans Paris par l'ignoble Javert et ses hommes, parviennent à passer par-dessus le mur du couvent. Après l'hôtel du **n° 27**, le trottoir fait un décrochement et l'on découvre, derrière trois peupliers, une étonnante maison particulière à l'angle de la rue Amyot (**n° 7**).

◄ Rue Rataud.
▼ 27, rue Lhomond.

Autour de la rue Mouffetard | 5e

Les anciens noms des rues Amyot, Laromiguière et des Irlandais, des XVIe-XVIIe siècles, renvoient au passé rustique de ce quartier situé à deux pas de l'enceinte de Philippe Auguste. On avait, dans l'ordre, la rue du Puits-qui-parle, la rue des Poules et celle du Cheval-Vert. Entre l'animation fébrile du pays latin en-deçà des remparts et l'agitation grouillante de la rue Mouffetard, ce secteur conserva, au fil du temps, son intimité douce et paisible.

À l'époque romaine, un certain nombre de villas furent construites en ces lieux. Une petite partie du décor mural de l'une d'entre elles fut mise au jour lors de fouilles au **n° 3 de la rue Amyot**. C'est dans cette dernière que fut ouvert, en 1614, le troisième cimetière protestant autorisé par l'édit de Nantes de 1598. Il se situait au **n° 8**, à l'angle de la rue Laromiguière. Une partie de la nombreuse famille des tapissiers Gobelin y fut inhumée ; le cimetière fut fermé en 1685. Vers 1830, le physicien Gay-Lussac habitait au **n° 10**. On l'y ramena un soir, le visage en sang, après l'explosion qu'il avait provoquée malencontreusement dans son laboratoire de l'École polytechnique. Un autre drame devait troubler la quiétude du quartier : le jour de l'inhumation d'Amadeo Modigliani, au printemps de 1920, sa maîtresse Jeanne Hébuterne, la « noix de coco » de la légende montparnassienne, se jetait de la fenêtre du cinquième étage de l'immeuble du **n° 5**.

Par la **rue Laromiguière**, du nom d'un philosophe de la fin du XVIIIe siècle, nous gagnons la **rue de l'Estrapade**, qui débouche entre deux vieux hôtels. Dans celui du **n° 7** vécurent deux écrivains qui devaient mourir au champ d'honneur dès les premières semaines de la guerre de 1914 : Charles Péguy et Louis Pergaud, auteur de l'inoubliable *Guerre des boutons*. Le cinéaste Alain Resnais, dans *La guerre est finie*, utilisa le bel hôtel voisin du **n° 9** pour décor d'une partie de son film. Ancienne brûlerie de café (la belle enseigne a été conservée), le bâtiment est devenu un agréable immeuble de rapport.

Jusqu'en 1791, l'humaniste et pamphlétaire Paul-Louis Courier habita l'élégante petite maison du **n° 11**. Hostile à la Restauration, il se retira dans sa Touraine natale, où il périt assassiné en 1825.

▲ Vieille enseigne, rue de l'Estrapade.

La rue des Irlandais

Nous tournons bientôt à gauche, dans la **rue des Irlandais** longtemps appelée rue du Cheval-Vert, du nom de l'enseigne d'un teinturier. Au bout de la rue, au **n° 5**, nous pénétrons dans le collège des Irlandais de Paris. Cet établissement, aujourd'hui centre culturel, existe au quartier Latin depuis la fin du Moyen Âge.

En plein quartier Latin, le collège des Irlandais fait partie de ces espaces de calme et de verdure si rares au cœur de la capitale. Ayant franchi le portail surmonté de la harpe celtique, symbole de l'Irlande, nous arrivons dans une vaste cour ombragée par de nombreux marronniers. À droite de l'entrée, au bout de la coursive, s'ouvre la chapelle du collège (XVIIIe siècle). Au fond, trônent la Vierge Marie et l'Enfant Jésus. Sur le côté droit, les portraits de saint Patrick, patron de l'Irlande, et des grands maîtres de la communauté.

La rue des Irlandais rejoint le haut de la **rue Lhomond** juste en face

Le collège des Irlandais

Le collège des Irlandais est le dernier représentant en activité des anciens collèges étrangers de la capitale, installé en ces lieux depuis 1769. La communauté irlandaise avait commencé à se regrouper, sous l'égide de John Lee de Waterford, en 1578 au collège de Montaigu au bout de la rue Valette. En 1677, au lendemain des guerres anglo-irlandaises, le nombre de ses membres avait fortement grossi et Louis XIV, qui venait d'accueillir Jacques II à la cour de Saint-Germain, leur donna l'ancien collège des Lombards, rue de la Montagne-Sainte-Geneviève. Près d'un siècle plus tard, les Irlandais de Paris s'établissaient dans cet hôtel, où les rejoignaient bientôt les catholiques anglais du séminaire du 26 de la rue des Postes et les Écossais du collège de la rue du Cardinal-Lemoine. Confisqué à la Révolution, l'hôtel devait être restitué à la communauté irlandaise en 1805. Lors du siège de Paris, en 1870, le collège, qui servait alors d'hôpital, faillit être détruit par les canons prussiens. Au lendemain de la dernière guerre, par solidarité catholique, l'établissement accueillit des membres du clergé polonais de retour des camps. Depuis, il existe toujours ici un petit séminaire d'ecclésiastiques originaires de Pologne. Karol Wojtyla, futur pape Jean-Paul II, séjourna à plusieurs reprises dans cet ancien collège.

◀ Collège des Irlandais.

de l'Institut Curie et des laboratoires de physique de l'École normale supérieure où, dans les années 1950-1960, les travaux d'Alfred Kastler sur le « pompage optique » furent à l'origine de la mise au point du laser. Ces bâtiments et les bâtiments voisins (**nos 10 à 26**, rue Lhomond) furent construits entre 1925 et 1935 sur l'emplacement de l'École préparatoire Sainte-Geneviève fondée par les jésuites en 1854. Revenus en France sous la Restauration, les jésuites, chassés en 1762, n'avaient plus à Paris de centre d'enseignement : le collège Louis-le-Grand et leur maison mère de la rue Charlemagne étaient devenus de grands lycées parisiens. En même temps qu'ils bâtissaient une nouvelle église au 33, rue de Sèvres, les jésuites ouvrirent cette école préparatoire aux grandes écoles d'ingénieurs, plus connue sous le nom d'école de la rue des Postes et popularisée par toute une littérature de la fin du XIXe siècle. La chapelle de l'ancienne école est, aujourd'hui, occupée par l'église maronite Notre-Dame-du-Liban ouverte sur la rue d'Ulm.

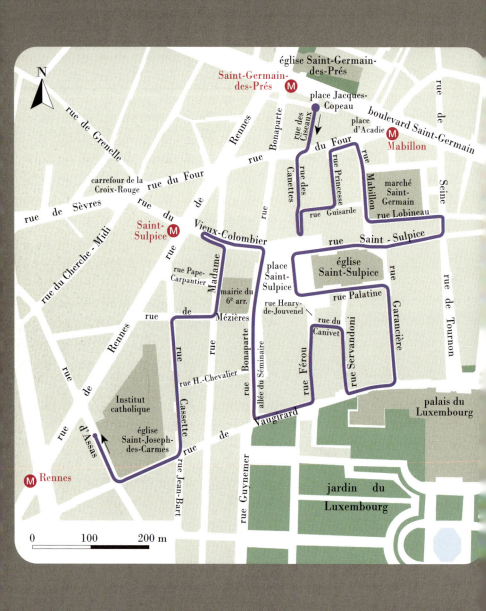

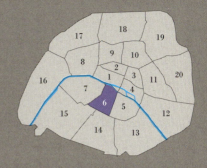

6e

Le quartier Saint-Sulpice

▶ Départ : place Jacques-Copeau, métro Saint-Germain-des-Prés ou Mabillon

▶ Arrivée : rue d'Assas, métro Rennes ou Saint-Sulpice

Deux anciens chemins de l'époque gallo-romaine forment comme les frontières du quartier Saint-Sulpice.

Au nord, l'antique rue du Four, jadis appelée chemin d'Issy et de Sèvres, était, au Moyen Âge, le prolongement naturel, au-delà des remparts, de la rue Saint-André-des-Arts et de la rue de Buci. Elle porte ce nom entre l'actuel carrefour Mabillon (place d'Acadie) et celui de la Croix-Rouge, où la rue de Sèvres lui fait suite.

Sur son flanc sud, la rue de Vaugirard, qui suit à peu près le tracé de l'ancienne voie romaine de Lutèce à Dreux, dessine une limite, peut-être moins nette, entre le quartier Saint-Sulpice et celui de Notre-Dame-des-Champs, d'urbanisation plus récente.

À flâner régulièrement dans ce secteur du 6e arrondissement, on ressent très vite que la religion est le ciment unificateur de toute cette partie méridionale du quartier Saint-Germain, surtout depuis le milieu du XVIIIe siècle et l'édification de la nouvelle église Saint-Sulpice. Si, au fil du temps, la totalité des couvents et oratoires disparurent, le relais fut pris, depuis la fin du siècle dernier, par les institutions religieuses enseignantes. Quant au commerce des objets du culte, établi là depuis bien longtemps, il a fort décliné ; mais quelques boutiques subsistent encore pour témoigner d'une pratique toujours vivante que le mot-valise « saint-sulpicerie » n'effarouche plus. Les librairies d'ouvrages religieux viennent compléter cet environnement cultuel.

De la place Jacques-Copeau à la rue des Canettes

Le point de départ de la promenade que nous proposons peut être la petite **place Jacques-Copeau**, située le long du boulevard Saint-Germain, en face de l'abbaye de Saint-Germain-des-Prés et où se dresse l'intéressante **statue** de Diderot sculptée par Jean Gautherin, en 1884, pour le centième anniversaire de la mort du philosophe. Le naturel et la vivacité de son attitude le figurent dans le plaisir pétillant d'une conversation spirituelle et dans l'exercice ouvert d'une pensée libérée des dogmes.

L'étroite **rue des Ciseaux** nous mène à la **rue du Four**. De tous les noms qui lui furent donnés au fil du temps (chaussée du Roi, rue de la Maladrerie...), celui de *Vicus Furni* (chemin du Four) date du XIIIe siècle. À cette époque, tous les habitants du quartier étaient tenus de venir faire cuire leurs pains au four banal de l'abbaye qui, jusqu'en 1470, se dressa à l'angle de cette rue et de l'actuelle rue de Rennes. Puissance religieuse, la communauté de Saint-Germain-des-Prés possédait également les attributs de tout seigneur laïc, hormis la force armée. Le commerce du pain ne

▶ Statue de Denis Diderot, place Jacques-Copeau.

s'y fait plus aujourd'hui, mais ce n'est peut-être pas entièrement un hasard si, en 1932, à deux pas de la rue du Four, au 8, rue du Cherche-Midi, Poilâne fonda sa célèbre boulangerie qui mérite toujours un détour gourmand. D'autre part, l'ancien nom de la rue Madame, rue Gindre (qui voulait dire mitron), vient rappeler, dans la toponymie, l'antique vocation du secteur.

Le percement du boulevard Saint-Germain à partir de 1878 dans ce secteur, l'arrivée de la rue de Rennes à la même époque et l'élargissement de la rue du Four au début du XXe siècle bouleversèrent l'aspect de cette voie : elle perdit son charme ancien de rue étroite et fort active que réussirent à conserver les rues Saint-André-des-Arts et de Buci. Quelques façades anciennes témoignent encore de son passé lointain, mais l'architecture haussmannienne et surtout celle, plus populaire, des années 1930, dénaturèrent cette rue dont le trafic avait nécessité le pavage dès le milieu du XVIe siècle.

Entre la rue du Four et la place Saint-Sulpice existe tout un secteur de rues étroites, tout à fait original et qui constitue un véritable enclos dans le quartier. Sa superficie est très limitée, mais à s'y promener, on retrouve l'ambiance des siècles passés. Ce pré carré est circonscrit, au nord et au sud, par les rues du Four et Saint-Sulpice, à l'est et à l'ouest, par les rues Mabillon et des Canettes. Les rues Guisarde et Princesse se rencontrent dans ce périmètre. Nous sommes là dans un ancien quartier populaire, qui a su conserver son authenticité. Très ancien, il se développa dès le XIIIe siècle (la rue des Canettes date de 1260) et s'épanouit, au XVe, à côté de la foire Saint-Germain toute proche. C'est,

avec le quartier Saint-André-des-Arts, un secteur du 6e arrondissement dont l'atmosphère n'a pas dû beaucoup se modifier au cours des âges. Son animation est aujourd'hui entretenue par la succession des restaurants et bars à vin qui bordent ses trottoirs.

L'élément liquide semble donner sa coloration à la vieille **rue des Canettes**. Son nom, très ancien, vient d'une enseigne à l'effigie de ces animaux aquatiques. Cette enseigne a disparu, mais, au **n° 18**, un médaillon en bas-relief, datant de l'époque Régence, en perpétue le souvenir. C'est dans cette rue, au **n° 8**, que s'ouvrit, vers 1840, le « Cénacle des buveurs d'eau » qui rassemblait les compagnons et amis d'Henri Murger, l'auteur des célèbres *Scènes de la vie de Bohème*. C'est aussi une histoire d'eau, celle d'une rivière de diamants, qu'aurait pu raconter, en 1820, le locataire du **n° 17** : le comte de La Motte, héros avec son épouse de la fameuse affaire du Collier de la reine qui, à la veille de la Révolution, jeta le discrédit sur la cour de Versailles, venait de s'installer dans le quartier Saint-Sulpice

◀ 18, rue des Canettes.
▼ 2, rue des Canettes.

De la rue des Canettes à la rue Mabillon

Le café (encore l'élément liquide) qui fait l'angle de la rue des Canettes et de la **place Saint-Sulpice** occupe une partie de l'emplacement d'une ancienne Académie royale de manège qui, aux XVIIe et XVIIIe siècles, accueillait comme pensionnaires les fils des familles les plus illustres du faubourg Saint-Germain. La construction de la place la fit disparaître.

Comme les autres établissements du quartier Saint-Germain, ce café aurait pu prétendre à un patronyme pompeux. En s'affublant du modeste nom de **Café de la Mairie**, il se plaça volontairement au degré zéro de l'onomastique parisienne des débits de boissons. Et c'est ce qui fit sa gloire. Sorte d'anti-héros d'une corporation qui, dans ce quartier de Paris, ne manque pas de vedettes prestigieuses, cet établissement est un des lieux les plus charmants du secteur. Sa terrasse à l'ombre des platanes est, l'été, un havre de fraîcheur où il fait bon flâner. Ce café ordinaire fréquenté par des gens ordinaires, Georges Perec, dans *Tentative d'épuisement d'un lieu parisien*, en fit son « mirador » pour décrire, à sa manière, la place Saint-Sulpice, pendant trois jours de février 1974, et le cinéaste Christian Vincent rendit hommage à cet endroit en choisissant la salle du premier étage, avec ses banquettes de moleskine, pour certaines scènes de son film *La Discrète* (1991), attribut qui lui va d'ailleurs à ravir.

Ouverte en 1620 sur l'emplacement des anciens hôtels de Sancerre et de Roussillon, la **rue Guisarde** file vers la rue Mabillon. On peut penser que son nom s'est formé sur celui de la famille de Guise dont les partisans, lors de la Ligue des années 1580, étaient nombreux dans le quartier.

Le nom de la rue voisine, **rue Princesse**, évoque bien, lui, le souvenir de Catherine de Lorraine, sœur d'Henri le Balafré, ce duc de Guise qu'Henri III fit assassiner en 1588 au château de Blois. La rue conserve l'aspect qu'elle avait déjà au XVIIe siècle. Les vieilles maisons aux façades étroites ouvrent leurs hautes fenêtres sur cette ruelle qui s'est faite rue. Comme dans la rue des Canettes, on apprécie son ambiance chaleureuse. En fait, ce petit quadrilatère à l'ombre de Saint-Sulpice est un peu le pendant, pour le quartier Saint-Germain, de celui de la Huchette pour le quartier Latin autour de Saint-Séverin.

Sous la Terreur, les mastroquets de ces deux rues, rebaptisées rue des Sans-Culottes et rue de la Révolution, connurent une grande effervescence. Comme au Procope voisin, on venait aux nouvelles, on refaisait le monde... Lors des massacres de septembre 1792, le sinistre Maillard y rassembla ses troupes pour organiser la chasse aux prêtres réfractaires, ces « ennemis de l'intérieur ».

▲ Café de la Mairie, place Saint-Sulpice.

6e | Le quartier Saint-Sulpice

▶ Cour en contrebas de la rue Mabillon.

C'est rue Princesse que la vocation enseignante du quartier Saint-Sulpice/Notre-Dame-des-Champs naquit en 1688, quand Jean-Baptiste de La Salle, qui allait fonder la congrégation des frères des Écoles chrétiennes, ouvrit, au **n° 12** de la rue, la première école réservée aux jeunes filles pauvres, qui allait être suivie de beaucoup d'autres.

On ne peut flâner rue Princesse sans évoquer Jean-Baptiste Chardin, le peintre de l'intimité bourgeoise du XVIIIe siècle, dont l'art est fait de douceur harmonieuse et de sereine poésie. Locataire d'un immeuble à l'angle de la rue du Four jusqu'à la mort de sa première femme, en 1744, il s'installa peu après au **n° 13** avec sa nouvelle épouse, et y demeura jusqu'en 1757.

Après le reflux et la disparition des grandes caves, symboles de l'âge d'or de Saint-Germain-des-Prés à la fin des années 1950, vint la mode des clubs privés, dont deux des plus prestigieux tiennent la vedette dans le quartier : au **n° 15**, rue Princesse s'ouvrit le Club Princesse, appelé par les initiés Chez Castel, tandis que Régine, au début de la rue du Four, créait son premier établissement parisien dans une ancienne cave de jazz sous le café La Pergola, devenu aujourd'hui une boutique de « chiffons ».

Au carrefour, à droite, la **rue Mabillon** nous conduit à l'espace occupé, depuis le Moyen Âge, par la fameuse foire, puis, après la Révolution, par le marché Saint-Germain. Face au marché se tient un petit musée du Compagnonnage consacré aux artisans du bois. Une plaque à la mémoire de « Tourangeau l'Intrépide », président des Compagnons charpentiers du devoir de liberté de Paris, déporté en 1944 au camp de Mauthausen, rappelle l'existence de cette importante corporation. À cet endroit, on peut remarquer, dans une cour en contrebas, l'ancien niveau du sol de la foire Saint-Germain.

▲ Chez Castel, 15, rue Princesse.

▶ Marché Saint-Germain.

La foire Saint-Germain

Depuis le XIIe siècle, il s'est tenu une foire en ce lieu. Mais c'est en 1486 que les abbés de Saint-Germain firent édifier de vastes bâtiments fonctionnels aux superbes charpentes, aménagés avec un quadrillage de rues intérieures bordées de magasins appelés loges, qui comportaient chacun une boutique, un rez-de-chaussée et une chambre au-dessus. Entre les foires, ces boutiques étaient louées à des commerçants. La foire Saint-Germain, pour ne pas trop concurrencer la grande foire du Lendit à Saint-Denis, devait se tenir impérativement du 3 février au dimanche des Rameaux. Elle attirait vers Paris une partie du flux commercial allemand et, surtout, italien qui, après le déclin des foires de Champagne, se dirigeait directement vers les grands marchés des Flandres. Elle fut, en tout cas, une source de revenus considérable pour les abbés de Saint-Germain qui percevaient des droits sur les transactions et n'hésitaient pas à tirer profit de ses lieux de divertissement. Ceux-ci étaient de toutes sortes : tripots et estaminets, sans parler des espaces réservés aux montreurs d'ours ou aux danseurs de corde. C'est en ces lieux qu'au XVIIe siècle, l'Arménien Pascal ouvrit le premier établissement de café de Paris ; le Sicilien Procope apprit chez lui le métier de « garçon de café » avant de se lancer lui-même dans des projets plus ambitieux.

Dans la nuit du 16 au 17 mars 1762, un terrible incendie, attisé par un puissant vent du nord, détruisit l'ensemble des bâtiments construits en bois. Ils furent reconstruits dès 1763, mais la foire avait perdu son âme, et n'attendit pas l'interdiction des foires par la Révolution pour fermer ses portes en 1786.

La Ville de Paris acquit son vaste terrain en 1806. Une petite partie resta un marché, reconstruit de 1813 à 1818, considérablement réduit vers 1900, et détruit à la fin des années 1970. Le nouvel Espace Saint-Germain est une survivance bien étriquée de la foire, qui s'étendait, au XVIIe siècle, jusqu'au bord de la future rue de Tournon !

La rue Saint-Sulpice

Après avoir longé le marché par la **rue Lobineau**, tournons à droite dans la **rue de Seine** pour rejoindre la **rue Saint-Sulpice**. Cette très ancienne voie est/ouest, qui permettait de relier le quartier de l'Odéon à celui de Saint-Sulpice, constitue la véritable « frontière » nord de ce dernier quartier. L'antique rue du Vieux-Colombier (où Dumas situe l'hôtel des mousquetaires de M. de Tréville) la prolonge, en-deçà de la place Saint-Sulpice, vers la rue de Rennes, qui, depuis les années 1870, ferme le quartier à l'ouest. Les rues de Vaugirard et Garancière viennent clore ce quadrilatère dominé par la masse imposante de l'église Saint-Sulpice.

Brusquement, le promeneur passe du domaine où l'on mange, boit et se distrait à celui où l'on prie. De l'espace de la foire à l'espace de la foi... L'irrespectueux Alfred Jarry, qui vécut au début du XXe siècle au 20, rue Cassette, appelait d'ailleurs ce quartier « La Grande Chasublerie », en référence aux nombreuses fabriques et boutiques d'ornements sacerdotaux qui s'étaient installées à l'ombre de la grande église.

Avant sa fusion sous le même patronyme en 1851, la rue Saint-Sulpice, qui existait depuis la création de la foire Saint-Germain, avait reçu beaucoup de noms successifs pour chacun de ses tronçons.

Notons au **n° 21**, à l'angle de la rue de Tournon, la façade latérale de

▲ Statuette, rue Saint-Sulpice.

▲ Hôtel de Châtillon, 21, rue Saint-Sulpice.
◂ Église Saint-Sulpice.
(© Jacques Lebar)

l'ancien hôtel de Marguerite de Savoie (1560) devenu, au XVIIe siècle, l'hôtel de Plaisance puis de Châtillon. Entre 1827 et 1830, alors qu'il essayait de se lancer dans l'édition et l'imprimerie rue Visconti, le jeune Balzac logeait dans un appartement de cet hôtel. Déjà grand amateur de café, il remontait souvent vers la rue Monsieur-le-Prince où, à côté de l'ancienne demeure de Blaise Pascal, il venait lui-même acheter ses chandelles et les grains destinés à son précieux nectar.

En nous dirigeant vers la place Saint-Sulpice, nous empruntons, à partir du croisement avec la rue Garancière, une portion de la rue Saint-Sulpice parallèle au flanc nord de l'église. Au XVIIIe siècle, elle s'appelait rue des Aveugles et longeait le minuscule cimetière du même nom créé en 1664. C'était le troisième. Comme le voulait la coutume, quand cela était possible, les cimetières paroissiaux s'organisaient depuis le Moyen Âge autour de leur église. Le premier cimetière Saint-Sulpice s'installa ainsi au sud. Lors de la construction de la nouvelle église, à partir de 1646, il fut recouvert par le bas-côté de l'imposant édifice. Un second cimetière fut alors ouvert à quelque distance, rue de Grenelle, dans le faubourg Saint-Germain. Utilisé pendant plus d'un siècle (jusqu'en 1784), ce cimetière des Aveugles, surplombé d'immeubles, jouxtait le côté nord de l'église. Il s'ouvrait, à la hauteur du **n° 36** de l'actuelle rue Saint-Sulpice, par une porte à pylônes. Ceux-ci servirent de modèle à l'architecte Godde (restaurateur de Saint-Germain-des-Prés) quand il édifia, en 1825, le portail d'entrée du cimetière du Père-Lachaise.

L'église Saint-Sulpice

Les promeneurs n'ont pas toujours pu regarder avec le recul souhaitable l'imposante façade de l'**église Saint-Sulpice**. Avant le XIXe siècle, elle ne s'ouvrait pas sur la place, mais sur l'étroite rue Férou bordée, juste en face, par les murs du Grand Séminaire. Cette absence de dégagement en façade explique que le perron, qui ne pouvait pas déborder sur la rue, soit engagé entre les colonnes.

Le quartier Saint-Sulpice | 6e

◀ Église Saint-Sulpice.

Cette église sans unité de style (voir encadré) est une des plus vastes de la capitale : cent dix mètres de long, cinquante-six de large, et trente-trois de hauteur sous voûte. Ces dimensions sont, à peu de chose près, celles de Notre-Dame. La façade, imposante et austère, s'inspire du classicisme à l'antique avec ses deux portiques superposés, mais semble plaquée contre l'édifice. Servandoni, avant d'être son architecte, était décorateur de théâtre, et c'est un peu dans cet esprit qu'il la conçut, tout en la rehaussant curieusement de deux tours qui seraient plutôt une référence à l'architecture médiévale.

Pénétrons sous la haute nef voûtée en berceau, à arcades massives, et remarquons, sur les bas-côtés, deux énormes bénitiers, coquilles géantes offertes à François Ier par la République de Venise. Ces donations royales (Louis XV) reposent sur un piédestal en marbre sculpté par Pigalle au XVIIIe siècle.

Tout de suite sur la droite s'ouvre la célèbre chapelle des Saints-Anges décorée, de 1849 à sa mort en 1863, par Eugène Delacroix et tant admirée par Maurice Barrès lors de ses pèlerinages. La plus fameuse de ses fresques est, sans conteste, la *Lutte de Jacob avec l'Ange*, véritable testament artistique et spirituel du peintre. Elle fait face à celle d'*Héliodore*

Une longue histoire

Dès 1210, on avait construit ici-même, sur l'emplacement d'une ancienne église, une petite église paroissiale dédiée à saint Sulpice. Plus tard, elle fut remaniée et agrandie. Mais au XVIIe siècle, quand le bourg Saint-Germain prit de l'importance et devint un « quartier à la mode » (faut-il rappeler qu'Alexandre Dumas, soucieux de couleur historique, y situe les demeures des trois mousquetaires et de d'Artagnan), il fut urgent de bâtir un nouvel édifice pour le culte. Sous l'impulsion du célèbre abbé Olier, le nouveau chantier fut décidé en 1646... mais les travaux allaient durer plus d'un siècle, et épuiser les talents de six architectes. En 1655, on chargea le célèbre Le Vau d'agrandir le projet initial, jugé trop mesquin. À sa mort, Gittard, fidèle à ses plans, construisit le chœur, les bas-côtés et une partie du transept. Après quarante ans d'interruption (1678-1718) faute d'argent, c'est Oppenordt qui termina celui-ci et fit bâtir la nef, achevée en 1736.

De 1733 à 1745, Servandoni construisit la façade, puis Maclaurin lui succéda, concevant des tours différentes du projet de son prédécesseur. Si les deux ne sont pas semblables, c'est que Chalgrin fut chargé de les reconstruire et n'eut que le temps d'achever celle du côté nord, en 1788. Tant de péripéties expliquent l'aspect disparate de cette église.

6e | Le quartier Saint-Sulpice

▲ *La Lutte de Jacob avec l'ange* (détail), peinture (1849-1861) d'Eugène Delacroix, église Saint-Sulpice.
(© Clément Guillaume)

chassé du Temple. À la voûte, *Saint-Michel terrassant le démon*.

Les autres chapelles s'ouvrant sur le flanc sud de l'église sont de facture beaucoup moins intéressante. Seule, peut-être, la deuxième, décorée au XIXe siècle par Heim, l'auteur des peintures en grisaille du chœur de Saint-Germain-des-Prés, mérite quelque attention.

Au centre du chœur, la chapelle de la Vierge est l'œuvre de Servandoni, modifiée en 1774 par Wailly. L'ensemble de sa décoration est un bel exemple de l'art du XVIIIe siècle. Derrière l'autel, dans une niche profonde, une délicieuse *Vierge à l'Enfant Jésus* entourée d'anges est l'œuvre de Pigalle et de Monchy. Les parois de la chapelle sont décorées de peintures de Van Loo, tandis que la coupole propose une belle *Annonciation* par Lemoyne. Deux anges en bois, délicatement sculptés par Bouchardon, viennent joliment compléter cet ensemble. Parmi les neuf chapelles du bas-côté nord, nous noterons le très beau décor de boiseries Louis XV de la cinquième, consacrée au Sacré-Cœur. Deux autres belles chapelles en rotonde ornent le premier étage des deux tours nord et sud.

Au-dessus de l'entrée de l'église, le buffet d'orgues, dessiné par Chalgrin, est décoré de charmantes statues par Clodion et de motifs décoratifs par Duret. Œuvre de Cliquot, il fut restauré en 1860 et constitue un ensemble de six mille cinq cents tuyaux qui en fait l'une des plus belles orgues de France.

Curiosité profane de l'église : la méridienne établie en 1727. Dans son ouvrage intitulé *Les Églises parisiennes* (1958), Amédée Boinet raconte : « Pierre Lemonier, chargé des travaux, fit élever un obélisque de dix mètres, que l'on voit dans le bras nord du transept, tracer la méridienne par une bande de cuivre incrustée dans le pavé de l'église et aboutissant à l'obélisque, établir dans la fenêtre du bras sud du transept, qui fut couchée, un gnomon muni d'une lentille de 80 pieds de foyer et enfin marquer sur le sol par une plaque de cuivre, qui a été conservée, l'endroit où tombent les rayons du soleil au solstice d'été. » Erreur d'estimation, il se trouve que le méridien de Paris passe un peu plus à l'est dans le quartier...

Pendant plus d'un siècle, la vaste crypte de l'église servit de lieu de sépulture aux paroissiens privilégiés ;

c'est là que la Champmeslé, maîtresse de Racine, et Armande Béjart, la veuve de Molière, furent inhumées, dit-on. Quant à l'église elle-même, dans ce quartier devenu le haut lieu de l'aristocratie au XVIIe siècle, elle accueillit les plus grands prédicateurs du temps, Bossuet, Fénelon, Fléchier et Massillon, dont les sermons étaient toujours suivis par un nombreux auditoire.

À la différence de l'église Saint-Germain-des-Prés, Saint-Sulpice ne fut pas fermée au culte en 1790. C'est ainsi qu'en décembre de cette même année, un mariage bien parisien eut lieu sous ses voûtes : Lucile Duplessis épousait Camille Desmoulins, son voisin du quartier de l'Odéon. Le tout-Paris révolutionnaire assista à la cérémonie. Maximilien de Robespierre était témoin du marié... Pendant la Terreur, cependant, les offices catholiques furent remplacés par le culte de l'Être suprême, dans l'église consacrée temple de la Raison.

Devenue temple de la Victoire, Saint-Sulpice accueillit le 5 novembre 1799, quatre jours avant le coup d'État du 18 brumaire, un banquet de cinq cents couverts en l'honneur des généraux Moreau et Bonaparte, de retour d'Italie pour le premier et d'Égypte pour le second. Le Directoire avait vu les choses en grand et même fait appel à la souscription pour l'organisation de la cérémonie. Les drapeaux pris à l'ennemi et des tapisseries décoraient la nef. À l'orgue, le dernier des Couperin assurait la partie musicale de la fête. En réalité, la suspicion était générale et le complot acheva de se nouer.

Avec le XIXe siècle, Saint-Sulpice retourna à la vie paisible d'une église de quartier. La destruction, en 1808, du Grand Séminaire qui lui faisait face lui apporta une bouffée d'oxygène qu'elle n'avait jamais connue auparavant. En 2004, le succès de *Da Vinci Code* met en vedette la vénérable église.

▲ Nef de l'église Saint-Sulpice.
(© Bridgeman/Lauros-Giraudon)

Autour de la place Saint-Sulpice

La **place Saint-Sulpice**, qu'on aménagea à cette époque, vint donner à l'église le parvis qui lui manquait. Dès 1764, Servandoni en avait dressé les plans, imaginant, comme pour la place Vendôme, un ensemble architectural homogène de maisons de rapport à sa périphérie, selon le modèle de l'immeuble qui fait toujours l'angle droit de la place et de la rue des Canettes. Bien que le résultat ne soit pas conforme au projet de l'architecte, la place ne

6ᵉ | Le quartier Saint-Sulpice | 101

manque pas de charme. Son agrément doit beaucoup aux platanes qui l'ombragent en partie et à la belle **fontaine** centrale édifiée, en 1844, par Visconti : elle représente, dominant la large vasque, les quatre grands prélats qui exercèrent leur éloquence à Saint-Sulpice. Par esprit de dérision, on l'appela la fontaine « des quatre point(s) cardinaux » : en effet, ni Bossuet, ni Fénelon, ni Fléchier, ni Massillon n'accédèrent à la pourpre cardinalice.

C'est donc sur l'emplacement du vieux cimetière et sur les ruines de l'ancien Grand Séminaire du XVIIᵉ siècle que la place s'organisa. En retrait, le long d'une belle allée bordant la rue Bonaparte, l'architecte Godde construisit, dès 1820, un nouveau séminaire dont les bâtiments furent affectés, depuis la loi de séparation des Églises et de l'État en 1905, à l'administration des Finances.

Poursuivre notre promenade implique une flânerie en zigzag dans l'espace compris entre les rues Saint-Sulpice puis du Vieux-Colombier et la rue de Vaugirard, qui borne le quartier au sud. Mise à part la rue Bonaparte, voie de pénétration animée vers le boulevard Saint-Germain et la Seine, l'ensemble des autres rues du secteur (d'est en ouest, les rues Garancière, Servandoni, Férou, Madame et Cassette) fleure bon un parfum provincial, unique dans l'arrondissement.

« Dans les rues Servandoni, Garancière et Férou, l'on respire une atmosphère faite de silence bénin et d'humidité douce… C'est caduc et discret… nul bruit, nulle foule, et des arbres ainsi que sur le mail silencieux d'un bourg » (J.-K. Huysmans, *Là-bas*).

Nous rejoignons la rue Garancière en longeant le flanc sud de Saint-Sulpice par la **rue Palatine** (l'épouse du prince de Condé). Percée en 1646 lors du début des travaux de construction de la nouvelle église, elle couvre en partie le vieux cimetière du XIIIᵉ siècle qui bordait l'édifice. L'ancien hôtel du duc de Rochechouart, qui s'élevait jadis à la hauteur du **nº 5**, abritait vers 1820 Louis de Bonald, le doctrinaire, avec Joseph de Maistre, de la monarchie absolue après la Révolution.

Face à l'École dentaire, nous tournons à droite dans l'étroite **rue Garancière**. Ouverte au XVIᵉ siècle, elle monte alors doucement vers la rue de Vaugirard, en direction du Luxembourg. Au **nº 4** naquit Talleyrand, le 2 février 1754. Élève du Grand

◂ Fontaine érigée par Visconti, place Saint-Sulpice.

▸ 4, rue Garancière.

Séminaire, il n'était pas le dernier à « faire le mur » pour courir à des rendez-vous galants. Côté impair, la plupart des immeubles sont le revers des hôtels de la rue de Tournon, comme au **n° 9**, où s'ouvre l'ancien hôtel Concini (du nom du fidèle de Marie de Médicis assassiné sur ordre du jeune Louis XIII) devenu caserne de la Garde républicaine ; au **n° 11**, avec le petit hôtel du Nivernais qu'habitèrent l'historien Thureau Dangin en 1820 puis l'économiste Frédéric Le Play en 1850 ou au **n° 13**, la face arrière de l'hôtel d'Entragues.

◀ 8, rue Garancière.

▼ Fontaine de la princesse Palatine, 10, rue Garancière.

Notre curiosité est particulièrement attirée par l'hôtel sis au **n° 8**. Construit sur les ruines de l'hôtel Garancière vers 1640, il est, sans conteste, le plus bel édifice de la rue. Dommage que celle-ci ne soit pas plus large car nous pourrions admirer plus aisément la superbe façade à pilastres, ornée, dans sa partie supérieure, d'une délicate frise de têtes de bélier. Sur la partie droite de cette façade, l'appareillage de briques, dans le plus pur style Louis XIII, laisse imaginer ce que fut l'hôtel originel. Remaniée au XIXe siècle, lorsque l'édifice devint mairie du 11e arrondissement entre 1819 et 1849, la cour ne présente pas d'éléments architecturaux originaux. En 1651, l'hôtel passa en héritage à un certain seigneur de Sourdéac, curieux personnage. Après une adolescence pleine d'extravagances, le jeune homme devint un fou de théâtre. En 1652, la tragédie-opéra de Corneille, *Andromède*, pièce à machines bénéficiant d'une somptueuse mise en scène, fut jouée dans l'enceinte de l'hôtel avant d'être montée au théâtre du Petit-Bourbon. N'est pas mécène qui veut et le marquis de Sourdéac se ruina bientôt. Il se vit contraint de vendre son hôtel parisien (dans lequel, vers 1715, Adrienne Lecouvreur commencera sa carrière de tragédienne) et termina sa vie parmi ses amis les comédiens comme caissier du théâtre Guénégaud, rue Mazarine.

Les jours de grand soleil, la rue Garancière est, comme ses voisines, un havre de fraîcheur. Vers le Luxembourg, à la hauteur du **n° 10**, une agréable fontaine encastrée dans le mur coule depuis 1715 : délicatesse de la princesse Palatine à l'égard du promeneur assoiffé.

Ayant rejoint la **rue de Vaugirard**, en passant sous une arche récemment édifiée entre les immeubles, prenons à droite sous les arcades : nous y remarquerons un **mètre-étalon** apposé sur le mur par la Convention pour imposer cette nouvelle unité de mesure contre les toises et les pieds.

◀ Mètre-étalon, rue de Vaugirard.

Plusieurs mètres de marbre furent ainsi exposés dans le Paris révolutionnaire, et celui-ci est le seul qui soit encore visible à sa place d'origine.

Empruntons tout de suite à droite l'ondulante **rue Servandoni**. Ancienne ruelle Saint-Sulpice, elle devint, en 1620, la rue des Fossoyeurs (les « croque-morts » du vieux cimetière logeaient au **n° 1**). Suite de vieilles demeures datant des XVIIe et XVIIIe siècles, cette rue (qui prit le nom de Servandoni en 1806) est, avec la rue Férou sa voisine, un endroit préservé et plein de charme. C'est au **n° 12** que le D'Artagnan de Dumas a son premier logis parisien.

À la hauteur du **n° 15**, une plaque commémorative évoque le séjour qu'y fit Condorcet lorsque, traqué comme girondin par le pouvoir, il se réfugia chez la veuve de son ami le sculpteur François Vernet, du 4 octobre 1793 au 25 mars 1794. On prend plaisir à admirer les anciennes façades, les portails parfois sculptés comme celui du **n° 14** dont un bas-relief représente un architecte déroulant un plan et qui s'ouvre sur une étroite cour entourée d'un immeuble couvert de lierre. Aux XVIIe et XVIIIe siècles, la rue abrita un certain nombre de petites communautés religieuses dont un asile pour enfants abandonnés.

C'est dans une pension de famille de cette même rue que débarqua, vers 1945, une jeune provinciale qui allait bientôt devenir l'égérie de toute une génération : Juliette Gréco. Elle y rencontra Anne-Marie Cazalis avec qui elle forma un « duo d'enfer ». William Faulkner y résida lors de ses séjours parisiens.

Par la minuscule **rue du Canivet**, où s'élève en 1730 l'hôtel de Breteuil (**n° 3**), nous atteignons la **rue Férou** que nous remontons. Ouverte au XVIe siècle sur le clos Férou (du nom d'un propriétaire du quartier), la rue qui, dans sa première partie, porte depuis 1936 le nom d'Henry de

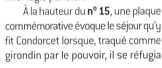

▼ 14, rue Servandoni.
▼ Rue Férou.

Jouvenel (journaliste et homme politique qui habita longtemps dans l'hôtel du n° 6), commence par longer le mur de l'ancien Grand Séminaire.

Au **n° 6** subsiste le fort bel hôtel où Mlle Luzy ; cette charmante comédienne, courtisée par Talleyrand, fut établie par son « mécène », M. Landry, vers 1767. Édifié par Marie-Joseph Peyre (un des architectes de l'Odéon), il marque un retour à l'antique, souligné par les deux sphinx en terre cuite vernissée de part et d'autre du portail d'entrée.

Le petit hôtel où vivait Mme de La Fayette vers 1650 (dont l'entrée principale est au 50, rue de Vaugirard) s'ouvre également au **n° 8** de la rue Férou. Les éditions Belin occupent les lieux et détiennent un double record : celui d'être la maison d'édition parisienne la plus ancienne encore en activité (depuis 1777) et celui d'avoir

édité l'un des plus forts tirages de la littérature française, *Le Tour de la France par deux enfants* de Geneviève Bruno, publié en 1877 et constamment réédité depuis. À noter également : dans *Les Trois Mousquetaires*, c'est à deux pas de la maison d'Athos qu'a lieu le premier duel contre les gardes du Cardinal.

De la rue Bonaparte à la rue du Vieux-Colombier

La **rue de Vaugirard**, à droite, nous mène désormais à la **rue Bonaparte**, que nous allons descendre. La partie droite de la rue est occupée par une allée plantée d'arbres, en pente douce vers la place Saint-Sulpice. Elle longe l'ancien Grand Séminaire et la communauté des Filles de l'Institution chrétienne en un petit mail aux allures provinciales. En son milieu se trouve la discrète **fontaine des Arts et de la Paix**, édifiée en 1806 place du Châtelet et transférée par la suite en ce lieu. Les délicats bas-reliefs de ce petit monument de style classique, œuvre d'Espercieux, illustrent les *Arts*, l'*Agriculture*, le *Commerce* et la *Paix*.

◄ Mur de l'ancien Grand Séminaire.
► Fontaine des Arts et de la Paix, rue Bonaparte.

◄ Hôtel de Luzy (détail), 6, rue Férou.

6e | Le quartier Saint-Sulpice | 105

Au **n° 80** de la rue s'ouvrait, au XVIIe siècle, un vaste ensemble de bâtiments occupant l'îlot délimité par les rues de Mézières, Cassette et Honoré-Chevalier. C'était le noviciat des jésuites dont l'église, hélas détruite en 1763, était, pour le style, une des plus pures de Paris. Après l'expulsion des jésuites cette même année, les locaux devinrent le siège du Grand Orient de France, avec une salle réservée aux grandes réunions de la loge des Neuf-Sœurs, qui rassemblait alors l'élite intellectuelle de Paris. Quand Voltaire y fut intronisé maçon le 7 avril 1778, quelques semaines avant sa mort, c'est ici que se tint la cérémonie, étant donné l'importance de l'événement.

La mairie du 6e arrondissement, au **n° 78** de la rue Bonaparte, date de 1849. Elle occupe l'emplacement de l'ancien couvent des Bernardines de Sainte-Cécile, devenu, au XVIIIe siècle, l'hôtel de Charost. De 1795 à 1850, l'arrondissement posséda une mairie itinérante, passant successivement de la rue Mignon, près de l'Odéon, à la rue du Vieux-Colombier et à la rue Garancière. C'est en 1860 que le 11e arrondissement devint le 6e.

La **rue du Vieux-Colombier**, qui s'incurve légèrement de la place Saint-Sulpice vers le carrefour de la Croix-Rouge, changea souvent de nom entre la fin du XIIIe siècle et le milieu du XVIIe, où celui de Vieux-Colombier se fixa définitivement. Elle portait déjà ce patronyme en 1293. Il provient, bien sûr, d'un ancien colombier dépendant de l'abbaye Saint-Germain. Au-delà de la rue de Rennes, la seconde section de cette voie appartient, de nos jours, au quartier du Cherche-Midi.

Comme la plupart des rues du quartier, la rue du Vieux-Colombier fut, dès 1650, fort accueillante aux couvents et institutions religieuses – cette emprise des fondations pieuses sur le quartier Saint-Sulpice trouvait son équivalent, au quartier Latin, le long de la rue Saint-Jacques au-delà de la rue Soufflot. Ainsi, **entre les nos 4 et 6** actuels, les religieuses Augustines établirent, à la demande d'Anne d'Autriche, leur couvent en 1651. Il fut fermé à la Révolution et les loges maçonniques s'y installèrent jusqu'en 1806.

La caserne de pompiers (1823) du **n° 11** – qui présente une fort belle façade surmontée d'un fronton classique décoré des emblèmes du corps des sapeurs – occupe les bâtiments de l'ancien établissement des Orphelins de la Mère-de-Dieu, fondé en 1680 pour recevoir les orphelines de la paroisse. Fermé en 1793, il servit de refuge aux sœurs de la Charité avant leur installation rue du Bac.

La rue du Vieux-Colombier eut aussi des habitants laïcs célèbres. Les trois frères Le Nain, venus à Paris en 1629, y eurent leur atelier jusqu'à la mort d'Antoine et Louis en 1648. Peintres très appréciés, ils y exécutèrent de nombreuses commandes pour Anne d'Autriche, l'abbaye de

▼ Caserne de pompiers, 11, rue du Vieux-Colombier.

Saint-Germain-des-Prés, les échevins de Paris et les couvents du quartier. Boileau résida aussi dans cette rue, de 1661 à 1683 – on ne sait dans quelle maison. Il y recevait beaucoup et, jusqu'en 1665, Molière, La Fontaine et le jeune Racine venaient y lire leurs œuvres et faire bonne chère (la rencontre de la Duparc éloignant bientôt ce dernier de la société de ses amis).

Les rues Madame et Cassette

Sur la gauche prend la **rue Madame**. Celle-ci ne constitue une voie unique que depuis 1824, date à laquelle fut percé le dernier raccordement entre les rues de Mézières et de Vaugirard. Seule la partie entre les rues de Rennes et de Vaugirard appartient véritablement au quartier Saint-Sulpice. La section la plus ancienne de cette rue va de la rue du Vieux-Colombier à la rue de Mézières. Ancienne rue Gindre, elle date du XVIe siècle, et doit son nom actuel à l'épouse du comte de Provence, frère de Louis XVI, propriétaire des terrains du Luxembourg sur lesquels fut ouverte la fin de cette voie.

Plutôt que de suivre cette rue Madame, un peu froide et impersonnelle, pour rejoindre la « frontière sud » du quartier Saint-Sulpice, nous lui préférerons le charme de la **rue Cassette**, ancienne rue Cassel (du nom d'un hôtel du voisinage), qui se faufile entre de vieux immeubles des XVIIe et XVIIIe siècles. Point ou peu de voitures ; tout ici respire le calme et la sérénité. À l'emplacement des **nos 12 à 16** s'élevait, depuis 1659, le grand couvent de l'Adoration perpétuelle du Saint-Sacrement, anciennement établi au no 11 de la rue Férou.

◀ 21, rue Cassette.

C'est là que Mme Guyon, à la fin du XVIIe siècle, choisit de se retirer du monde. Animant un cercle d'aristocrates éprises d'une foi profonde, elle devint la mère spirituelle d'un courant de pensée mystique, le quiétisme, qui prônait le renoncement à soi-même, le silence de l'âme et l'extase dans l'amour de Dieu. Combattue par Bossuet, tenant de l'orthodoxie gallicane, soutenue par son ami Fénelon, archevêque de Cambrai, elle fut par deux fois enfermée à la Bastille pour ses opinions hétérodoxes. Entre ces séjours, le couvent de la rue Cassette lui servit de refuge. D'après le plan Turgot, on peut juger de l'étendue des terrains occupés par cette institution religieuse : ils allaient jusqu'à la rue du Cherche-Midi et avoisinaient le couvent des Carmes. L'ensemble des maisons du côté pair de la rue, **à partir du no 18**, sont des hôtels de rapport édifiés par les carmes de la rue de Vaugirard. Comme pour les chartreux du Luxembourg, la communauté – qui possédait d'autres maisons rue du Regard, à l'autre extrémité de son domaine – tira de ces immeubles d'importants revenus.

Des maisons impaires de la rue Cassette, seul le **n° 21** est un des derniers vestiges du noviciat des jésuites de la rue du Pot-de-Fer. Au **n° 17**, la procure générale des Pères blancs accueillait, au XIXe siècle, le cardinal Lavigerie, archevêque d'Alger, lors de ses séjours parisiens. Au **n° 25** s'élève l'ancien hôtel des ducs de Cossé-Brissac.

Avant de quitter l'attachante rue Cassette, irrésistiblement appelés par le timide carillon de l'église Saint-Joseph-des-Carmes, ayons une pensée pour celle qui enthousiasma des générations de jeunes lecteurs, Sophie Rostopchine, plus connue sous le nom de comtesse de Ségur, qui habita un temps dans un hôtel (aujourd'hui disparu) à l'extrémité de la rue (**n° 29**). C'est également ici, au croisement de la rue Cassette et de la rue de Vaugirard, que Dumas situe la première rencontre entre d'Artagnan et les trois mousquetaires.

Autour de l'église Saint-Joseph-des-Carmes

Tournant vers la droite dans la **rue de Vaugirard**, nous découvrons immédiatement (au **n° 70**) la discrète église Saint-Joseph-des-Carmes, haut lieu d'un des épisodes les plus sanglants de la Révolution française.

Ordre mendiant venu d'Italie, les carmes réformés, habituellement appelés carmes déchaux ou déchaussés (ils marchaient pieds nus), formaient une communauté monastique issue de la réforme de saint Jean de la Croix, mystique espagnol du XVIe siècle. Invités à s'établir à Paris en 1611, ils vinrent rejoindre, en fait, leurs consœurs carmélites venues d'Espagne sept ans plus tôt, installées dans le couvent de l'Incarnation de la rue Saint-Jacques et suivant la règle édictée par sainte Thérèse d'Avila.

Le temps que le couvent de la rue de Vaugirard fût construit, les carmes déchaux trouvèrent asile rue Cassette. En 1613, Marie de Médicis posa la première pierre de la chapelle, achevée en 1620. Au fil des ans, l'espace occupé par les carmes s'étendit. Sur les plans de Paris du XVIIIe siècle, on note que le domaine touche, à l'ouest, la rue du Regard, tandis que les rues Cassette et du Cherche-Midi ferment le vaste terrain à l'est et au nord.

Le célèbre blanc des carmes, qui donne aux murs l'aspect de marbre, recouvre l'ensemble des bâtiments

▼ Église Saint-Joseph-des-Carmes.

conventuels construits derrière l'église et, à sa gauche, en direction de l'actuelle rue d'Assas. Désaffecté en 1845, le couvent – qui accueillait une communauté de carmélites depuis 1797 – fut donné à l'Archevêché qui ouvrit des écoles ecclésiastiques. En 1875, l'Institut catholique reprit les bâtiments et y organisa sa faculté. Du vaste jardin qu'ils cultivaient, les carmes retiraient des herbes qu'ils utilisaient pour fabriquer leur fameuse eau de mélisse aromatique, toujours commercialisée sous le nom d'Eau des Carmes Boyer.

Saint-Joseph-des-Carmes ne manque pas d'allure, avec sa sobre façade de style jésuite surmontée d'un fronton classique. Seules deux niches abritant des statues viennent en rompre l'austérité. Une coupole d'inspiration italienne coiffe le chœur de l'église. C'est, après celle du couvent des Petits-Augustins de la rue Bonaparte, la deuxième de ce style élevée à Paris. Derrière cette coupole se dresse un petit campanile tout à fait original dans l'architecture des églises parisiennes. Encore l'influence de l'Italie. L'ensemble de ces deux constructions est parfaitement visible du haut de la rue Cassette.

On accède à la chapelle des Carmes par un vestibule à claire-voie situé à droite de l'édifice. Après la bruyante rue de Vaugirard, nous pénétrons dans un univers de silence et de recueillement. En nous avançant vers le maître-autel, levons les yeux pour admirer la belle fresque du Liégeois Bartholet Flamaël (XVIIe siècle) figurant *L'Enlèvement au ciel du prophète Élie*. On sait que les carmes considèrent ce dernier comme leur père fondateur. De part et d'autre du chœur, les statues de saint Jean de

Massacre au couvent des Carmes

Isolé du reste du quartier par son vaste jardin et les hauts murs des hôtels construits à sa périphérie, le couvent des Carmes semblait vivre à l'abri de la fièvre révolutionnaire parisienne. Cette communauté très populaire dans la capitale offrit même, en juillet 1789, une de ses maisons pour servir de caserne aux gardes nationaux. L'abolition des ordres religieux en 1790 ne la toucha que très peu et c'est avec résignation que les moines acceptèrent, en avril 1792, la fermeture au culte de leur chapelle et la dispersion de leur grande bibliothèque.

Au lendemain du 10 août de la même année et de la chute de la monarchie, le drame commença à se nouer. Dès le samedi 11, de nombreux prêtres ayant refusé de prêter serment à la Constitution furent arrêtés lors d'une rafle dans tout le quartier Saint-Sulpice où ils se cachaient depuis des mois.

Ils étaient plus de cinquante, incarcérés au couvent des Carmes, dans des conditions matérielles épouvantables ; leur nombre ne cessa de croître les jours suivants. La tension révolutionnaire grandissant dans la ville, le drame éclata le dimanche 2 septembre, lorsqu'une troupe de gardes nationaux, menée par le citoyen Maillard dans le couvent, pénétra avec fracas aux cris de « Vive la Nation ! Mort aux réfractaires ! » Le massacre commença. Pendant trois jours, cent quinze prêtres furent exterminés dans le jardin après une parodie de jugement. Seuls les carmes réfugiés dans leurs cellules furent épargnés et assistèrent, impuissants, au spectacle. Dans son *Paris révolutionnaire*, l'historien Georges Lenotre évoque avec émotion ces horribles journées : « Aux Carmes, pas une pierre n'a changé de place : voici la petite porte où se faisait l'appel des victimes, voici le long couloir par lequel on les poussait à la mort ; sur ces dalles ont trébuché leurs pas. Là, c'est le perron à deux rampes sur lequel on commença le massacre ; parmi les branches d'un saule pleureur, entre deux palmes jaunies, cette simple inscription : *hic ceciderunt* (ils tombèrent ici) ; à cette étroite fenêtre, apparut tout à coup, derrière la grille rouillée, la face pâle de Maillard criant à ses hommes : "Attendez ! ne les tuez pas si vite, on va les juger !" et voilà le sombre corridor où eut lieu ce simulacre de jugement. »

▶ *Vierge à l'enfant,* sculpture (1662) d'Antonio Raggi, église Saint-Joseph-des-Carmes.
(© Clément Guillaume)

la Croix et de sainte Thérèse d'Avila. Une délicate *Vierge à l'Enfant* d'Antonio Raggi, inspirée du Bernin, l'auteur du baldaquin de Saint-Pierre de Rome, orne le transept. Dans les chapelles du Sacré-Cœur et de Saint-Élie, on découvre de très fines décorations de peintures encadrées de sculptures d'anges attribuées à Simon Vouet, premier peintre du roi en 1627.

Le monument funéraire à la mémoire de Mgr Affre, archevêque de Paris tué sur les barricades à l'entrée du faubourg Saint-Antoine en février 1848, rappelle d'autres morts violentes dont le couvent fut le témoin le 2 septembre 1792 : le tristement célèbre massacre des prêtres réfractaires, devenu l'un des symboles de la fureur révolutionnaire (voir encadré).

Après ce massacre, les derniers moines furent dispersés et le couvent devint prison. Alexandre de Beauharnais et son épouse Joséphine, entre autres, y furent incarcérés. Le premier en partira pour la guillotine, tandis que la seconde, épargnée, marchera vers un glorieux destin… Après la Terreur, les locaux du couvent furent loués à un cabaretier qui y ouvrit un bal public. En 1797, Mlle de Soyecourt, carmélite, dont le père fut prisonnier aux Carmes, racheta les bâtiments pour y accueillir une communauté de jeunes religieuses.

En 1845, le couvent fut vendu aux dominicains pour laisser la place à des écoles ecclésiastiques où enseignaient le père Lacordaire et l'écrivain catholique Frédéric Ozanam. À la suite de la loi Falloux (1850) qui favorisait l'enseignement des congrégations, l'Institut catholique racheta les locaux et, en 1875, fit élever de nouveaux bâtiments sur la **rue d'Assas** dans un style qui rappelle un peu l'architecture néo-gothique flamande.

Initialement faculté de Droit, l'**Institut catholique** ouvrit, dès 1877, une faculté des Lettres puis des Sciences. S'y adjoignit une École des Langues orientales. L'Institut ne cessa, dès lors, de se développer et de multiplier ses écoles, dont une école de hautes études commerciales, l'ESSEC, qui quitta les lieux pour s'agrandir à Cergy-Pontoise.

Les hasards de l'histoire firent que deux expériences fondamentales de la physique moderne furent mises en œuvre, à près de quarante ans de distance, quasiment au même endroit : en 1851, le physicien Léon Foucault, dans un hôtel du **n° 28**, rue d'Assas, en face du futur Institut catholique, mit en évidence la rotation de la Terre grâce à son célèbre pendule, dont une représentation sculptée figure aujourd'hui sur la façade de l'immeuble, côté rue de Vaugirard. En 1890, Édouard Branly, dans les laboratoires de l'Institut catholique où il enseignait, monta son expérience sur la radioconduction, à l'origine du développement de la TSF.

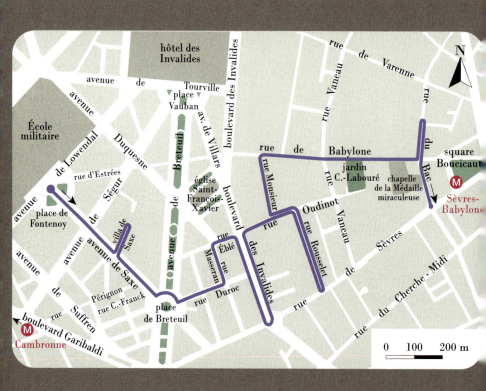

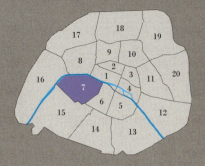

7e

De l'Unesco au Bon Marché

▶ Départ : place de Fontenoy, métro Cambronne
▶ Arrivée : rue de Sèvres, métro Sèvres-Babylone

En partant de la place de Fontenoy, qui sert de cadre à la façade sur cour de l'École militaire, nous allons parcourir un quartier qui fit, dans les années 1780, l'objet d'une opération immobilière entreprise par l'architecte Alexandre-Théodore Brongniart, sur des terres qui se trouvaient encore en pleine campagne. Brongniart acheta des terrains, créa des lotissements et construisit des hôtels particuliers, ce qui entraîna l'ouverture de nouvelles rues – rues Monsieur, Duroc, Masseran, Éblé. En même temps, des voies plus importantes étaient tracées, pour relier l'École militaire et les Invalides à la rue de Sèvres. Si l'urbanisme de cette partie du 7e arrondissement date donc, dans son ensemble, de la fin du XVIIIe siècle et du XIXe, il ne subsiste que quelques hôtels le long des rues Masseran, Monsieur et Oudinot, dont les jardins, malheureusement peu visibles, donnent sur le boulevard des Invalides. C'est un quartier essentiellement résidentiel avec des immeubles cossus datant du Second Empire, des écoles, l'unique marché découvert de l'arrondissement, des communautés religieuses, mais aussi des ministères et le siège d'une institution internationale.

De la place de Fontenoy à la place de Breteuil

La **place de Fontenoy**, de forme semi-circulaire, dessinée par Jacques Ange Gabriel en 1770, est aujourd'hui entourée de bâtiments administratifs élevés au XXe siècle aux angles de l'avenue de Lowendal, de la rue d'Estrées et de l'avenue de Saxe, et qui bénéficient d'une magnifique vue sur la façade de l'École militaire. Ils forment un cadre moderne à la façade classique du « Château », devant laquelle s'étendent la cour d'honneur et le terrain d'exercice utilisé par les cavaliers. Les ailes latérales, construites par Brongniart, architecte et contrôleur de l'École militaire et des Invalides en 1782, et une haute grille ferment cette vaste cour qui, à l'origine, devait constituer l'entrée principale.

À l'angle de la rue d'Estrées et de l'avenue de Saxe se trouve aujourd'hui le **ministère du Tourisme**. L'immeu-

◄ L'École militaire et la tour Eiffel, depuis la place de Fontenoy.

◄ Ministère du Tourisme, à l'angle de la rue d'Estrées et de l'avenue de Saxe.

ble fut bâti en 1932, par l'architecte André Ventre, dans le style Art déco. Ce fut, jusqu'en 1992, le ministère de la Marine marchande, devenu ministère de la Mer : le décor intérieur – maquettes de bateaux, balises, feux – correspondait, à l'origine, à la fonction du bâtiment.

Au **n° 7**, place de Fontenoy se trouve le siège de l'Unesco (Organisation des Nations unies pour l'éducation, la science et la culture). Le bâtiment principal, en forme d'Y, avec trois façades incurvées ouvertes de plus d'un millier de fenêtres et reposant sur pilotis, abrite le Secrétariat de l'Organisation. Inauguré en 1958, il est l'œuvre de trois architectes : le Français Bernard Zehrfuss, l'Italien Luigi Nervi, et l'Américain Marcel Breuer. L'intérieur et les jardins parsemés de sculptures contemporaines méritent vraiment la visite (œuvres de Miró, Giacometti, Moore, Picasso, Bazaine, jardin japonais) : inscriptions au 01 45 68 10 60 (serveur vocal).

▶ Villa de Saxe.

Dans l'axe de l'École militaire, nous empruntons l'**avenue de Saxe** qui, depuis 1780, relie la place de Fontenoy à la place de Breteuil. Son nom lui vient du maréchal de Saxe, qui fut l'un des artisans de la victoire des armées de Louis XV à la bataille de Fontenoy en 1745. À partir de la rue Pérignon, seuls les numéros impairs appartiennent au 7e arrondissement, les numéros pairs (immeubles cossus des années 1913-1916) faisant partie du 15e.

Depuis 1912, le centre de l'avenue est occupé deux fois par semaine (le jeudi et le samedi matin) par le célèbre marché Saxe-Breteuil, l'un des marchés les plus importants de Paris. Les produits y sont de qualité et l'ambiance chaleureuse.

Après avoir traversé l'avenue de Ségur, la première voie que nous rencontrons, à gauche, est la **villa de Saxe**, dans laquelle nous nous engageons. Au **n° 5** se trouve un couvent de clarisses (bâtiments de 1876) qui suivent la règle de saint François d'Assise et mènent une vie contempla-

L'Unesco

Fondée en 1946 avec vingt États membres, l'Unesco en compte aujourd'hui cent quatre-vingt-onze et six membres associés. Le premier objectif de cette institution est d'organiser la coopération intellectuelle internationale, pour répondre aux premières lignes de l'Acte constitutif : « Les guerres prennent naissance dans l'esprit des hommes, c'est dans l'esprit des hommes que doivent être élevées les défenses de la paix. » Chaque pays a droit à une voix pour le vote des programmes de développement scientifique, culturel ou d'éducation. Ainsi, chaque république de l'ex-Union soviétique bénéficie-t-elle d'une voix. La participation au financement des projets est calculée en fonction du produit national brut des pays. La Conférence générale fixe, tous les deux ans, le programme de l'organisation et vote le budget nécessaire à son exécution. Parmi les grands programmes culturels, il faut citer la restauration de la Grande Muraille de Chine, du sanctuaire du Machu Picchu, des temples d'Abou Simbel et de la vallée du Nil.

De la rue Duroc au boulevard des Invalides

Nous empruntons la **rue Duroc**, percée en 1790, qui porte le nom du général compagnon d'armes de Bonaparte, devenu duc de Frioul et grand maréchal du palais de l'Empereur. Les **n⁰ˢ 5, 7 et 9** forment un ensemble réservé à l'Association Valentin-Haüy, fondée en 1889 par Maurice de La Sizeranne, professeur à l'Institut des jeunes aveugles, dont le but principal est d'aider les non-voyants à maîtriser un métier. Les aveugles disposent de la plus grande bibliothèque en braille du monde francophone. Le musée Valentin-Haüy (visites, sauf en juillet-août, le mardi et le mercredi de 14h30 à 17h [prévenir par téléphone] ou sur rendez-vous) rassemble une collection d'ouvrages, de prototypes et d'appareils ayant servi, depuis plus d'un siècle, à l'éducation scolaire ou artistique des aveugles. Il présente, de temps à autre, des expositions d'œuvres d'art réalisées par des mal-voyants, par exemple des expositions de sculptures « à voir et à toucher ».

Au coin de la **rue Masseran** (**n⁰ 11**), un portail d'entrée toujours fermé, prolongé par un mur, laisse deviner la présence d'un hôtel particulier et d'un jardin ; il s'agit de l'hô-

◄ Ambassade d'Ukraine, 21, avenue de Saxe.

tive. Il semble imposer son silence à cette impasse…

Quittant ce lieu paisible, nous retournons sur l'**avenue de Saxe**. Au **n⁰ 21** se trouve l'ambassade d'Ukraine, installée dans une maison en brique. Derrière le bâtiment moderne du **n⁰ 23** s'étend un vaste jardin.

Débouchant sur la place de Breteuil, la **rue César-Franck** (15ᵉ arrondissement) nous rappelle que le compositeur (1822-1890) habita toute sa vie dans le 7ᵉ arrondissement (rue de Grenelle et avenue de Villars).

Dessinée en 1782 à l'intersection des avenues de Saxe et de Breteuil, la **place de Breteuil** bénéficie d'une superbe vue sur le dôme des Invalides, situé au bout de l'avenue de Breteuil, au milieu de laquelle sont dessinées de longues pelouses. Cette perspective avait été prévue par Jules Hardouin-Mansart, qui l'avait percée lors de la construction des Invalides (1680). La place est marquée, en son centre, par le **monument à Pasteur** dû à Falguière : aux pieds du savant, la Mort, avec sa funeste faux, n'arrive pas à être victorieuse de la mère et de son enfant, de la jeune fille, des bœufs d'un paysan, ou des moutons d'un berger.

◄ Monument à Pasteur, place de Breteuil.

tel du prince Masserano, construit en 1787 par Brongniart. Le prince Masserano avait été nommé ambassadeur d'Espagne en France en 1805 puis grand maître des cérémonies du roi d'Espagne, Joseph Bonaparte. Le corps de logis et les ailes entourant la cour d'honneur et les jardins, invisibles pour le public, sont classés. Dans cet hôtel vécut Étienne de Beaumont pendant les Années folles. Il y donna de grands bals costumés, où l'on rencontrait Jean et Valentine Hugo, Jean Cocteau, Lucien Daudet, qui inspirèrent *Le Bal du comte d'Orgel* de Raymond Radiguet.

Aux **n**[os] **3 et 5**, l'hôtel de style néo-classique (voir plus bas), restauré en 1994, abrite aujourd'hui des bureaux.

Nous tournons à droite dans la **rue Éblé**, et passons devant le **n° 5**, où s'élève un bel immeuble acquis, en 1947, par le très prisé Racing Club de France. Ce bâtiment de plus de six mille mètres carrés abrite depuis le siège social du club, ainsi que de nombreuses installations sportives, dont deux piscines et une salle de judo.

Tournons de nouveau à droite sur le **boulevard des Invalides**, où nous pouvons apercevoir, derrière une grille, le joli jardin de l'hôtel du 3, rue Masseran que nous venons d'évoquer : la façade de la fin du XVIIIe siècle comporte un portique d'entrée avec quatre colonnes ioniques, un

rez-de-chaussée ouvert de grandes baies cintrées, un premier étage et un étage sous combles. En revanche, nous ne pourrons que longer le mur qui ferme le jardin de l'hôtel Masserano. Au **n° 56**, boulevard des Invalides, s'ouvre l'Institut national des jeunes aveugles, fondé en 1784 par Valentin Haüy, installé dans les grands bâtiments élevés en 1838 par Philippon, autour de la cour d'honneur pavée. Ils donnent à l'arrière sur un jardin. À l'intérieur de la chapelle se trouve un orgue de Cavaillé-Coll.

Nous voici parvenus au **carrefour Duroc**, qui constitue la limite sud du 7e arrondissement, comme le boulevard des Invalides (1760) représentait la limite occidentale du noble Faubourg Saint-Germain au XVIIIe siècle.

▶ Statue représentant Valentin Haüy, fondateur de l'Institut national des jeunes aveugles, 56, boulevard des Invalides.

▼ 3-5, rue Masseran.

La rue Oudinot

Nous traversons le **boulevard des Invalides**, pour reprendre, en sens inverse, la partie que nous avons suivie sur le trottoir opposé. De ce côté du boulevard se trouvait, sous la Terreur, la maison d'arrêt des Oiseaux, puis le couvent des Oiseaux qui disparut en 1908.

Nous longeons le grand mur du ministère de l'Outre-Mer, dont l'entrée principale se trouve au **27, rue Oudinot** : le corps de logis, au fond de la

cour, est composé d'un rez-de-chaussée, marqué par quatre simples pilastres surmontés de chapiteaux ioniques, et d'un premier étage surmonté d'un fronton, sculpté d'attributs militaires. Les façades latérales furent modifiées à plusieurs reprises. C'était à l'origine l'hôtel de Rambouillet de la Sablière, devenu, en 1781, propriété du comte de Montmorin-Saint-Hérem, ministre des Affaires étrangères, exécuté en 1792, dont la fille, Pauline de Beaumont, fut si chère à Chateaubriand. C'est à Brongniart que l'on doit les pilastres de la façade. L'hôtel fut loué par Napoléon pour le nonce du pape, le cardinal Caprara, puis occupé, à partir de 1847, par le noviciat des Frères des écoles chrétiennes, créé par Jean-Baptiste de La Salle. Les Frères transformèrent le corps de logis et l'entourèrent de nouveaux bâtiments. Il fut affecté en 1910 au ministère des Colonies, futur ministère de l'Outre-Mer.

En face, le **n° 22**, qui fait l'angle avec le n° 49, boulevard des Invalides (colonnes engagées entre les fenêtres du rez-de-chaussée), s'ouvre par deux hautes portes cochères vert foncé surmontées de têtes de renard entourées de feuilles de chêne. C'est l'hôtel que Brongniart construisit, en 1781, pour son propre usage. Revenons côté impair où le **n° 23** forme, derrière une porte

▲ Ministère de l'Outre-Mer, 27, rue Oudinot.
◀ 22, rue Oudinot.
▶ 23, rue Oudinot.

▲ Clinique Saint-Jean-de-Dieu, 19, rue Oudinot.

◄ Rue Rousselet.

La rue Rousselet

Le mur du jardin de la clinique est longé par la calme et secrète **rue Rousselet**. Appelée chemin des Vachers en 1676 – car elle servait à conduire les vaches sur les pâturages du Champ-de-Mars ou de l'esplanade des Invalides –, cette voie prit le nom d'Ambroise Rousselet, procureur général à la Chambre des requêtes, qui possédait la plus grande partie des terrains au début du XVIIIe siècle. Cette rue, sorte de foyer littéraire au tournant du XXe siècle, conserva principalement le souvenir des hommes de lettres qui l'ont habitée : Barbey d'Aurevilly au **n° 25**, de 1859 à novembre 1898, où il acheva *Le Chevalier Des Touches*, *Les Diaboliques*, *Histoire sans nom*, *Ce qui ne meurt pas* etc. ; Léon Bloy au **n° 22** ; le peintre québécois Paul-Émile Borduas au **n° 19** ; Paul Léautaud au **n° 17**.

On pense aussi à François Coppée. « Quand je vins habiter le coin perdu du faubourg Saint-Germain (...), je me pris d'affection pour la très calme et presque champêtre rue Rousselet, qui s'ouvre juste devant la

cochère, une sorte d'impasse avec une allée centrale pavée bordée de maisons anciennes et de ravissants jardinets : on se croirait hors du temps, dans un petit village. Cette ruelle conduit à la maison de quartier Sainte-Agnès (accueil des jeunes, ateliers, stages, entraide, halte-garderie, cours de musique...).

Quelques numéros plus loin se dresse la majestueuse **clinique Saint-Jean-de-Dieu**. Fondée en 1843 par Paul de Magallon, de l'ordre des Frères hospitaliers de saint Jean de Dieu, elle possède un vaste et magnifique jardin dans lequel il fait bon déambuler à l'approche de l'été, tant les roses y sont belles et odorantes. Villiers de l'Isle-Adam y mourut le 20 août 1889 et J.-K. Huysmans y fut opéré le 17 décembre 1906. À l'emplacement de cette clinique (**n°s 19 et 21**) se trouvait la maison de Mme de La Sablière, protectrice de La Fontaine, qu'elle y reçut à plusieurs reprises. Elle obtint pour son protégé qu'il fût reçu à l'Académie française, en remplacement de Colbert, le 2 mai 1684. En face habitèrent Barbey d'Aurevilly (**n° 6**) et François Coppée (**n° 12**).

porte de ma maison. (...) Un hôtel du siècle dernier, situé au coin de la rue Oudinot, est devenu l'hôpital des Frères Saint-Jean-de-Dieu, et les arbres de leur beau jardin dépassent le vieux mur effrité qui occupe presque tout le côté droit de la rue Rousselet. De l'autre côté s'étend une rangée d'assez pauvres maisons, où logent des artisans et des petits employés, et qui toutes jouissent de la vue du jardin des Frères. La rue Rousselet est très mal pavée, le luxe du trottoir n'y apparaît que par tronçons ; l'une des dernières, elle a vu disparaître l'antique réverbère à potence et à poulie. (...) Des linges sèchent aux fenêtres, des poules picorent dans le ruisseau. On se croirait là dans un faubourg de province très reculée, un de ces faubourgs qui s'en vont vers la campagne et où la ville redevient village » (François Coppée, La Robe blanche).

La rue Rousselet est située sur le GR qui traverse Paris d'ouest en est et voit défiler nombre de marcheurs le week-end...

La rue Monsieur

Revenons sur nos pas pour regagner la **rue Oudinot**, et emprunter, face au n° 23, la **rue Monsieur**. Son nom rappelle que Monsieur, frère de Louis XVI, ouvrit un chemin sur son terrain, compris entre les rues de Babylone et Oudinot, pour desservir les écuries qu'il venait d'aménager (1779) ; un an plus tard, Brongniart racheta les terrains pour y construire un lotissement. C'est ainsi que furent élevés, en quelques années, trois grands hôtels qui sont encore visibles, aux n°s 20, 12 et 8.

Le **n° 20** abrite actuellement le ministère de la Coopération ; au fond

◀ Rue Monsieur.

de la cour, la façade aux grandes baies cintrées est reliée au porche d'entrée par des ailes latérales. C'était, en 1781, l'hôtel de Montesquiou édifié par Brongniart face aux écuries de Monsieur ; il fut vendu en 1853 aux Bénédictines du Saint-Sacrement qui édifièrent un cloître, une salle capitulaire, et une église néo-gothique fréquentée par de nombreux écrivains au tournant du XXe siècle, tels François Coppée, Francis Jammes, Alain-Fournier, Paul Claudel, François Mauriac, Jacques Maritain et Jean Guitton qui l'évoque ainsi : « La chapelle de la rue Monsieur était au milieu de Paris le symbole du contraire de Paris. En franchissant le seuil, on franchissait la limite du temps terrestre. » Les bénédictines restèrent jusqu'en 1938, date à laquelle l'État racheta l'hôtel. En face, une plaque indique que Pierre Teilhard de Chardin vécut dans la maison du **n° 15**.

Au **n° 12**, le célèbre hôtel de Bourbon-Condé s'ouvre par un portail d'entrée encadré de quatre pilastres à chapiteaux ioniques. Il fut, lui aussi, construit par Brongniart, en 1783, pour Louise-Adélaïde de Bourbon-Condé, sœur du duc de Bourbon, tante du duc d'Enghien, abbesse de Remi-

▶ 39, boulevard des Invalides.

▼ La Pagode, 57 bis, rue de Babylone.

remont, qui fonda l'ordre des Bénédictines du Saint-Sacrement en 1816, et dont le corps fut transporté dans le couvent du 20, rue Monsieur en 1853. Malgré différents propriétaires ou occupants qui s'y succédèrent depuis la Révolution, l'hôtel a conservé son salon de musique orné de pilastres ioniques, le boudoir de Mlle de Bourbon et une magnifique façade sur l'immense jardin (que nous pourrons entrevoir depuis le boulevard des Invalides).

La porte d'entrée blanche, encadrée de deux pavillons, du **n° 8** dissimule l'hôtel de Jarnac édifié entre 1784 et 1787 par Étienne-François Legrand, et loué à Marie-Charles de

Rohan-Chabot, comte de Jarnac. C'est aujourd'hui un hôtel particulier fermé au public ; si, par chance, la porte est ouverte, nous pourrons remarquer qu'il ressemble à une villa palladienne, avec un péristyle.

À savoir : il est possible d'apercevoir la façade arrière de cette demeure classée en entrant dans l'immeuble de l'aumônerie de Saint-François-Xavier au n° 39, boulevard des Invalides, au fond duquel un charmant jardin très fleuri jouxte le parc de l'hôtel lui-même, fermé sur le boulevard. Ce jardin cacherait même une piscine découverte attenante au bâtiment...

La rue de Babylone

La rue Monsieur débouche sur la **rue de Babylone**, que nous empruntons vers la droite. Cette voie porte le nom de l'évêque de Babylone, qui avait donné ses maisons et ses terrains pour y établir le séminaire de futurs missionnaires.

Au **n° 57 bis**, l'exotique cinéma La Pagode se dresse à l'angle de la rue Monsieur. L'histoire de ce drôle de pavillon commence à la manière d'un conte de fées. Très amoureux

◄ Jardin Catherine-Labouré.

▶ Au Pied de Fouet, 45, rue de Babylone.

de sa femme, M. Morin, directeur du Bon Marché, décida en 1895, en pleine vogue japonisante, de lui faire bâtir, dans son jardin, une véritable pagode. Selon la légende, certains éléments, telles les boiseries sculptées de la charpente, furent rapportés tout exprès de l'empire du Soleil levant ; c'est l'architecte du Petit Palais, Alexandre Marcel, qui présida à leur reconstruction. Dorures, tuiles vernissées, fresques, dragons, le souci d'authenticité fut poussé jusqu'au détail.

Ravie du présent, Mme Morin put donner libre cours à sa fantaisie lors de réceptions somptueuses et de soirées costumées. Ce qui ne l'empêcha pas, l'année même de l'inauguration de l'édifice, de quitter son mari pour le fils de son associé... Le conte de fées avait tourné au vaudeville.

Classée Monument historique en 1986, la Pagode est devenue une salle de cinéma d'art et d'essai incontournable. Ne manquez pas le jardin exotique planté de bambous, d'érables japonais et de fleurs pourpres ou blanches ; c'est un merveilleux endroit à l'ombre des essences tropicales.

Continuons dans la rue de Babylone en direction de la rue du Bac, pourquoi pas en faisant une pause dans le sympathique restaurant Au Pied de Fouet (au **n° 45**), un repaire d'habitués et de gens du quartier qui peuvent y déguster en vitesse, pour quelques euros, un plat de bonne cuisine de famille.

Après la rue Vaneau, sur la droite, nous pourrons aller rêver sous les arbres fruitiers du **jardin Catherine**

7e | De l'Unesco au Bon Marché | 121

◀ Détail de la façade des Missions étrangères de Paris, 128, rue du Bac.

Labouré, ouvert il y a quelques années sur les jardins de l'hôtel de La Vallière devenus potager des Filles de la Charité. C'est, aujourd'hui, un jardin public accueillant les enfants des rues avoisinantes, les fonctionnaires des ministères environnants et les personnes âgées qui souhaitent s'éloigner du bruit de la rue de Sèvres ou du Bac. Son tracé en forme de croix délimite des pelouses où il fait bon s'allonger, entourées de pommiers, cerisiers et poiriers. Sur la droite, une treille est chargée de raisins, près de noisetiers, groseilliers et framboisiers… Les serres sont utilisées par les Ateliers verts pour une initiation des enfants à la nature.

Derrière le n° 36, rue de Babylone, on devine l'immense parc de l'hôtel de Matignon. Au n° 32, l'hôtel de Cassini, de style Louis XVI, abrite depuis 1976 la Direction générale de l'administration et de la fonction publique.

La rue de Babylone rencontre bientôt la **rue du Bac**, dans laquelle nous nous engageons vers la gauche.

La rue du Bac de part et d'autre de la rue de Babylone

Les maisons situées au coin de la rue de Babylone et de la rue du Bac faisaient partie du premier séminaire des Missions étrangères, fondé en 1644, qui s'ouvre au **n° 128** de la rue du Bac. Entrons dans la cour, fermée par la façade de l'église formée, en haut d'un perron central, d'une entrée flanquée de deux pilastres ioniques et surmontée de deux pilastres corinthiens et d'un fronton. À l'intérieur, la chapelle (ouverte tous les jours de 6h45 à 18h) fut construite, en 1683,

par le maître maçon Lepas-Dubuisson sur les plans de l'architecte Pierre Lambert pour la Société des missions étrangères fondée en 1644 par le révérend père Bernard de Sainte-Thérèse, évêque de Babylone, qui souhaitait ouvrir un séminaire pour les étudiants ecclésiastiques destinés à devenir missionnaires.

Ne manquons pas d'en visiter la crypte, dont la simplicité monacale de l'architecture et du mobilier incite au recueillement. Dans le prolongement de la crypte, nous verrons aussi les vitrines de la passionnante et émouvante salle des Martyrs, qui présentent souvenirs et reliques des pères missionnaires martyrisés au cours du XIXe siècle au Viêtnam, en Corée, au Tibet ou au Japon. La salle des Martyrs et la crypte sont ouvertes du mardi au samedi de 11h à 18h30 et le dimanche de 13h à 18h.

Pour visiter le jardin des « Mep » – l'un des plus vastes jardins privés de Paris –, s'étendant devant un magnifique bâtiment élevé en 1732 et agrémenté de curiosités qui évoquent la vie des missionnaires : plantes rares, cloche chinoise, oratoire, statues, il nous faudra attendre les journées du Patrimoine…

Revenons sur nos pas et traversons la rue de Babylone pour continuer, de l'autre côté, la rue du Bac. Au **n° 136**, une maison de 1737 de l'hôpital des Incurables fut rachetée, en 1859, par les Filles de la Charité ; le **n° 140**, ancien hôtel de Lassay de 1681 entouré d'immenses jardins, fut transformé, en 1812, par l'architecte Damesne pour établir le couvent et la chapelle des Filles de la Charité, communauté créée en 1634 par Louise de Marillac à l'instigation de saint Vincent de Paul. C'est ici que la Vierge serait apparue cinq fois, en

◂ Le Conran Shop, installé dans d'anciens locaux du Bon Marché, 117, rue du Bac.

▸ 140, rue du Bac.

juillet et novembre 1830, à Catherine Labouré avant que celle-ci ne se fasse religieuse. Les apparitions de la Vierge font, aujourd'hui, de la chapelle un lieu de dévotion et un des lieux les plus visités du quartier.

Passons le portail du n° 140 pour emprunter une allée bordée, à droite, par les bâtiments conventuels, et, à gauche, par un mur orné de bas-reliefs sculptés racontant l'histoire de Catherine Labouré. Cette petite « rue » est souvent encombrée de pèlerins venus acheter la célèbre « médaille miraculeuse » (distributeurs automatiques assez peu poétiques).

Entrons dans la chapelle, où de nombreux passants ou religieuses venus du monde entier prient la Vierge. Le sanctuaire présente une nef couverte d'une voûte en berceau surbaissé, agrandie en 1843-1845 par des bas-côtés et une abside. En 1930, Alphonse Richardière suréleva la nef pour aménager des tribunes, allégea les supports et créa un arc triomphal orné d'une fresque illustrant l'apparition de la Vierge à Catherine. Au-dessus de l'autel placé au fond de l'abside, fut dressé un gros rocher blanc sur lequel se tient la *Vierge aux rayons* (1856) pour montrer que l'ordre des Filles de la Charité est voué au culte marial. Près de l'entrée du chœur, nous verrons, à droite, dans une châsse, le corps de sœur Catherine Labouré (1876) et, à gauche, le tombeau de Louise de Marillac installé ici depuis

7e | De l'Unesco au Bon Marché | 123

Le Bon Marché, un modèle du genre

Les façades imposantes datent du dernier tiers du XIXe siècle ou du début du XXe siècle. En effet, Aristide Boucicaut, associé tout d'abord à Videau (1852) dans une bonneterie appelée Au Bon Marché, puis devenu seul propriétaire de l'affaire, fit construire le magasin en deux temps : d'abord, en 1869-1872, les travaux furent menés par Alexandre Laplanche puis, en 1872 et 1887, par Louis-Charles Boileau, qui fit appel à Gustave Eiffel pour la charpente métallique. En 1923, on éleva, de l'autre côté de la rue, un nouveau bâtiment dont l'entrée, à l'angle des rues de Sèvres et du Bac, est marquée par trois larges baies encadrées de colonnes et surmontées d'une marquise.

Le décor intérieur a, en grande partie, disparu : seul le premier magasin conserve ses verrières et balustrades en fer forgé. Les structures métalliques légères qui soutenaient les verrières avaient permis d'ouvrir de grands espaces modulables qui annonçaient les principes du XXe siècle, en même temps que les escaliers et les décors opulents étaient caractéristiques du XIXe siècle. Le Bon Marché était donc une réussite architecturale pour l'utilisation du fer allié à la pierre dans un édifice à caractère commercial ; un éclairage zénithal inondait ce nouveau palais qui plaisait aux clientes de la bourgeoisie nouvellement enrichie, et qui inspira Zola pour son roman *Au Bonheur des Dames*. Boucicaut avait, par ailleurs, innové dans le domaine de la vente et de la distribution, puisqu'il avait généralisé le prix fixe et affiché l'échange et la reprise des marchandises, la multiplication des rayons... Les employés bénéficiaient d'avantages sociaux et pouvaient suivre des cours du soir de langues, d'histoire, de musique... À sa mort, Mme Boucicaut légua le magasin en héritage à ses employés.

1920 : le côté réaliste des gisants frappe l'imagination des visiteurs.

En face du n° 136 de la rue du Bac nous pouvons encore lire sur la façade « Magasin Aristide Boucicaut », connu de tous les habitants du 7e sous le nom de Bon Marché (voir encadré). Il occupe l'emplacement de l'hospice des Petites Maisons (pour les pauvres, infirmes, insensés, vénériens et enfants malades) et de deux cimetières : le cimetière de l'hospice, et le cimetière de la paroisse de Saint-Sulpice, tous deux désaffectés dans la seconde moitié du XVIIIe siècle.

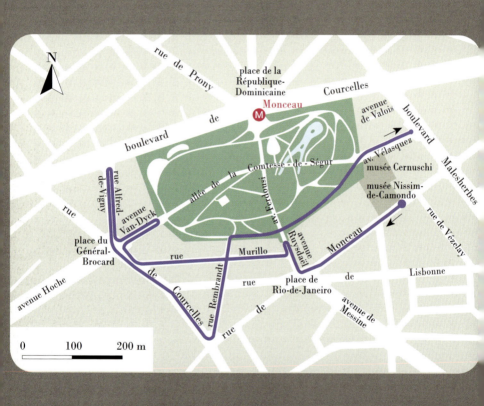

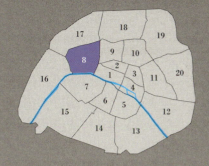

8e

Le parc Monceau et ses alentours

▶ Départ : boulevard de Courcelles, métro Monceau
▶ Arrivée : avenue Velasquez, métro Monceau

À l'origine : le pavillon du duc de Chartres

Le pavillon était sur plan carré, les quatre angles formant autant d'avant-corps où menaient les allées. Les travaux à peine achevés en 1773, le duc de Chartres, voulant agrandir le jardin et le transformer selon le goût nouveau, chargea le fameux peintre de portraits Louis Carrogis, dit Carmontelle, d'en concevoir le dessin. L'artiste voulut en faire un jardin, non à l'anglaise, comme c'était la mode, mais réunissant « tous les temps et tous les lieux ». Les travaux durèrent jusqu'en 1780. Le pavillon et le jardin originels, conservés, n'étaient plus qu'une partie d'un vaste ensemble, dont un recueil écrit et illustré par Carmontelle, publié en 1779, conserve le souvenir.
Les avant-corps du pavillon furent prolongés, donnant à l'édifice un plan en croix de Saint-André. Au contraire de Bagatelle, construite en matériaux peu coûteux, le pavillon de Chartres était orné de marbres, brèches et bronzes. Le jardin était agrémenté de fermes, d'un cabaret, d'une vigne italienne, de pavillons français, de moulins à eau et à vent, d'un minaret et de tentes turques et tartares, des ruines du temple de Mars, d'une naumachie (dont la colonnade proviendrait de la chapelle funéraire dite rotonde des Valois, de la basilique de Saint-Denis et démolie au XVIIIe siècle), d'un petit temple

Depuis les premières décennies du XVIIIe siècle, des « petites maisons » abritaient les amours de riches personnages dans les parages encore champêtres du faubourg Saint-Honoré. Grands seigneurs et financiers rivalisaient de luxe dans ces Folies. Ainsi le duc de Chartres, futur duc d'Orléans, plus connu ensuite comme Philippe Égalité, acquit à bail emphytéotique, sur le village de Monceau (1769), un terrain appartenant à l'architecte Louis-Marie Colignon. Celui-ci, selon les termes du contrat, dessina pour lui un jardin à la française et un pavillon.

En prélude à notre promenade, nous flânons à travers le **parc Monceau**, dans lequel nous pénétrons par l'entrée située boulevard de Courcelles, marquée par une rotonde.

▲ Parc Monceau.

de marbre blanc, d'une « salle des marronniers » ombrageant un édicule. Cette « salle » abritait, dans une niche, la fort belle copie du *Faune Barberini*, réalisée par Edme Bouchardon – conservée aujourd'hui au Louvre. On y trouvait encore un jeu de bague chinois, un tombeau égyptien, le bassin des baigneuses, pour lequel Houdon sculpta une femme de marbre blanc que baignait une esclave noire en plomb. La figure de marbre fut conservée, celle de plomb détruite, mais des répliques en bronze de son buste subsistent, dont une, superbe, au musée Nissim de Camondo tout proche. Un jardinier écossais célèbre, Thomas Blaikie, entré au service du duc de Chartres en 1780, modifia le jardin de Carmontelle. Le mur des Fermiers généraux construit dans les années 1780, avec un des rares bureaux élevés par Ledoux aujourd'hui conservés, limita, à l'ouest, l'expansion du jardin. Celui-ci, englobé dès lors dans le territoire parisien, ne cessa pas pour autant de s'accroître et d'être embelli : un jardin d'hiver avec salle hypogée, relié au pavillon par des serres chaudes, de précieuses plantations d'essences rares… Les travaux cessèrent avec l'exécution de Philippe Égalité, le 6 novembre 1793. Le jardin de Monceau, devenu bien national, fut loué à des entrepreneurs de fêtes et de spectacles et fut le cadre du premier saut en parachute, par Jacques Garnerin, en 1797. L'ensemble se dégrada rapidement, le pavillon fut rasé vers 1802-1806. En 1811, le jardin entra dans le domaine impérial. Un nouveau pavillon fut élevé par l'architecte Bénard sur l'emplacement de l'ancien. Avec la Restauration, le parc Monceau revint aux Orléans, en 1819, et le duc, futur Louis-Philippe Iᵉʳ, entretint sérieusement le domaine, confié au poète et jardinier alsacien Schoëne. En 1830, afin de le garder dans le patrimoine familial, le roi fit donation de la partie lui appartenant à ses enfants, sa sœur Adélaïde leur léguant sa part en 1847. L'État contesta, en 1852, la donation de Louis-Philippe, dont les biens avaient d'ailleurs été confisqués par le prince-président, futur

Napoléon III. En 1860, la décision d'achever le percement du boulevard Malesherbes entraîna l'expropriation de ce qui restait aux enfants de Louis-Philippe venant de leur tante Adélaïde. La Ville de Paris acquit le domaine, soit plus de dix-huit hectares, situé entre les actuels boulevard et rue de Courcelles et la rue de Monceau. Rapidement, une bonne moitié du terrain fut vendue au banquier Émile Pereire pour y bâtir, et ce qui restait à la Ville, un peu plus de huit hectares, fut confié à l'ingénieur en chef des Promenades et Plantations Adolphe Alphand, pour en faire une promenade publique.

◀ La naumachie, parc Monceau.

Un parc public depuis le Second Empire

Inauguré en même temps que le boulevard Malesherbes par Napoléon III, le 13 août 1861, le parc Monceau ne conservait de la Folie de Chartres que la naumachie, la pyramide, quelques fragments du temple de Mars. Le petit temple rond en marbre avait été transporté par Louis-Philippe sur l'île du Pont, dans son domaine favori de Neuilly ; il fut encore déplacé, vers 1930, sur la pointe sud de l'île de la Jatte.
L'observatoire, ou rotonde, créé pour les Fermiers généraux par Ledoux, reçut un dôme plus haut et plus orné. Le parc, aménagé à l'anglaise, était parcouru par deux allées principales en croix : le boulevard de Monceau (allée de la Comtesse-de-Ségur) et l'avenue de la Rotonde (avenue Ferdousi). Les extrémités de ces avenues furent fermées, par l'architecte Gabriel Davioud, de magnifiques grilles dans le goût Louis XV, forgées par Ducros. De nombreuses allées secondaires, un pont, une grotte artificielle, des plantes exotiques diverses agrémentaient cette nouvelle promenade publique, dont toute attraction – bal, théâtre, café-concert – était bannie.
Émile Pereire ayant acquis les terrains autour du nouveau parc, trois avenues rayonnantes (Van-Dyck, Ruysdaël, Velasquez) et trois rues (Murillo, Rembrandt, Alfred-de-Vigny) furent tracées. On notera que les noms d'artistes donnés à ces voies correspondent aux goûts de l'époque pour la peinture espagnole et néerlandaise du XVIIe siècle.
Dans les premières années du XXe siècle, le parc fut agrémenté de monuments à des gens de lettres et des musiciens. Parmi les statues du parc Monceau, signalons le monument à Guy de Maupassant, par Raoul-Charles Verlet, inauguré

▲ Pyramide, parc Monceau.

◄ Grilles du parc Monceau.

en 1897 en présence d'Émile Zola ; le monument à Charles Gounod, dû à Antonin Mercier (1897) ; le monument à Ambroise Thomas, compositeur d'opéras, par Alexandre Falguière (1902). Jacques Froment-Meurice, issu d'une des grandes dynasties d'orfèvres du XIXe siècle, a sculpté en 1906 le monument à Frédéric Chopin, assis à son piano en compagnie de la Nuit et de l'Harmonie. Un artiste russe, Léopold Bernstamm, est l'auteur d'un autre monument (1904) à une célébrité d'alors aujourd'hui tombée dans l'oubli, l'auteur dramatique Édouard Pailleron.

D'autres œuvres en bronze, telle la *Lionne blessée* de Charles Valton (1889), furent, comme beaucoup de statues de Paris, fondues par le gouvernement de Vichy.

Le parc Monceau et ses abords inspirèrent artistes et écrivains :

Claude Monet, Émile Zola qui y fit des photographies et emprunta aux hôtels particuliers qui l'entourent pour son roman *La Curée*, tout comme Philippe Hériat, pour *La Famille Boussardel* ; Guy de Maupassant, dans *Fort comme la mort*, s'était, lui aussi, rappelé le parc Monceau. Depuis, le parc n'a cessé de marquer artistes français et étrangers : Carzou, Yves Brayer, Kojiro Akagi et le remarquable dessinateur Jacques Tardi.

▼ Monuments dédiés, de gauche à droite, à Guy de Maupassant, Charles Gounod et Édouard Pailleron.

La rue de Monceau

En sortant du parc à l'est (avenue Velasquez) ou au sud (avenue Ruysdaël), nous commençons notre promenade à proprement parler par la **rue de Monceau**. Cette rue longeant le jardin du duc de Chartres reliait, depuis le XVIIe siècle au moins, les villages du Roule et de Monceau.

Au **n° 63**, l'hôtel Moïse de Camondo, aujourd'hui musée Nissim-de-Camondo, est le premier des somptueux hôtels du lotissement Émile Pereire que nous croisons. Son nom lui vient de Nissim de Camondo, mort en combat aérien en 1917, en mémoire de qui son père, le comte Moïse de Camondo, légua l'hôtel et les collections à l'Union centrale des arts décoratifs en 1935. Le gouvernement de Vichy laissa déporter et assassiner l'ensemble de la famille. Une plaque à l'entrée de l'hôtel rappelle ce tragique destin.

Le musée, outre la qualité exceptionnelle de ses collections, présente cette particularité que ses façades

▲ Musée Nissim-de-Camondo, 63, rue de Monceau.

de style Louis XVI, d'un goût très sûr, abritent des décors et objets d'art pour la plupart fabriqués à Paris dans la seconde moitié du XVIIIe siècle, certains provenant de demeures anciennes du 8e arrondissement. Aussi sa visite nous permet-elle d'imaginer ce qu'était un hôtel du faubourg Saint-Honoré à l'époque des Bouret, des Beaujon, des Andlau. L'hôtel de Moïse de Camondo se distingue ainsi radicalement de ceux des Jacquemart-André, des Rothschild ou des Ganay, par un refus de l'éclectisme stylistique, répandu à l'époque, et par un goût personnel parfaitement exprimé.

Originaires d'Espagne, les Camondo se fixèrent à Venise, en Turquie et, enfin, en France sous le Second Empire. En 1866, dans le cadre du lotissement de l'ancienne Folie du duc d'Orléans, Abraham de Camondo et son frère Nissim, banquiers, firent bâtir deux hôtels aux nos 61 et 63, rue de Monceau. Si l'hôtel Abraham de Camondo, élevé par Destors, a subsisté, il a perdu son décor intérieur. Son propriétaire, grand collectionneur aux goûts éclectiques, légua ses œuvres au Louvre et au musée Guimet.

Le fils de Nissim, Moïse, voulut un hôtel en harmonie avec ses collections d'art décoratif de la seconde moitié du XVIIIe siècle. Après avoir fait raser l'hôtel paternel en 1911, il fit appel, pour dessiner les plans de sa nouvelle demeure, à René Sergent. Celui-ci, qui collabora longtemps avec E. Sanson, construisit et restaura nombre de châteaux et d'hôtels en France et aux États-Unis. Pour l'hôtel Camondo, il adopta un parti très sobre. Sur cour, la façade est concave ; sur jardin, une rotonde centrale se détache de deux ailes en V. Le décor est sévère, inspiré de J. A. Gabriel et des architectes des années 1770-1780 : rez-de-chaussée à refends avec, sur cour, ordre colossal de pilastres corinthiens encadrant les croisées du corps central et, sur jardin, colonnes colossales engagées du même ordre, encadrant les trois travées de la rotonde centrale ; les ailes, nues, ne sont scandées que par les deux étages de fenêtres aux moulures sévères. Une puissante corniche surmontée d'une balustrade couronne l'ensemble de l'édifice.

▲ 52, rue de Monceau.

Mitoyen de l'hôtel de Moïse, s'élève, au **n° 61**, l'hôtel d'Abraham de Camondo, lui-même financier également. Un élève de Charles Garnier, Destors, en dressa les plans. L'hôtel, achevé en 1874, a son bâtiment principal entre un jardin, donnant sur le parc Monceau, et une cour elle-même séparée d'une basse-cour par des arcades. La riche décoration dans le goût de la Renaissance est due au sculpteur Schoenerwerk. L'hôtel, racheté en 1892 par Gaston Menier, fils du richissime apothicaire et chocolatier Émile-Justin Menier, dont la famille posséda d'autres somptueux hôtels dans le quartier, était menacé de destruction dans les années

1970. Il appartient aujourd'hui à la banque américaine Morgan Stanley. Si la belle marquise survécut, l'escalier de marbre fut remplacé par un vestibule au luxe faux et banal. Le musée d'Orsay conserve un grand vitrail, où Abraham de Camondo est représenté avec l'architecte lui remettant les plans de l'hôtel.

Au **n° 55** mourut, en 1899, Édouard Pailleron, dont le parc Monceau abrite le monument déjà cité. L'hôtel néo-gothique **n° 52** appartenait, au début du XXe siècle, à Mme de La Ville Le Roux.

Aux **n°s 45 à 49** se trouvait l'hôtel élevé par Langlais pour Adolphe de Rothschild. Il contenait de fastueuses collections.

De l'avenue Ruysdaël à l'avenue Van-Dyck

Au niveau du n° 41, nous nous engageons, à droite, dans l'**avenue Ruysdaël**. Au **n° 4** se dresse le curieux hôtel élevé par J.-A. Pellechet pour Gaston Menier déjà croisé à l'hôtel Abraham de Camondo. Sa façade de brique polychrome et de pierre est percée d'un porche cintré dont le caducée ornant le blason, récent, signale que la demeure abrite aujourd'hui le siège de l'Ordre des pharmaciens.

Notre revue de l'histoire de l'architecture se poursuit avec le bel hôtel néo-classique du **n° 3**, aujourd'hui siège de la firme Rolex, qu'habitait vers 1910 la marquise de Villahermosa.

Un autre hôtel plus composite, avec des cartouches ornés de marbres polychromes, ayant appartenu au financier Crosnier qui se suicida, fait, au **n° 1**, l'angle avec la **rue Murillo** que nous empruntons.

Nous longeons, sur la droite, une succession d'hôtels semblablement organisés autour d'une cour séparée de la rue par des grilles, coupées en leur milieu par un pavillon. C'est le cas de l'hôtel des **n°s 4 et 6**, habité par la cantatrice Lucienne Bréval, du **n° 8**, construit par Tronquois, du **n° 16**. Leurs façades postérieures donnent sur le parc Monceau.

L'immeuble du **n° 2** est dû à l'important architecte P. Boeswillwald, connu pour ses restaurations de monuments anciens dans la tradition de Viollet-Le-Duc.

◀ 3, avenue Ruysdaël.
▶ 4, avenue Ruysdaël.

Au **n° 9**, qui fait l'angle de la rue Rembrandt, l'architecte Gustave Clausse éleva, à partir de 1870, un intéressant immeuble, dans lequel il se réserva le rez-de-chaussée et le premier étage, en pierre, et loua les étages supérieurs, en brique. Les ouvertures du premier étage sont en plein cintre, ornées de céramiques polychromes et celles, à l'angle en pan coupé, sont en serlienne ; le plafond du salon de cet étage, destiné à des concerts de musique de chambre, fut décoré par le peintre Albert Gérard d'anges musiciens portant des cartels avec les noms de Mozart, Beethoven et Weber, peints sur toile.

L'hôtel de Mme Viollier, au **n° 10**, fut élevé par H. A. Destailleur en 1878. Au deuxième étage du mur pignon du **n° 12** est fixé un relief, peut-être un moulage d'après une des *cantorie* du *Duomo* de Florence.

Au **n° 19**, l'immeuble élevé vers 1870 par J. Bourdais en brique et pierre est orné, au dernier étage, des portraits en céramique peinte de Raphaël, Michel-Ange, Murillo et Rubens.

L'architecte E. Morin éleva l'hôtel sis au **n° 26**, au décor néo-grec original, qui, selon Rochegude, était la propriété de la duchesse d'Uzès et qu'habitait le duc de Brissac.

En face, l'**immeuble en brique**, avec escalier en tourelle, pourrait faire partie de l'ensemble immeuble de rapport et hôtel particulier élevé en 1881

par N. F. Escalier sur une parcelle donnant aussi sur les n°s 64-66, rue de Courcelles et le n° 68, rue de Lisbonne, et dont la façade sur la rue de Courcelles s'orne d'une belle frise de rinceaux de feuillage. Cet immeuble a remplacé l'hôtel du comte Guyot d'Arlincourt élevé en 1879 par Crouslé.

Tournons à droite dans la **rue de Courcelles**, jusqu'à la **place du Général-Brocard**, commandant du groupe d'aviation des Cigognes pendant la Grande Guerre, où s'ouvre, à droite, l'**avenue Van-Dyck** dont nous franchissons les admirables grilles pour voir, au **n° 6** l'hôtel du député Joseph

▲ 9, rue Murillo.

▼ 19, rue Murillo.
◄ 6, avenue Van-Dyck.

8e | Le parc Monceau et ses alentours | 133

▲ 5, avenue Van-Dyck.
▶ 8, rue Alfred-de-Vigny.
▼ 58, rue de Courcelles.

Reinach, connu pour son rôle dans l'affaire Dreyfus. Élevé par l'architecte A. Normand dans le goût de la Renaissance italienne, le bâtiment est aujourd'hui occupé par l'École active bilingue.

En face, H. Parent construisit au n° 5 l'hôtel d'Émile-Justin Menier avec le corps principal perpendiculaire à l'avenue et donnant sur le parc et une aile en retour au fond de la cour ; Dalou aurait participé à la très riche décoration de cet ensemble, dû au sculpteur ornemaniste Lefebvre. L'édifice, comprenant un salon d'hiver composé d'une serre et des écuries, fut élevé entre 1872 et 1874 ; menacé de destruction en 1969, l'hôtel Menier fut classé en 1972 et restauré en 1980.

La rue Alfred-de-Vigny et la rue de Courcelles

Retournons sur nos pas et repassons les grilles, pour tourner à droite dans la **rue Alfred-de-Vigny** dont le trottoir de droite est bordé, lui aussi, d'hôtels particuliers donnant sur le parc Monceau. Si l'hôtel de La Béraudière, au n° 4, a disparu, celui du n° 8 mérite la visite. C'est encore un hôtel de la famille Menier, élevé pour Henri, fils

d'Émile-Justin, par le même Henri Parent qui construisit l'hôtel du 5, avenue Van-Dyck que nous venons de voir. Si la façade sur rue et son entrée sont gothiques, les façades sur cour sont inspirées de la Renaissance franco-flamande, et nous admirerons les communs, bâtis à colombages comme ceux du n° 4, avenue Ruysdaël ; de même, l'escalier du bâtiment principal est sculpté dans le style baroque flamand. Ce bâtiment abrite aujourd'hui le Conservatoire international de musique de Paris.

Au **n° 10**, l'hôtel d'Émile Pereire, promoteur du parc Monceau, élève sur cour sa sobre façade classique percée d'une grande porte en plein cintre munie de grilles. Il est aujourd'hui occupé par la fondation Simone et Cino Del Duca, placée sous l'égide de l'Institut de France.

Revenons en arrière pour reprendre la **rue de Courcelles** en direction du faubourg Saint-Honoré (vers le sud) ; de l'avenue Hoche à la rue de Monceau, son côté impair, complètement reconstruit et en partie occupé par une caserne élevée sur les terrains de l'hospice Beaujon, ne présente pas d'intérêt particulier. Côté pair, notons le **n° 58**, où mourut la cantatrice Lucienne Bréval (1869-1935), et le **n° 56**, où habita, vers 1902, la non moins célèbre chanteuse – dans un répertoire fort différent – Yvette Guilbert (1867-1944).

Le **n° 48**, qui fait l'angle de la rue Rembrandt, est un fort étrange monument d'inspiration chinoise : cette haute demeure de quatre étages, ocre rouge, aux toits recourbés à tuiles vernissées, fut commandée en 1926 à l'architecte Fernand Bloch par le marchand d'art chinois C. T. Loo. La société C. T. Loo et Compagnie occupe toujours cette « pagode ». Les motifs décoratifs moulés des corniches, pilastres, encadrements et garde-corps des fenêtres se répètent sur tout l'édifice. Un petit portail et un jardin l'isolent de la rue.

◄ 1, rue Rembrandt.
▲ 48, rue de Courcelles.
▼ 6-8, rue Rembrandt.

De la rue Rembrandt à l'avenue Velasquez

Nous contournons la « pagode » pour nous engager dans la **rue Rembrandt** qui compte quelques hôtels. Au **n° 1**, l'hôtel à pignon dans le goût de la Renaissance, avec de beaux plafonds peints à caissons, appartenait à M. Ziegler ; voyons aussi le **n° 4**, construit pour lui-même par l'architecte A. G. Guérinot puis occupé par le docteur A. Millard, et le **n° 6**, hôtel de Billy…

La rue Rembrandt mène au **parc Monceau**, que nous avons décrit plus haut. Nous pourrons en faire le tour

Laissons de côté le tronçon de la rue de Monceau qui va de la rue Rembrandt à l'avenue Ruysdaël, où l'hôtel Furtado-Heine-Murat construit par F. Convents en 1856 s'élevait jusqu'à sa destruction en 1961 (n° 28). Il avait accueilli, du 14 décembre 1918 au 14 février 1919, le président des États-Unis Woodrow Wilson. De même, l'hôtel de la femme-peintre mondaine Madeleine Lemaire, au n° 31, et la maison où naquit, en 1799, le futur Oscar Iᵉʳ de Suède, fils du maréchal Bernadotte (n° 32), ont disparu pour laisser la place au fort laid siège de l'EDF.

▸ Musée Cernuschi, 7, avenue Velasquez.

pour étudier les façades sur le parc des hôtels voisins et en admirer beaux arbres et monuments, avant d'en sortir par l'**avenue Velasquez** dont le nom, mais aussi les hôtels, évoquent les arts.

En effet, un grand collectionneur, Hippolyte-Alfred Chauchard (1821-1909), fondateur en 1855 des Grands Magasins du Louvre (voir la promenade du 1er arrondissement, page 19), mit sa fortune au service d'œuvres de charité, mais aussi d'une collection considérable de peintures du XIXe siècle, comprenant le célèbre *Angélus* de Millet, des œuvres de l'école de Barbizon, de Meissonnier, qu'il légua au Louvre en 1906. Il habitait au **n° 5** de l'avenue.

À côté, un opulent financier originaire de Milan, Enrico Cernuschi (1821-1896), proche de Garibaldi et des héros du Risorgimento, fit construire par Bouwens van der Boijen un bel hôtel au **n° 7**. En 1871, Cernuschi était allé, via l'Amérique, en Chine et au Japon, et en était rentré, en 1873, chargé d'œuvres de toutes sortes. Ami de Philippe Burty, des Goncourt, conseillé par Théodore Duret, il s'était passionné pour les arts asiatiques mis à la mode par l'Exposition universelle de 1867. Il installa, dans son nouvel hôtel, ces collections, dont le fleuron était le Grand Bouddha du Hanryûji de Meguro (actuel quartier de Tokyo). Il mourut en 1896, ayant légué à la Ville de Paris son hôtel et ses collections « à charge d'en faire un musée », lequel ouvrit en 1898. Le premier conservateur, Henri d'Ardenne de Tizac, orienta les acquisitions vers les hautes époques, guère représentées dans la collection Cernuschi, et acquit ainsi, dès 1920, le vase en bronze dit « la Tigresse » des Chang du XIIe siècle avant J.-C. Son successeur, René Grousset, et l'architecte Pierre Fournier adaptèrent le musée à la présentation de ces nouvelles pièces.

Participant aux fouilles en Indochine, le musée s'enrichit encore et présenta, en 1937, une importante exposition sur les bronzes chinois

anciens. Depuis, le musée n'a cessé de s'accroître, acquérant en 1956 le rouleau *Chevaux et Palefreniers*, une des très rares œuvres conservées de Han Kan, peintre du VIIIe siècle. La Société des Amis du musée a contribué à d'importants achats. Des expositions temporaires et des démonstrations d'artistes asiatiques contemporains permettent aux visiteurs de s'initier aux traditions et aux beautés des arts d'Extrême-Orient. Le musée, qui appartient à la Ville de Paris (accès gratuit aux collections permanentes), fut profondément restructuré en 2005 et son jardin, d'esprit asiatique, réaménagé. Tout en doublant les surfaces utiles et en rationalisant le parcours muséographique, ses rénovateurs ont su lui conserver son atmosphère et son charme de demeure privée originale.

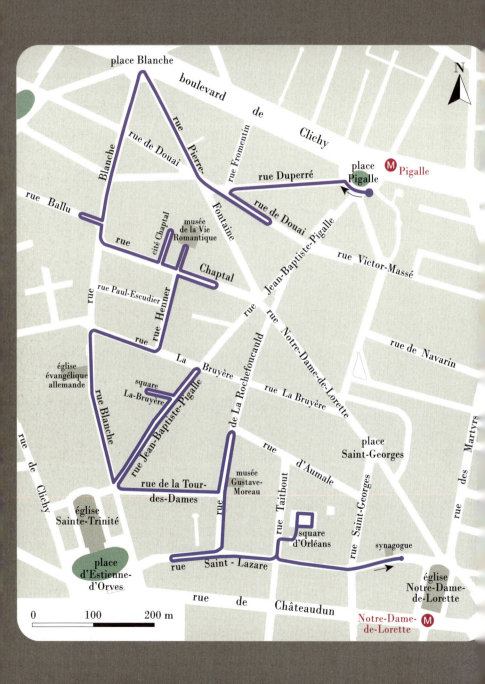

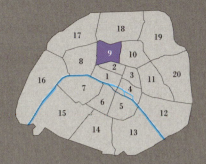

9e

La Nouvelle Athènes

▶ Départ : place Pigalle, métro Pigalle
▶ Arrivée : rue Saint-Lazare, métro Notre-Dame-de-Lorette

À partir de 1819-1820, le receveur général des finances de la Seine Jean Joseph de La Peyrière et l'architecte Auguste Constantin entreprirent de mettre en lotissement les terrains de l'hôtel de Valentinois, ancienne propriété d'Honoré de Grimaldi, prince de Monaco, compris entre les rues Saint-Lazare, de La Rochefoucauld et de la Tour-des-Dames. Leur programme : « ...faire des maisons particulières selon le besoin des diverses fortunes, (...) les disposer pour conserver entre elles et pour toujours une masse d'air considérable (...) réunir autant que possible des personnes choisies, et ayant des réputations acquises dans les lettres, les sciences ou les armes ; enfin... faire connaître nos jeunes et habiles architectes, en établissant entre eux une sorte de concours » (Thiollet, *Choix de maisons et édifices publics de Paris*, 1838). Le nouveau quartier attira d'emblée musiciens, peintres, écrivains et comédiens, soucieux de trouver calme et verdure sans trop s'éloigner de Montmartre et des Grands Boulevards.

Le nom de Nouvelle Athènes « donné par le public » à ce lotissement et à ses alentours, en raison de son style architectural néoclassique et de la qualité de ses résidents, formant une véritable « république des lettres et des arts », est signalé pour la première fois, à notre connaissance, par le polygraphe Dureau de La Malle – lui-même logé au n° 11, rue de La Rochefoucauld – dans le feuilleton du *Journal des débats* du 18 octobre 1823. Il écrit : « Ce nom doit paraître un peu ambitieux ; mais il est déjà imposé, depuis deux ans, par le public, à cette portion de faubourg renfermée entre les rues des Martyrs, Saint-Lazare et de La Rochefoucauld. Ce quartier se lie au quartier déjà très avancé que bordent à l'ouest la rue Blanche, au sud la rue Saint-Lazare, à l'est la rue de La Rochefoucauld, et que traverse la rue de la Tour-des-Dames. »

La place Pigalle

Partons de la **place Pigalle**, l'hémicycle le plus mondialement connu, aménagé en 1826 à l'emplacement de la barrière de Montmartre, dont le « p'tit jet d'eau », jaillissant d'une vasque, installé en 1862 lorsque le pavillon de la barrière fut rasé, fut chanté par Georges Ulmer, et les « p'tites femmes » par Serge Lama. Toujours animé, ce bastion du « gai Paris » voit

La Nouvelle Athènes

« Ce nouveau quartier, par la salubrité de l'air qu'on y respire, par les eaux vives qu'y apporte le canal de l'Ourcq, par son heureuse disposition au midi (et il est garanti au nord par la colline de Montmartre), par son élévation modérée, par la belle vue dont il jouit, (...) par sa situation près du centre des affaires et des plaisirs, dont il n'éprouve néanmoins ni le trouble ni l'embarras, semble offrir une retraite à la fois solitaire et vivante, et a bientôt attiré les poètes, les artistes, les savants, les voyageurs, les guerriers, les hommes d'État, qui cherchent un asile pour leurs méditations ou un refuge contre les ambitions trompeuses de l'illusion et de la gloire.
De nombreux jardins, plantés d'arbres odoriférants, y purifient l'atmosphère ; les merles et les rossignols y mêlent encore leur chant au bruit des vers que l'on déclame ou que l'on compose ; et le soir, quand tout est paisible sur la docte colline, le bruit des voitures roulant dans l'intérieur de Paris n'arrive à l'oreille que comme le mugissement sourd d'une grande cascade entendue à une assez grande distance. »
Dureau de La Malle, *Journal des débats*, 18 octobre 1823.

▶ 77, rue Jean-Baptiste-Pigalle.
◀ 5, place Pigalle.

affluer en soirée les amateurs de strip-tease et de bars plus ou moins branchés.

L'atelier d'artiste du **n° 5** témoigne encore des constructions basses qui entouraient la place au début du XIXe siècle. Ses cafés littéraires et ses cabarets étaient célèbres. Au **n° 7**, le Cupidon succéda au Rat Mort, café au nom peu engageant dû, selon les uns à un cadavre de rat trouvé sur le sol, selon les autres à l'odeur désagréable des locaux qui fit s'exclamer à un nouvel arrivant : « Cela sent le rat

mort ici ! » Ce haut lieu de la bohème et de la presse d'opposition était fréquenté par Gambetta, Degas, Jules Vallès, Édouard Manet, Gustave Courbet et François Coppée. C'est là que Rimbaud frappa Verlaine de plusieurs coups de couteau à la cuisse.

Les impressionnistes tinrent leurs assises à partir de 1870 au café La Nouvelle Athènes, au **n° 9**, aujourd'hui détruit. On pouvait y voir Monet, Degas, Forain, Pissarro converser avec Verlaine, Maupassant, Zola, Jean Richepin ou Mallarmé. Édouard Manet peignit plusieurs fois la Nouvelle Athènes, notamment dans son tableau *L'Absinthe* et dans son pastel *Femmes à la terrasse d'un café*.

En traversant la **rue Jean-Baptiste-Pigalle**, nous voyons, au-dessus de la porte du **n° 77**, un fronton circulaire percé d'un œil-de-bœuf et encadré de demi-cariatides ; là était, en 1907, le théâtre de la Folie-Pigalle. Au **n° 11, place Pigalle**, la boîte de nuit des Folie's Pigalle a remplacé des ateliers d'artistes où travaillèrent Puvis de Chavannes (surnommé par Toulouse-Lautrec « Pubis de Cheval »), Jean-Jacques Henner et Eugène Isabey ; il leur suffisait de franchir le seuil pour recruter poseurs et poseuses au « marché aux modèles » qui se tenait régulièrement sur la place. C'est ainsi que Suzanne Valadon, après avoir renoncé à son métier d'acrobate,

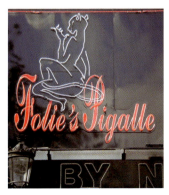

▶ 11, place Pigalle.

devint l'un des modèles de Puvis de Chavannes pour *Le Bois sacré*.

Au **n° 13**, au coin de la rue Duperré, l'Omnibus-Café occupe le rez-de-chaussée d'un immeuble élevé par H. Vielard en 1879 et sculpté de chimères par François Crozier ; jusqu'à la fin des années 1960, c'était le rendez-vous des musiciens au chômage attendant l'embauche par quelque chef d'orchestre. Son nom rappelle le souvenir du fameux omnibus Pigalle-Halle aux vins, dit Pigalle-aux-vins, qui reliait, en 1900, Montmartre à Montparnasse. Sur cet axe joignant les deux pôles littéraires et artistiques de Paris, la ligne Nord-Sud fut la deuxième du réseau du Métropolitain, créée en 1910, après la ligne Vincennes-Maillot.

La rue Duperré et la rue de Douai

Prenons maintenant, sur la gauche, la **rue Duperré**. Un bel atelier d'artiste (**n° 9**) y fait face à un immeuble sculpté de masques et ouvrant sur un portail à deux vantaux, aux **n°ˢ 12 et 14**.

Au **n° 16**, dans une ancienne boutique, est installée la chapelle Notre-Dame-des-Grâces, église catholique orthodoxe rattachée au patriarcat roumain.

Au **n° 24**, le lycée professionnel des métiers de la vente est une ancienne école municipale de dessin et d'arts appliqués fondée par Élisa Lemonnier.

Au **n° 34**, le Café Carmen, au décor baroque de boiseries, peintures, colonnes, cariatides et stucs, est situé au pied d'un bel immeuble polygonal qui porte également les n°ˢ 22, rue de Douai, 26, rue Pierre-Fontaine et 1, rue Fromentin. Il abrita, à partir de 1867, trois générations de la brillante famille judéo-protestante des Halévy, dans trois appartements : Léon Halévy, membre de l'Institut, frère du compositeur Fromental Halévy, et son épouse Alexandrine, fille de l'architecte de Notre-Dame-de-Lorette, Hippolyte Lebas ; leur fils Ludovic, librettiste avec Meilhac des opérettes d'Offenbach, de Delibes et de Bizet, avec son épouse Louise et leurs deux fils, Élie (futur historien) et Daniel (futur essayiste) ; enfin, la fille de Fromental, Geneviève, mariée à un élève de son père, Georges Bizet, dont le fils Jacques, avec son cousin Daniel, fut le condisciple de Marcel Proust au lycée Condorcet. Après la mort de Georges Bizet, le 3 juin 1875, à l'âge de 37 ans, Geneviève demeura dans cette maison jusqu'à son remariage, en 1886, avec l'avocat Émile Straus. Geneviève Straus et son célèbre salon intellectuel et mondain du boulevard Haussmann serviront de modèle à Proust pour la duchesse de Guermantes. Dans son livre *Pays parisiens*, Daniel Halévy évoque ses souvenirs : « Sans doute, en 1867, il n'y avait plus de ferme dans Montmartre, mais il y avait encore des espa-

▲ 13, place Pigalle.
▼ 12-14, rue Duperré.

▼ 34, rue Duperré.

▲ Le Moulin Rouge, depuis la place Blanche.

ces, de l'herbe et des arbres... Des artistes, quelques gens du monde, s'y étaient installés et formaient une petite république active, agréable, à quinze minutes des boulevards. Des amis nous y attiraient : les Gounod, Degas, Fromentin que mon père aimait beaucoup. » Degas, très proche, passa dans le camp antidreyfusard en 1898 et rompit brutalement avec les Halévy.

Faisons une brève incursion dans la partie gauche de la **rue de Douai** pour voir, au **n° 15**, la maison Milon, construite par Viollet-le-Duc pour un entrepreneur en 1860-1861. De sobre facture, elle se signale surtout par ses consoles sculptées de végétaux.

De la rue Pierre-Fontaine à la rue Blanche

Retournons devant la maison Halévy et prenons, à droite, la **rue Pierre-Fontaine**. Au **n° 34**, la villa Fontaine, qui a conservé son ancien portail ouvragé au **n° 36**, s'ouvre sur une belle maison à décor Monarchie de Juillet. Au **n° 42**, la Comédie de Paris, de style Art déco, édifiée en 1930 par l'architecte Georges-Henri Pingusson, précède l'immeuble en fond de cour où s'était installé en 1922 André Breton, au troisième étage, derrière une haute fenêtre, avec ses collections de statuettes mexicaines hopis et de peintres modernes, parmi lesquels Picasso, Braque, Chirico et Seurat. Depuis la vente et la dispersion, en avril 2003, des quatre mille cent lots de la collection, le célèbre « mur de l'atelier » reste visible, grâce à une dation, au Centre Pompidou. Après la fermeture du fameux café Certa du passage de l'Opéra, Breton transféra les réunions du groupe surréaliste plus près de son domicile, à la brasserie Le Cyrano, au **n° 52** (remplacée aujourd'hui par un magasin Monoprix).

Au **n° 37**, l'Académie Julian, pépinière des peintres impressionnistes et fauves, fut la première école de peinture à s'ouvrir aux élèves féminines en 1870, mais dans des ateliers distincts de ceux des hommes, sis non loin, au 5, rue Fromentin.

Au **n° 45**, une plaque commémore le séjour en 1888-1889 de Villiers de l'Isle-Adam qui n'en partit que pour aller mourir dans une clinique de la rue Oudinot.

Continuons jusqu'à la **place Blanche**, dominée par la silhouette du Moulin-Rouge, où la rue Blanche s'évasait devant la barrière dite de la Porte-Blanche de l'enceinte des Fermiers généraux. Certains auteurs situent là, et non à la barrière Rochechouart, le Trou aux Suisses, où furent jetés dans d'anciennes carrières les corps de trois cents des huits cents gardes suisses massacrés aux Tuileries le 10 août 1792.

La barrière et la rue Blanche doivent leur nom à la poussière que déposaient sur leur passage les charrettes de gypse extrait des carrières de Montmartre. Celui-ci servait à la fabrication du plâtre dans des fours établis en bordure de Seine et alimentés par le bois flotté porté par le fleuve. C'est à partir du XIIIe siècle que l'exploitation des carrières se généralisa et la première mention que nous connaissions du chemin menant des carrières à Paris en suivant le tracé de la rue Blanche date d'un acte d'archives de 1398.

Descendons la **rue Blanche**. Observons le curieux décor du **n° 73**, au coin de la rue de Douai : les noms des mois sont gravés en latin, rythmant les douze travées, sur le bandeau qui court entre l'entresol et le premier étage ; au-dessus des baies de ce dernier, les signes du zodiaque sont sculptés dans douze médaillons ; un abondant décor floral parsème la façade, garnie de balcons de pierre à balustres en rosace.

Un peu plus bas, au **n° 78**, nous nous croyons devant une maison du XVe siècle : ce bel hôtel néo-Renaissance fut bâti par Théodore Ballu, le constructeur de l'église de la Trinité, pour lui-même ; il y mourut en 1885.

À droite s'ouvre la **rue Ballu**, où la villa raffinée du **n° 5**, œuvre de J. Brevet datant de 1868, abrite la Société des auteurs et compositeurs dramatiques. Au **n° 6**, dans le théâtre des Pantins, fut créée le 20 janvier 1898 la pièce *Ubu Roi* d'Alfred Jarry, avec des marionnettes.

La rue Chaptal

Revenons **rue Blanche** et empruntons maintenant la **rue Chaptal**, à gauche.

Notons, au **n° 24**, l'immeuble 1900 de Henri Petit, aux travées latérales couronnées de grandes têtes de béliers. Au fond de la petite cité Chaptal, au **n° 20 bis**, le Théâtre 347 – pourvu de trois cent quarante-sept places –, devenu l'International Visual Theatre dévolu à la langue des signes, avait succédé à l'une des attractions les plus populaires de la Belle Époque, le Grand-Guignol, qui de 1897 à 1962 fit se convulser de rire ou de terreur ses assidus spectateurs. « Ce théâtre

▶ 73, rue Blanche.
◀ Cité Chaptal.

▲ Musée de la Vie romantique, 16, rue Chaptal.

Poussons la grille du **n° 16** pour découvrir, dans un jardin heureusement préservé, le musée de la Vie romantique, inauguré en 1982 sous le nom de musée Renan-Scheffer. Ary Scheffer, l'un des principaux peintres du romantisme, vécut dans cette maison du n° 16, rue Chaptal de 1830 à sa mort en 1858. La maison avait été construite en 1830 par Wormser, commissaire aux marchandises, peu après le percement de la rue Chaptal, en 1825, par les lotisseurs Delessert et Ladvocat sur des terrains appartenant à la famille du chimiste Jean-Antoine Chaptal. Né en 1795 à Dordrecht en Hollande, Ary Scheffer appartenait à une dynastie d'artistes : son père, sa mère Cornélia Lamme, son frère Henry et sa fille Cornélia Scheffer étaient peintres. Installé à Paris depuis 1811, il devint en 1824 professeur de dessin des enfants du duc d'Orléans, futur Louis-Philippe Ier. Après l'avènement de celui-ci, il exécuta de nombreux portraits du roi et de la famille royale et obtint des commandes de tableaux pour le musée historique de Versailles. Scheffer fit ajouter rue Chaptal deux ateliers, celui de son frère Henry et le sien où il travaillait, recevait ses élèves et accueillait les célébrités du monde artistique et littéraire : Chopin, George Sand, Liszt, Pauline Viardot, Rossini, Dickens. C'est là qu'Ernest Renan fit la connaissance de sa future épouse, Cornélia Scheffer, nièce d'Ary.

Le **n° 10** fut construit en 1937 pour la Société des artistes, compositeurs et éditeurs de musique (SACEM) ; sur la corniche sont sculptées les figures d'une harpiste et d'une violoniste entourées d'anges musiciens.

n'est pas recommandé aux femmes impressionnables et nerveuses », prévenait charitablement le *Guide des plaisirs à Paris*. L'épouvante était garantie par une accumulation d'angoisses, de tortures effroyables, d'hémoglobine projetée par une poire à sang.

Au **n° 17**, rue Chaptal, Paul Verlaine devint, à partir de 1868, un habitué du salon de Nina de Villard, peinte par Manet et égérie des Parnassiens dont l'éditeur, Lemerre, venait de publier les *Poèmes saturniens* en 1866. L'extravagante Nina avait quitté son époux alcoolique, le journaliste Hector de Callias, et donnait de bruyantes fêtes où des artistes bohèmes et des hommes politiques anticonformistes se mêlaient aux littérateurs comme Jules Vallès, Villiers de l'Isle-Adam, le poète Charles Cros et Anatole France.

Au **n° 9**, Vincent van Gogh fut, en 1875, employé quelque temps dans la galerie de l'éditeur Goupil. Une plaque rappelle que vécut là, de 1970 à 2001, le compositeur grec Iannis Xenakis.

De la rue Henner à la rue Jean-Baptiste-Pigalle

Prenons, face à la maison d'Ary Scheffer, la **rue Henner**, qui porte le nom d'un autre peintre, Jean-Jacques Henner, mort en 1905 au n° 41 de la rue La Bruyère qu'elle rencontre à angle

droit. Le **n° 9**, rue Henner fut le domicile parisien de Guillaume Apollinaire après son séjour en Rhénanie en 1901-1902, où il s'était épris d'une jeune gouvernante anglaise, Annie Playden, pour qui il composa la *Chanson du mal-aimé*. Encore inconnu, il collaborait à diverses revues littéraires et se lia d'amitié, en 1904, avec Pablo Picasso et Max Jacob dont il se rapprocha en allant s'installer à Montmartre en avril 1907.

◀ 9, rue Chaptal.
▶ 9, rue Henner.

Tournons à main droite dans la **rue La Bruyère** sur sa section prolongée entre les rues Pigalle et Blanche sur les terrains de l'ancienne Folie-Boursault, maison de campagne aux magnifiques jardins du comédien Jean-François Boursault, qui s'ouvrait aux n°s 44 à 50, rue Blanche. C'est le lotissement Boursault, entrepris en 1837, qui donna naissance en 1840 à la rue Henner, d'abord baptisée rue Léonie, du nom de la fille du lotisseur, et à cette partie de la rue La Bruyère qui avait pris à l'origine le nom de Boursault. La bibliothèque de l'Alliance israélite universelle, fondée en 1860, fut transportée en 1937 au **n° 45**. Avec plus de cent mille ouvrages, elle constitue la bibliothèque de *Judaïca* et d'*Hebraïca* la plus importante d'Europe.

Hector Berlioz, remarié après le décès de sa première épouse, Harriet Smithson, dont il s'était séparé, s'installa au **n° 53**.

◀ Rue Henner.

9ᵉ | La Nouvelle Athènes | 145

▲ 15, rue Blanche.

▲ 25, rue Blanche.
▶ Caserne de pompiers, 22-28, rue Blanche.
◀ 21, rue Blanche.

Nous retrouvons la **rue Blanche**, dont nous reprenons la descente. Au **n° 25** se dresse l'église évangélique allemande, édifiée en 1911 par l'architecte allemand Mohrmann en style néo-roman. Au-dessus du portail sont sculptés un phénix et un pélican, symboles de la résurrection et de la charité.

Tout en courbes, au **n° 21**, l'ancien siège de l'École nationale des arts et techniques du spectacle est un bel hôtel Art nouveau bâti en 1901, pour l'éditeur de musique Paul de Choudens, par Charles Girault, architecte du Petit-Palais. À côté, au **n° 19**, l'hôtel de la Société des ingénieurs civils porte deux dates gravées : 1848, date de la création de la société, alors établie rue Buffalot, et 1896, date de la construction de cet hôtel par Ferdinand Delmas.

Le **n° 17**, en retrait, est l'ancien hôtel O'Donell. En 1891, le Nouveau Théâtre vint s'élever au **n° 15**, à l'arrière de l'ancien skating Le Pôle Nord, la patinoire (à roulettes !) de la rue de Clichy. Lugné-Poe y présenta les premiers spectacles du Théâtre de l'Œuvre ; l'une de ses actrices fétiches, Réjane, finit par acheter l'établissement en 1906, lui donna son nom et le fit agrandir et rénover, sous sa forme actuelle, d'une capacité de mille deux cent cinquante places, par l'architecte Paul Bessine. Devenu propriétaire en 1918, Léon Volterra le rebaptisa Théâtre de Paris. En 1958, Elvire Popesco et Hubert de Mallet lui adjoignirent une salle annexe de trois cent cinquante places, le Petit Théâtre de Paris, d'abord appelé Théâtre Moderne.

La caserne des pompiers des **n°ˢ 22 à 28**, reconstruite en 1902 sur l'emplacement de la Folie-Roncières du XVIIIᵉ siècle, s'enorgueillit de la treille qui s'accroche tout autour de sa cour ; les vendanges rituellement faites chaque année produisent une vingtaine de bouteilles de vin.

Entamons la montée, à gauche, de la **rue Jean-Baptiste-Pigalle**, qui reçut en 1803 – après avoir porté divers noms dont ceux de rue Royale (1772), rue de la République (1795), rue de l'An-VIII (1800) –, celui de l'un de ses habitants, qui vécut au **n° 1**, le statuaire Jean-Baptiste Pigalle (1714-1785), condamné en 1783 à trois livres d'amende par le bailli de Montmartre pour avoir laissé s'accumuler devant sa porte la boue et les ordures. Dès la fin du XVIIIe siècle, elle fut habitée par de nombreux artistes et comédiens, telles la tragédienne Mlle Raucourt, Mlle Adeline Ruggieri, de la Comédie-Italienne et sa sœur Marie-Catherine, dite Mlle Colombe, maîtresse de Jean-André Vassal ; celui-ci fit élever en 1790 un hôtel aux **n°s 19 et 21** par l'architecte François-Nicolas Trou, dit Henry, qui avait bâti deux ans auparavant, à la pointe des rues Blanche et Pigalle, la demeure de son frère, le Fermier général Vassal de Saint-Hubert.

Le square La Bruyère, au **n° 19**, fut ouvert en 1894. Le 15 octobre 1839, George Sand emménagea au **n° 16** dans deux pavillons entourés d'un grand jardin. L'un des pavillons était occupé par George et sa fille Solange. Dans l'autre, destiné à son fils Maurice, dont elle pensait faire un artiste et qui prit des cours de peinture pendant huit ans avec Delacroix, vint s'installer, en 1841, le compositeur Frédéric Chopin avec qui elle eut une liaison stable pendant neuf ans. De lui, elle déclarait : « Il est musicien, rien que musicien. Sa pensée ne peut se traduire qu'en musique. Il a infiniment d'esprit, de finesse et de malice, mais... il s'enferme dans tout ce qu'il y a de plus étroit dans le convenu » (*Impressions et Souvenirs*, 1873).

Au **n° 17** est l'immeuble des Salles Lemoine, bâties en 1850 pour la maison Henry Lemoine, éditeurs de musique depuis 1772.

Arrêtons-nous au niveau du **n° 28** où, au sixième étage, les peintres nabis Édouard Vuillard, Pierre Bonnard et Maurice Denis partagèrent un atelier, et revenons sur nos pas, jusqu'au bas de la rue Jean-Baptiste-Pigalle.

◂ 17, rue Jean-Baptiste-Pigalle.

La rue de la Tour-des-Dames

Entrons, à main gauche, dans la **rue de la Tour-des-Dames** : nous voici au cœur de la Nouvelle Athènes.

Dépassons la centrale de la Compagnie parisienne de distribution d'électricité construite après 1910 aux **n°s 14 à 18** sur les terrains de la compagnie de voitures Camille,

◂ 14-18, rue de la Tour-des-Dames.

installée à l'emplacement d'une ancienne poste aux chevaux. Dès 1316 et 1323, des actes attestent l'existence d'un chemin desservant le Moulin des Dames de l'abbaye de Montmartre. Descendant le long du tracé de la rue de La Rochefoucauld, il formait un coude pour atteindre le moulin qui se trouvait vers l'actuel **n° 4**, ancien hôtel du comte Étienne de Cambacérès, puis de Clary ; quoique désaffecté avant 1717 et privé de ses ailes, le moulin ne disparut qu'en 1822, probablement lors de la construction de l'hôtel par l'architecte Clouet. Remarquons la frise de grecques sous le premier étage. La véranda s'avançant sur le jardin extérieur fut ajoutée ultérieurement.

▲ 9, rue de la Tour-des-Dames.
▶ 4, rue de la Tour-des-Dames.

Le **n° 2**, commencé par l'architecte Biet pour le prince de Wurtenberg, fut achevé en 1823 pour le pair de France Baillot, puis appartint à Mme de Lestapis.

La succession de petits hôtels que nous découvrons, au début des **numéros impairs**, évoque parfaitement la physionomie de ce quartier sous la Restauration ; leurs jardins s'étendaient jusqu'à la rue Saint-Lazare où ils débouchaient par une allée dont subsistent des traces au n° 56 de cette rue (voir ci-dessous). Là vinrent s'installer trois prestigieux sociétaires du Théâtre-Français, ce qui fit suggérer à Dureau de La Malle de rebaptiser la rue du nom de Lekain, célèbre comédien du XVIIIe siècle.

Séparé de Julie Carreau, avec qui il avait vécu dans un hôtel de la rue de la Victoire, alors Chantereine, le tragédien Talma, acteur favori de Napoléon Ier, fit construire en 1820, par Charles Lelong, la grande maison du **n° 9** où il devait mourir le 19 octobre 1826. Delacroix, au début de sa carrière, en avait décoré la salle à manger au rez-de-chaussée, tandis que l'acteur avait installé au premier étage la pièce tapissée de miroirs où il rangeait ses costumes et répétait ses rôles. On peut en voir la façade sur jardin en pénétrant au fond de la cour du Centre de liaisons européennes et internationale de sécurité sociale, au **n° 11**.

Le peintre Horace Vernet, qui avait commandé à l'architecte Haudebourg le **n° 5**, acquit ensuite le **n° 7**, œuvre d'Auguste Constantin.

Le **n° 3**, à l'élégante façade concave sur la rue, également bâti par Constantin en 1820 pour le spéculateur Jean de La Peyrière, fut acheté en 1822 par Mlle Duchesnois, née Catherine-Joséphine Raffin, tragédienne en compagnie de Talma, à qui elle devait d'avoir pu triompher de l'âpre rivalité qui l'opposait à Mlle George. Minée par la maladie, elle dut se mettre en congé de scène en 1829, fit en 1833 une représentation d'adieu qui n'émut guère, dut vendre l'hôtel l'année suivante pour constituer la dot de sa fille et déménagea au 19, rue de La Rochefoucauld où elle mourut dans la pauvreté le 8 janvier 1835. Talma avait aussi attiré vers la rue de la Tour-des-Dames son amie Mlle Mars, adulée du public qui, à l'instar de Stendhal en 1804, la jugeait « divine, sublime, charmante, parfaite » ; celle-ci, alors âgée de 45 ans, acheta en 1824, au **n° 1**, l'hôtel du maréchal de Gouvion de Saint-Cyr, construit en 1820 sur des plans de Louis Visconti, par qui elle fit exécuter quelques transformations en 1826. Au premier étage, plusieurs salons de réception entouraient une vaste salle de billard éclairée par une verrière. Le décor néo-pompéien du vestibule se découvre encore dans l'actuelle agence du Crédit mutuel d'Ile-de-France. Le 19 octobre 1827, le vol de ses bijoux dans cette maison par François-Jean-Scipion l'Africain Mulon et son épouse et complice Constance Richard, soubrette de l'actrice, fut un événement retentissant. Une seconde tentative de cambriolage en 1838, par l'un des ses anciens domestiques, Garceau, que l'on surprit caché dans un cagibi près de sa salle de bains après avoir dissimulé un grand couteau sous la housse d'un meuble, incita l'actrice à changer de domicile.

La rue de La Rochefoucauld et la rue Saint-Lazare

En tournant à droite dans la **rue de La Rochefoucauld**, on trouve, ouverte en semaine, la grille du **n° 7** qui permet d'observer la belle façade néo-palladienne sur jardin de l'hôtel de Mlle Mars, couronné de vases antiques et, en partie, celle de l'hôtel Duchesnois. Il manque toutefois le recul qu'offraient les grands jardins qui s'étendaient autrefois jusqu'à la rue Saint-Lazare.

Après ce bref coup d'œil, nous allons traverser et remonter à peine la rue de La Rochefoucauld, voie qui reçut en 1790 le nom de Catherine de La Rochefoucauld-Coursage, abbesse de Montmartre de 1737 à 1760.

Remarquons, au **n° 12**, un médaillon sculpté d'une ancre de marine et d'une longue-vue rappelant l'installation ici, en 1914, de la Compagnie des aciéries de la marine. Le bâtiment appartient à présent à l'école de mode Esmod.

Au **n° 14**, le musée national Gustave-Moreau occupe l'ancien hôtel familial du maître du symbolisme. Fait rare, c'est le peintre lui-même qui décida, en 1895, de transformer sa demeure en musée, où seraient conservés, séparément, son œuvre et ses souvenirs personnels. Gardant avec un soin jaloux l'ancien appartement de ses parents, au premier étage, avec leur mobilier auquel il mêla celui de sa bien-aimée, Alexandrine Dureux, et son musée sentimental, il fit reconstruire par Albert Lafon, derrière une façade refaite, deux grands ateliers d'exposition

◀ Musée national Gustave-Moreau, 14, rue de La Rochefoucauld.

9e | La Nouvelle Athènes | 149

▲ 56, rue Saint-Lazare.
▶ 58, rue Saint-Lazare.

vers une grille, derrière le bâtiment moderne du **n° 6**.

Le **n° 19** appartient à Joséphine de Forget, maîtresse de Delacroix. Elle y vivait avec sa mère, Mme de La Valette, héroïne et victime de la célèbre évasion de son mari Armand, ancien aide de camp de Napoléon Ier, en 1815 : le condamné à mort, ayant endossé les vêtements de sa femme, put s'enfuir tandis qu'elle prenait sa place dans son cachot ; elle perdit la raison en prison.

Redescendons jusqu'à la **rue Saint-Lazare**, que nous prendrons d'abord sur la droite. Passons sous le porche du **n° 56** où débouche l'ancienne allée cavalière, tracée sous le Directoire et toujours pavée, qui reliait à la rue Saint-Lazare les hôtels de la rue de la Tour-des-Dames, dont nous pouvons apercevoir, en gagnant l'extrémité de l'allée, une partie des façades sur jardin.

Au **n° 58** nous découvrons une étonnante façade de style dorique toscan, qui fut peinte, de façon inhabituelle à Paris, en bleu, rose et blanc en 1974, à l'initiative d'une agence de publicité anglaise et, plus récemment, en gris, ocre et rose. C'est celle d'une maison construite vers 1830 et occupée à cette date par le peintre Paul Delaroche, gendre d'Horace Vernet ; le vestibule est également peint et couvert d'un plafond à caissons de stuc.

pour son œuvre, aux deuxième et troisième étages, reliés par un extraordinaire escalier en spirale. Par son testament du 17 septembre 1897, il léguait l'hôtel et son contenu à l'État, avec obligation d'en « conserver le caractère d'ensemble ». Le peintre secret et visionnaire s'éteignit le 18 avril 1898 et le musée fut inauguré en 1903 avec pour premier conservateur un ancien élève de Moreau, Georges Rouault.

Henri Monnier s'installa au **n° 21** en 1835 et le peintre Millet habitait au **n° 17** en 1867 ; son *Angélus* fut mis en vente dans la salle de Sedelmeyer. On peut apercevoir l'ancien hôtel du marchand de tableaux à tra-

Le square d'Orléans

Rebroussons chemin dans la rue Saint-Lazare, et suivons-la jusqu'à la section nord de la **rue Taitbout**, que nous empruntons sur notre gauche. Au **n° 80**, derrière un portail dentelé de fleurons, s'ouvre le **square d'Orléans**, libre d'accès du lundi au vendredi. Passons sous une voûte à caissons à fleurs et avançons à gauche sous une seconde voûte où une plaque rappelle, sur la maison du **n° 9**, le séjour de Chopin en ces lieux. La cité d'Orléans avait été acquise, en 1822, par l'avisée Mlle Mars pour deux cent cinquante mille francs. Elle lui fut rachetée sept ans plus tard au double de son prix par l'architecte anglais Edward Cresy qui la transforma, entre 1830 et 1842, en un véritable square à la londonienne. Son jardinet central est agrémenté, depuis 1855, d'une superbe fontaine encadrée de magnolias, et ses quatre corps de bâtiments en carré reposent sur des *basements* en contrebas du sol, protégés par une fosse qu'enjambent les perrons. Le **n° 6** possède la façade la plus intéressante : soutenus par un portique à piliers carrés, les deux premiers étages s'englobent sous un ordre ionique colossal. Jusqu'en 1854, l'unique issue du square donnait au n° 36, rue Saint-Lazare.

Alexandre Dumas père en fut l'un des premiers habitants, au **n° 2**. Il rapporte dans ses *Mémoires* comment, ayant décidé de donner un grand bal costumé le 30 mars 1833, jour de mardi gras, il fit décorer son appartement, en trois jours, par ses amis Eugène Delacroix, Célestin Nanteuil, Decamp, Barye, les frères Johanot, Louis Boulanger, etc. « J'avais invité à peu près tous les artistes de Paris ;

◄ Square d'Orléans, 80, rue Taitbout.

il y eut plus de 700 convives ; la fête dura toute la nuit. À 9 heures du matin, musique en tête, on sortit et l'on ouvrit, rue des Trois-Frères [Taitbout], un dernier galop dont la tête atteignait le boulevard tandis que la queue frétillait encore dans la cour du square. »

Vers 1840, vivaient là Pauline et Louis Viardot, célèbres cantatrice et directeur de théâtre, la ballerine Marie Taglioni, les musiciens Charles Alkan, Friedrich Kalkbrenner, l'écrivain Marmontel. En 1842, George Sand quitta la rue Pigalle pour s'installer près de ses amis Viardot, au premier étage du **n° 5**. Son fils Maurice avait un atelier au-dessus de l'appartement de sa mère ; sa fille Solange habitait une chambre à côté d'elle. Chopin prit un petit logement de deux pièces au **n° 9**. Charlotte Mariani, amie intime de George Sand, résidait au **n° 7** : « La bonne et active Mariani nous avait arrangé une vie de famille. Nous n'avions qu'une grande cour plantée et sablée, toujours propre, à traverser pour nous réunir, tantôt chez elle, tantôt chez moi, tantôt chez Chopin, quand il était disposé à nous faire de la musique. C'était une très bonne association, économique comme toutes les associations, et qui me permettait de voir du monde chez madame Mariani, mes amis plus intimement chez moi, et de prendre mon travail à l'heure où il me convenait de me retirer. Chopin se réjouissait aussi d'avoir un beau salon isolé où il pouvait aller composer ou rêver. Mais il aimait le monde et ne profitait guère de son sanctuaire que pour y donner des leçons. Ce n'est qu'à Nohant qu'il créait et écrivait. » (George Sand, *Histoire de ma vie*, 1856.)

La romancière veillait maternellement sur le compositeur, atteint de tuberculose. Par la faute des enfants, et à la suite des problèmes liés à la maladie du musicien, se produisit en 1847 la rupture entre Sand et Chopin. George quitta le square, mais lui y resta encore quelques mois, cessant de composer.

Retour rue Saint-Lazare

Revenons vers la **rue Saint-Lazare**, dont le tracé louvoyant, au pied de la pente de la butte Montmartre, contraste avec celui, rectiligne, de sa voisine, percée au sud en parallèle, la rue de Châteaudun. Aux **n°s 27** (sculpté d'une tête d'homme en costume Renaissance) **et 29**, nous pouvons apercevoir, en fond de cour, les façades sur rue des immeubles néo-Renaissance dont les façades sur jardin donnent aux n°s 32 et 34, rue de Châteaudun. Remarquons le beau portail Restauration du **n° 24**, édifié en 1823 en place de l'ancienne rue du Désert, qui devait son nom à un certain Jean Désert.

Poussons, au-delà de la rue Saint-Georges, jusqu'aux **n°s 16 et 18** aux deux arcades entresolées, où s'ouvraient jadis les Jardins Ruggieri, parc de loisirs créé en 1765 par les célèbres frères artificiers, qui y donnèrent les premiers spectacles pyrotechniques parisiens. Rebaptisés Bosquets d'Idalie sous le Directoire, les jardins avaient accueilli en 1815 une attraction à sensations, le Saut du Niagara, « vraiment effrayant », assurait le prospectus de lancement, qui se faisait ensuite plus rassurant : « ... la police n'aurait pas permis cet amusement s'il pouvait compromettre la vie des citoyens » ; ils durent cependant fermer en 1819. Le n° 16 abrite à présent une synagogue sépharade.

Ne manquons pas, au **n° 10**, la petite parfumerie Detaille, fondée en 1905 par la comtesse de Presle, belle-sœur du peintre Édouard Detaille et créatrice du Baume Automobile. La boutique a conservé son mobilier d'époque. Entre les églises de la Trinité et Notre-Dame-de-Lorette, nous voici parvenus à la frontière sud de la Nouvelle Athènes et à la fin de notre promenade.

▲ 24, rue Saint-Lazare.
▼ Rue Saint-Lazare.

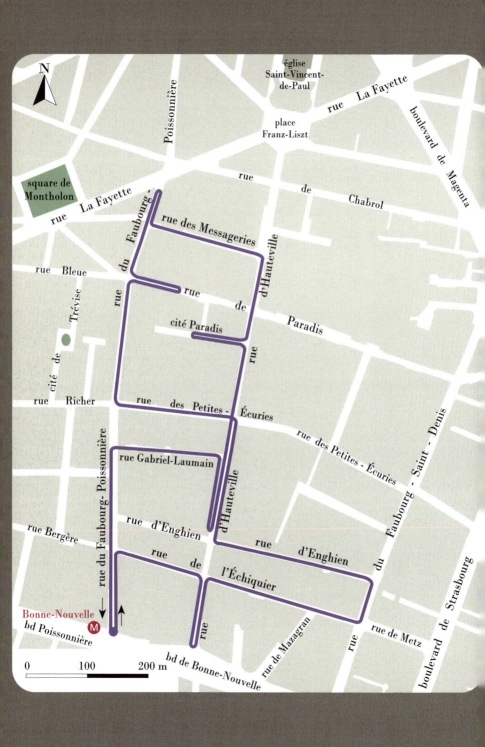

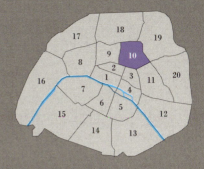

10e

Le faubourg Poissonnière

▶ Départ et arrivée : boulevard
de Bonne-Nouvelle,
métro Bonne-Nouvelle

Nous sommes ici aux anciennes limites de Paris, marquées par la ceinture de boulevards qui reprend le tracé exact des remparts de Charles V : la rue Poissonnière devient alors la rue du « faubourg Poissonnière ». Elle doit son nom à l'ancien chemin des poissonniers, conduisant la marée des ports de la mer du Nord jusqu'aux Halles. Environné de marais, entrecoupé de jardins ou de vergers, le chemin traversait jadis la couture des Filles-Dieu. Dès la fin du règne de Louis XV, une partie de ces terrains furent vendus et l'on vit naître, à leur emplacement, tout un quartier élégant. L'histoire retiendra le nom de deux de ses principaux artisans : Claude-Martin Goupy et Benoît de Sainte-Paulle, auxquels on doit nombre de ces magnifiques hôtels dont les contours subsistent, pour certains, au moins partiellement. Entre 1770 et 1850, le faubourg Poissonnière connut son heure de gloire, avant d'amorcer un lent déclin lorsque l'ouverture de la rue de Rivoli et la construction, plus tard, des grands magasins détournèrent une partie de sa clientèle. De ce « coup du sort », le quartier ne se remettra jamais tout à fait. Et aujourd'hui encore, on le voit plongé dans une évidente torpeur, que l'agitation de la semaine d'une foule qui ne se croise qu'à l'heure du déjeuner parvient mal à dissimuler. Mais oublions quelques instants le ronflement des moteurs, le bruit strident des klaxons, oublions ces façades un peu glauques, aux crépis lézardés, perçons l'obscurité des portes cochères pour remonter le temps et avoir la surprise de découvrir, inopinément, un de ces charmants petits hôtels, que le passage des ans a cru bon d'épargner.

▲ 8, rue du Faubourg-Poissonnière.

De la rue du Faubourg-Poissonnière à la rue de l'Échiquier

Notre promenade commence à l'angle du **boulevard de Bonne-Nouvelle** et de la **rue du Faubourg-Poissonnière**, qui tient lieu aujourd'hui de frontière entre les 9e et 10e arrondissements, et que nous empruntons.

Arrêtons-nous quelques instants au **n° 2** et pénétrons sous le porche. Au fond de la cour, à gauche, se dessine en avancée un pavillon de style Louis XV où l'on dit que la tragédienne Rachel aurait habité, tandis qu'elle effectuait ses débuts sur les planches du théâtre du Gymnase voisin. Observons les hautes fenêtres du premier étage avec leurs balcons décorés de ferronneries en arabesques. Cette cour est, aujourd'hui, celle du lycée privé Edgar Poe.

En ressortant, continuons à longer le trottoir de droite, pour découvrir, au **n° 6**, la maison où vécut en 1810 le vicomte de Parny de Forges (1753-1814), auteur des *Poésies érotiques*. Au seuil de la porte, on peut remarquer les traces d'un ancien rail ; on les retrouve, au **n° 8**, qui se prolongent plus avant. Au siècle dernier, le commerce pénétra partout, les ateliers furent de plus en plus nombreux dans les arrière-cours et l'on utilisa des wagonnets pour y acheminer les matières premières.

Le **n° 10** de la même rue est un bel immeuble de commerce, la première œuvre personnelle d'Auguste Perret, l'un des pères de l'architecture moderne. Il est composé de quatre étages à trois travées, fermées de larges baies vitrées, encadrées de pilastres dont les chapiteaux reprennent les mêmes motifs que ceux du hall d'entrée. À son emplacement se trouvait, autrefois, l'Alcazar d'hiver, salle de café-concert au décor mauresque, très à la mode sous le Second Empire. Attirant les foules, la chanteuse Théréza vint y débiter ses romances sentimentales. Il fut démoli en 1896.

Tournons à droite et empruntons la **rue de l'Échiquier**. Au **n° 43**, le baron Louis, ministre des Finances sous la Restauration, se fit construire un bel hôtel qui subsiste encore de nos jours. Son jardin se prolongeait jusqu'à l'ancien cimetière de Bonne-Nouvelle, sur l'emplacement duquel se trouve, aujourd'hui, le théâtre du Gymnase. Remarquons la porte et les médaillons. Une petite impasse, longeant l'hôtel par la gauche, permet d'accéder à la façade arrière qui se présente comme l'exacte symétrique de celle sur rue.

Le **n° 39** reprend le même thème, assez courant à l'époque, des trois travées centrales du salon, les baies latérales correspondant, respectivement, à la chambre principale et à la salle à manger.

De l'autre côté de la rue, les **n°s 36 et 38** gardent entre leurs murs le souvenir d'un ancien pavillon de chasse d'Henri IV, dont on peut encore voir quelques vestiges dans le vestiaire du n° 36 (pavés de la cour intérieure et colonnes retrouvés à l'occasion de travaux de rénovation). Il en fit don par la suite aux Filles-Dieu, situées à proximité. À la Révolution, le terrain fut vendu avec les autres biens du couvent. Il fut acheté par un certain Joseph Thomas Wenzel, fleuriste de son état, qui fit construire à cet emplacement ce qui deviendra plus tard le « pavillon de l'Échiquier ». On en devine, encore aujourd'hui, l'architecture à arcades bien rythmées. Cette construction, qui se voulait un lieu de réjouissances avec café et salle de bal, connaîtra une certaine vogue sous le Directoire et le Consulat. À partir de

▶ Hôtel du baron Louis, 43, rue de l'Échiquier.
(© Gilles Targat)

1850, l'ensemble des bâtiments sera affecté à un hôtel luxueux – prenant le nom de « Grand Hôtel du Pavillon » – dont il subsiste encore quelques belles salles 1900 au n° 38. Au début des années 1980, l'hôtel fut scindé en deux et deux hôtels de tourisme distincts s'y installèrent.

Atteignant la **rue d'Hauteville**, nous tournons à droite quelques instants pour aller voir, au fond de la cour du **n° 1**, une ancienne maison construite à la fin du XVIIIe siècle pour un certain Armand Jean Thouroux de Bertinval. La façade est aujourd'hui un peu défraîchie, mais il ne faut pas manquer l'escalier qui se trouve dans le vestibule, auquel on accède par le perron.

Nous revenons **rue de l'Échiquier**, où nous reprenons notre promenade. Un peu plus loin, au **n° 10**, se trouvait l'ancien Concert Parisien, installé ici à partir de 1867, où la chanteuse Yvette Guilbert (1867-1944) se produisit, et qui vit les débuts de Georges Feydeau. En 1910, le Concert Parisien fut racheté par le chanteur marseillais Mayol qui lui donna son nom. On y vit passer des personnalités illustres du registre comique, tels Raimu et Fernandel. Dès les années 1930, le Concert se fit une réputation dans le domaine des revues de femmes dénudées. Celles-ci lui valurent, d'abord, une certaine popularité, puis il finit par s'épuiser et ferma définitivement ses portes en 1979. On peut encore voir, au-dessus de la porte d'entrée, l'ancien décor de terre cuite s'inscrivant dans un fronton curviligne. Au centre, une lourde guirlande, tenue par deux amours, souligne l'oculus.

Tout en poursuivant notre chemin, profitons-en pour jeter un coup d'œil au joli petit **théâtre Antoine**, situé au débouché de la rue, de l'autre côté du boulevard de Strasbourg.

◄ Rue du Faubourg-Saint-Denis.

De la rue du Faubourg-Saint-Denis à la rue des Petites-Écuries

Arrivés **rue du Faubourg-Saint-Denis**, tournons à gauche, et prenons la **rue d'Enghien**, nom donné cette fois en hommage au duc d'Enghien, mort fusillé en 1804 sur ordre de Bonaparte dans les fossés du château de Vincennes. Le **n° 18** est l'ancien siège du *Petit Parisien*, fondé ici en 1876 (on peut encore lire, sur la façade, le monogramme PP). Journal populaire s'il en fut, il tira, aux plus beaux jours de sa carrière, jusqu'à plus d'un mil-

▼ 18, rue d'Enghien.

▶ 16, rue d'Enghien.
◀ 26, rue d'Enghien.

lion et demi d'exemplaires ! L'immeuble, constitué de six hautes verrières en cintre, fut entièrement refait et abrite pour partie des logements.

Le **n° 16** mitoyen fut également occupé par le journal. Remarquons les chapiteaux, décorés de têtes de lion, et au-dessus desquels on retrouve les deux P. Les arcatures composées de deux rangs de céramique bleue et rouge, la présence de fines colonnettes en fonte reliant les baies du deuxième et du troisième étage, rehaussées de mosaïques sur fond or, lui confèrent un aspect beaucoup moins solennel que son voisin. Condamné pour faits de collaboration, le *Petit Parisien* disparut dans la tourmente de la dernière guerre. Son successeur, *Le Parisien libéré*, s'installa quelque temps à son emplacement avant de quitter définitivement les lieux.

Au **n° 27**, un bel immeuble d'époque Louis-Philippe rappelle, avec ses trois travées centrales, l'architecture de l'hôtel du baron Louis devant lequel nous nous sommes arrêtés, rue de l'Échiquier. Juste en face, la façade du **n° 26**, sensiblement contemporaine, arbore une décoration beaucoup plus abondante de pilastres, demi-colonnes et frises au-dessus des fenêtres.

Tournons à droite et remontons la **rue d'Hauteville** jusqu'à la rue des Petites-Écuries, en admirant au passage la perspective que l'on a sur l'église Saint-Vincent-de-Paul. Nous sommes à l'endroit le plus bas de l'arrondissement, là où passait autrefois le Grand Égout de Paris, qui longeait la **rue des Petites-Écuries**, dans laquelle nous nous engageons, à gauche. Cette partie de la rue fut construite dès les années 1780, mais il reste aujourd'hui peu de souvenirs de cet urbanisme d'origine.

Derrière l'immeuble de façade du **n° 44** se trouve l'hôtel Botterel-Quintin, aujourd'hui occupé par des bureaux. Construit à partir de 1780

▶ Hôtel Botterel-Quintin, 44, rue des Petites-Écuries.

par l'architecte Pérard de Montreuil pour l'intendant de Bourgogne, Charles-André de La Corée, cet hôtel fut plus tard concédé en usufruit à un lieutenant des Gardes-Françaises, issu d'une famille de petits gentilshommes bretons, le comte René Christin Jérôme de Botterel-Quintin.

Celui-ci fit achever et agrandir le bâtiment et procéda à de nombreux embellissements. La plupart de ces décors ont aujourd'hui disparu, excepté l'escalier et quelques belles pièces situées au rez-de-chaussée. Ainsi, l'antichambre donnant sur le jardin, le salon lambrissé et, surtout, la salle à manger ovale située dans l'aile droite, avec ses douze demi-colonnes doriques, entrecoupées de panneaux peints, et sa fresque mythologique au plafond. Faisant partie du domaine privé, elles ne peuvent, en principe, être visitées. Le porche sur rue est aujourd'hui condamné par un dispositif, mais il est possible d'apercevoir la façade sur cour à partir du n° 46 voisin. Nous avons là un hôtel à deux étages, à l'architecture d'ensemble plutôt sobre, dont la petite frise à spirale qui court à l'étage attique et les consoles en forme de pomme de pin sous les fenêtres du premier étage tiennent lieu de tout ornement. Un perron central, surmonté d'un péristyle à deux colonnes d'ordre toscan, annonce l'entrée.

Le beau petit hôtel du **n° 46**, de la même époque, est également attribué à l'architecte Pérard de Montreuil.

Le **n° 48** impressionne par sa porte encadrée de deux atlantes baroques en fonte datant du début du XXe siècle. Ils représentent, à gauche, Mercure, dieu du Commerce, portant le caducée et le casque ailé, et l'Abondance, à droite, sous les traits de Déméter, déesse des Moissons et de la Terre, désignant le bélier. Cette « Apologie du travail » fut commandée par la société Charles Prévet et Compagnie, dont le nom est encore inscrit au-dessus du porche.

La rue du Faubourg-Poissonnière et la rue de Paradis

Revenus **rue du Faubourg-Poissonnière**, nous poursuivons la visite avec, à droite, une nouvelle série de petits hôtels, parmi les plus remarquables du quartier. L'aliénation des terrains appartenant au prieuré des Filles-

◄ 48, rue des Petites-Écuries.

◄ Rue du Faubourg-Poissonnière.

▶ Hôtel Cardon,
50, rue du Faubourg-
Poissonnière.

▼ Hôtel Titon,
58, rue du Faubourg-
Poissonnière.

Dieu, dont Claude-Martin Goupy sera, comme on l'a déjà souligné, l'un des principaux bénéficiaires, commence dès les années 1770. Dans ces années-là, il effectue, en particulier, plusieurs acquisitions au marais dit « du Paradis », dont plusieurs parcelles furent ensuite revendues.

L'un des acheteurs, Nicolas Vincent Cardon, sculpteur et directeur de l'académie de Saint-Luc, se fit construire au **n° 50**, un hôtel, connu sous le nom d'hôtel Cardon, édifié par Goupy à partir de 1773. Il n'en subsiste que la façade sur cour, très abîmée.

Un autre de ces acheteurs, Pierre Hyacinthe Deleuze, peintre décorateur de l'académie de Saint-Luc, élit domicile au **n° 52**, autre œuvre de Goupy datant de la même époque.

Un peu plus loin, une plaque rappelle que le **n° 56** fut la dernière demeure du peintre Corot, qui avait son atelier à quelques pas de là, rue de Paradis. La façade est ancienne et date du Premier Empire. Elle comporte deux étages plus un étage entresolé logé dans une série de trois arcades à bossages. En fond de cour, un bâtiment d'époque Louis-Philippe est connu pour avoir été habité par le collectionneur Alexandre-Charles Sauvageot. Passionné par l'art de la Renaissance, celui-ci constitua dans son appartement un véritable petit musée où se côtoyaient bijoux, peintures, statuettes, céramiques, etc. Toute cette collection fut léguée avant sa mort à l'État et transférée au Louvre. L'hôtel ne comportait, à l'origine, que deux étages ; l'étage noble était composé de hautes fenêtres encadrées de pilastres à chapiteaux corinthiens.

Arrêtons-nous ensuite quelques instants à l'hôtel Titon, situé au **n° 58**. On y pénètre par un grand portail du XVIIIe siècle – soulignons au passage le contraste avec le reste de la façade sur rue, reconstruite à la fin du siècle dernier. Le passage est décoré de niches où viennent se loger deux superbes vases, à pieds cannelés en torsade, œuvres de l'architecte ornemaniste Jean-Charles Delafosse. Au fond de la cour, l'hôtel, récemment rénové, est un bel exemple de l'architecture de la fin de l'Ancien Régime. Il fut surélevé sous le Second Empire par un remarquable pastiche utilisant la même pierre blonde. En nous approchant, nous pouvons admirer la finesse de la frise à rinceaux sous l'entablement et l'alternance des frontons et motifs à guirlandes au-dessus des baies. Au centre, le perron unit les trois portes centrales. Au revers du porche d'entrée, la façade forme un arrondi et s'orne de niches où viennent se loger des personnages de la mythologie et des figures de philosophes grecs et latins. Construit à partir de 1776, l'hôtel fut acquis par Jean-Baptiste-Maximilien Titon, conseiller au parlement, grand mécène et collectionneur, passionné d'architecture, qui lui laissera son nom et son empreinte.

Enfin, l'hôtel de Goys, où s'illustra une nouvelle fois l'architecte Jean-Charles Delafosse, embellit la cour du **n° 60**, son voisin. Comme à l'hôtel Titon, on retrouve l'alternance de frontons et de bas-reliefs (à décors de feuilles d'olivier) au-dessus des ouvertures.

Continuons jusqu'à la **rue de Paradis** que nous empruntons à droite jusqu'au **n° 47**, où nous entrons. Tout de suite à droite après le porche, nous débouchons sur une petite cour. De là, on peut avoir une belle vue sur la façade arrière de l'hôtel de Goys qui, bien que peu animée, fait écho à celle que nous venons de voir. Notons simplement les décors à feuilles de chêne qui remplacent les feuilles d'olivier au-dessus des fenêtres. Un joli perron, encadré de deux lions qui se font face, donne accès au jardin. Dans l'angle à gauche, on devine la façade arrière de l'hôtel Titon.

Pour se faire une idée fidèle du quartier en cette fin du XVIIIe siècle, il faut, bien sûr, imaginer tous ces hôtels environnés de somptueux jardins, qui se prolongeaient, pour la plupart, jusqu'à la rue d'Hauteville.

Reprenons la rue de Paradis en sens inverse pour regagner notre **rue du Faubourg-Poissonnière**. À cette hauteur débutait le village de la Nouvelle France, né vers le XVIIe siècle et habité par de petites gens (le nom de « Nouvelle France » proviendrait d'une guinguette à l'enseigne du Canada-Français). Il est frappant, d'ailleurs, de voir qu'au-delà de cette limite, le quartier change de physionomie. Plus d'hôtels somptueux, ni de belles demeures bourgeoises, ce sont de petites maisons, aux ouvertures étroites et rapprochées, à la façade modeste, sans ornements, qui témoignent d'une architecture beaucoup plus populaire.

Au **n° 80**, la devanture du restaurant La Grille est celle d'un ancien

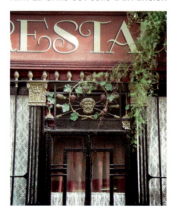

◄ Devanture du restaurant La Grille, 80, rue du Faubourg-Poissonnière.

▲ Caserne de la Nouvelle-France, rue du Faubourg-Poissonnière.

marchand de vins. On peut le deviner au décor à pommes de pin, têtes de Bacchus et couronnes de pampre, qui annonçait autrefois la nature du commerce (les grilles sont utilisées pour clore les débits de boisson depuis le XVIIIe siècle).

Un peu plus haut, on découvre la **caserne de la Nouvelle-France**, dont le style, un peu austère, détonne. Elle fut reconstruite, en effet, vers 1936 sur l'emplacement de l'ancienne caserne des Gardes-Françaises, elle-même édifiée en 1773 par Goupy dans le cadre d'un programme destiné à loger la garnison de Paris. Le régiment des Gardes-Françaises, créé en 1563 pour servir Charles IX, était destiné à « la Garde du Roi dans les cours et les dehors du Louvre, pour suivre sa majesté dans ses voyages et pour participer aux actions de guerre ». Pendant longtemps, les Gardes-Françaises furent logées chez l'habitant, dans les faubourgs de Paris. Mais la nécessité d'établir des casernements pour un corps qui prenait de l'importance avec le temps était vite apparue. De nombreux projets furent proposés, dont l'ajournement ne peut qu'être attribué au manque de crédits. Le règne de Louis XV contribua enfin à les concrétiser.

De cet ancien bâtiment ne reste plus aujourd'hui, pour seul souvenir, que le trophée d'armes de la porte d'entrée que l'on peut voir, à droite, adossé au pignon de la maison voisine. Il comporte la mention suivante : « Hoche y fut sergent ». Aujourd'hui, la caserne est occupée par des gardes républicains et leurs familles.

De la rue des Messageries à la rue d'Hauteville

Redescendons de quelques mètres la rue du Faubourg-Poissonnière pour prendre, sur la gauche, la **rue des Messageries**. Celle-ci fut percée sur le terrain des anciennes Messageries royales. Au bout de la rue, on débouche sur une sorte de petite place. À l'origine, la rue des Messageries n'était, en fait, qu'un passage, formant un coude précisément à cet endroit pour aller se jeter, plus bas, dans la rue de Paradis. Un espace – qui nous apparaît aujourd'hui sous la forme de cette placette – avait été aménagé pour permettre aux diligences qui se rendaient aux Messageries de tourner facilement. Cette section fut absorbée par la rue d'Hauteville quand cette dernière fut prolongée au nord, vers 1826.

Nous tournons à droite pour emprunter, de nouveau, la **rue d'Hauteville**. Celle-ci fut ouverte, après force tergiversations, vers 1772, sous le nom de rue de La Michodière, nom emprunté à Jean-Baptiste de La Michodière, comte d'Hauteville en Champagne, prévôt des marchands, à qui l'on doit le tracé sur son fief.

Mais une rue du même nom ayant été créée, entre-temps, dans le quartier de la Bourse, on décida très vite de débaptiser notre rue, en lui donnant le nom de la terre du comte : Hauteville. C'est ainsi qu'aujourd'hui notre brave prévôt des marchands est, sans doute, une des rares personnalités de la capitale à pouvoir se prévaloir de deux rues pour honorer sa mémoire !

La rue d'Hauteville ne fut guère construite avant 1800, mais, dès le Premier Empire, elle avait ravi au faubourg Poissonnière une partie de son rayonnement. À son tour, elle vit naître quelques somptueux hôtels, pour la plupart situés sur le côté gauche de la rue en descendant, le côté droit étant déjà occupé par les jardins attenant aux hôtels bordant le faubourg Poissonnière. Le petit hôtel Bourrienne, installé au **n° 58**, en constitue un des spécimens les mieux conservés et mérite incontestablement la visite (voir encadré).

Le petit hôtel Bourrienne

Le terrain sur lequel se trouve, aujourd'hui, le petit hôtel Bourrienne fut acheté en 1787 à Goupy, au marais dit « du Paradis », par Mme de Dompierre. Celle-ci entreprit aussitôt la construction de l'édifice, mais laissa à ses successeurs le soin de l'achever. En 1790, M. Lormier-Lagrave, industriel du sucre aux Antilles, se porta acquéreur de la propriété. Deux ans plus tard, elle échut en héritage à sa fille, Fortunée Hamelin, qui procéda aux premiers embellissements dont elle confia la réalisation à l'architecte Bellanger. Bien sûr, tous ces ornements se révélèrent coûteux et, criblée de dettes, Fortunée dut céder son hôtel, dès 1801, à Louis Antoine Fauvelet de Bourrienne, proche de Bonaparte. Avec son architecte, Leconte, Bourrienne, dont le nom restera attaché à l'hôtel, acheva la merveilleuse décoration intérieure que l'on peut encore apprécier de nos jours.

Après la revente de l'hôtel en 1824, plusieurs propriétaires se succédèrent avant l'installation de Charles Tuleu, en 1886. C'est lui qui fit construire le bâtiment en brique qui empiète, encore actuellement, sur le jardin et qui abritait, à cette époque, une fonderie de caractères (on peut avoir une vue arrière de la fonderie par le 21 bis, rue de Paradis). Depuis cette date, l'hôtel ne quitta pas la famille, puisqu'il appartient toujours à des petits-neveux de Charles Tuleu, qui l'entourent de leurs soins.

Il ne faut pas être surpris par cette entrée un peu « bancale », coincée dans l'angle nord de la cour. En réalité, l'accès principal de l'hôtel se faisait autrefois par le n° 60, désormais

▲ Salons du petit hôtel Bourrienne, 58, rue d'Hauteville. (© Gilles Targat)

condamné par de nouvelles constructions. Une visite des salons, de la salle à manger avec son beau parquet en marqueterie de palissandre, de chêne et de citronnier, du bureau, de la chambre à coucher et, enfin, de la salle de bains, est possible du 1ᵉʳ au 15 juillet et du 1ᵉʳ au 30 septembre, tous les jours de 12 h à 18 h, et le reste de l'année sur rendez-vous (tél. : 01 47 70 51 14).

▲ Cité Paradis.

Devenue à la mode, la rue d'Hauteville attira à cette époque beaucoup d'officiers et de hauts fonctionnaires d'Empire. Un autre petit hôtel, un peu plus tardif, et surtout plus modeste, apparaît au fond de la cour du **n° 54**.

Traversons et obliquons légèrement sur notre droite pour trouver l'entrée de la **cité Paradis**. Ce passage privé fut édifié, à partir de 1893, sur les anciens jardins de l'hôtel Titon, dont on aperçoit d'ailleurs la façade arrière à l'extrémité.

Reprenons notre descente de la **rue d'Hauteville**. Immédiatement sur notre droite, passons le porche du **n° 53** : la seconde cour est occupée, depuis 1988, par un bâtiment tout en verre et brique, abritant une crèche municipale, œuvre des architectes Marc Béri et Philippe Gazeau. L'hôtel qui lui fait face, de la fin du Premier Empire, bien que fortement remanié, témoigne d'un goût prononcé pour un certain classicisme avec son portique en avant-corps soutenu de quatre colonnes ioniques accouplées.

En ressortant, nous poursuivons à droite : au **n° 26** se trouve le petit hôtel Davout, également construit dans le premier quart du XIXe siècle. Il renferme au premier étage un beau vestibule protégé au titre des Monuments historiques. Jetons un coup d'œil au petit hôtel en fond de cour du **n° 24**, contemporain de son voisin, même si son architecture est plus rudimentaire.

Les jours de semaine, la rue d'Hauteville, comme sa voisine la rue du Faubourg-Poissonnière, est en proie à une agitation fiévreuse. Ignorant le promeneur, tout un petit peuple d'artisans vit ici, déboulant des arrière-cours, hissant sur l'épaule, comme un gibier que l'on vient d'embrocher, une commande de chemisiers identiques. Dès le matin, on voit affluer les fourgonnettes qui s'empressent de déballer leurs kilomètres de tissu. Au début du siècle dernier, la fourrure et la pelleterie étaient encore considérées comme la manne du quartier. Aujourd'hui, cette industrie en pleine récession a cédé le pas au commerce du prêt-à-porter en gros et demi-gros avec, notamment, beaucoup de boutiques de robes de mariées.

De la rue Gabriel-Laumain au boulevard de Bonne-Nouvelle

Revenons sur nos pas et engageons-nous maintenant, sur notre gauche, dans la pittoresque **rue Gabriel-Laumain**. Dans ce quartier, en constante activité, elle fait l'effet d'un havre de tranquillité. Elle fut percée, à partir de 1820, sur l'emplacement de l'ancien hôtel Tabary par l'entrepreneur Jean-Baptiste Léonard Violet, d'où le nom de passage Violet qu'elle conservera jusqu'à la Libération, avant de prendre celui de Gabriel Laumain, agent du tri postal de la gare de l'Est, fusillé par les Allemands pour ses

◀◀ Rue Gabriel-Laumain.
◀ Rue du Faubourg-Poissonnière.

actions de résistance. Le passage était autrefois clos de grilles à chacune de ses extrémités. Son architecture harmonieuse de maisons à deux étages et six travées, couronnées de toits à la Mansart et entrecoupées de courettes, se voulait parfaitement symétrique.

Au centre, la rue s'évase légèrement pour former une placette. On y découvre, au **n° 6 bis**, l'hôtel Mignon, dernière construction de cette ampleur dans le quartier, et qui date des années 1840. Édifié dans un périmètre déjà construit, il n'eut jamais de jardin. La façade à trois étages, surmontés d'un fronton curviligne, est bien proportionnée. Remarquons les motifs floraux dans les écoinçons des fenêtres du rez-de-chaussée. En approchant un peu, nous pouvons deviner la présence d'un grand vestibule, au fond duquel se trouve un bel escalier en demi-cercle.

Par la rue Gabriel-Laumain, regagnons la **rue du Faubourg-Poissonnière** en traversant un beau porche, et tournons à gauche. Au **n° 34**, une plaque rappelle que le poète Sully Prudhomme est né dans cette maison.

Les **n⁰ˢ 32 et 34**, construits entre 1773 et 1776, formaient, à l'origine, un ensemble, propriété du marbrier Leprince (à cette époque, en effet, l'exploitation du plâtre était une activité importante dans le quartier). Notons les bas-reliefs à l'étage noble du **n° 34**.

Attardons-nous quelques instants au **n° 30**. Cet hôtel, connu sous le nom de « Benoît de Sainte-Paulle », fut l'une des œuvres majeures du quartier, malheureusement dénaturée. Après le départ de la compagnie Air France, qui occupait une partie des locaux, un important programme de rénovation a permis l'installation de cinquante et un logements PLI (Prêt locatif intermédiaire) et de trois ateliers d'artistes.

◀ 34, rue du Faubourg-Poissonnière.

▲ 6 bis, rue Gabriel-Laumain.

L'hôtel primitif fut édifié à partir de 1774, sur des plans de l'architecte Samson Nicolas Lenoir. Avant son achèvement, il fut revendu par Benoît de Sainte-Paulle à Jean-François Caron qui le fit agrandir. C'est à lui, en particulier, que l'on doit la construction des ailes en retour du bâtiment sur rue. L'altération de la construction date surtout de l'entre-deux-guerres, époque de sa reconversion en local d'activité.

Le bâtiment sur rue s'étire en longueur sur un rez-de-chaussée et un étage sous comble à la Mansart. Au centre, deux colonnes d'ordre toscan soutiennent le fronton du portail, lui-même décoré d'attributs militaires : le glaive, le casque empanaché et le rameau d'olivier. En franchissant le porche, on peut observer, au passage, la voûte à caissons. Au revers de la façade sur rue, sous un portique à colonnes doriques, deux bas-reliefs illustrent les thèmes de la Prudence et de l'Abondance, sans doute de bon conseil pour ce grand homme d'affaires qu'était Benoît de Sainte-Paulle ! Plus monumentale, la façade sur cour du corps de logis principal comporte un péristyle de quatre colonnes ioniques, auquel on accède par un large perron. Le comble qui surplombe l'étage attique est un ajout ultérieur. Derrière, se trouvait le jardin, qui s'étendait jusqu'à la rue d'Hauteville.

Un autre grand architecte du quartier, de la fin du XVIIIe siècle, fut Jean Vincent Benoît Barré. Il signa, en particulier, quatre maisons et hôtels au faubourg Poissonnière, dont un seul subsiste aujourd'hui, très altéré, au **n° 28**. Il donne l'aspect d'une maison bourgeoise à quatre travées, composée d'un rez-de-chaussée, d'un étage entresolé et de deux étages carrés. Les quatre étages qui la surmontent sont plus récents.

Il ne nous reste qu'à redescendre tranquillement la rue du Faubourg-Poissonnière pour retrouver les Boulevards et notre point de départ.

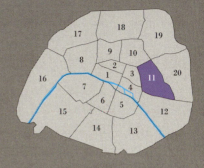

11e

Au cœur du faubourg Saint-Antoine

▶ **Départ et arrivée** : rue du Faubourg-Saint-Antoine, métro Ledru-Rollin

S'il est une particularité du 11e, c'est bien sa tradition, voire sa vocation, artisanale. Dès le XIIIe siècle, les artisans du faubourg Saint-Antoine bénéficièrent d'un privilège qui les autorisait à exercer leur industrie en dehors des corporations. Cette franchise, renouvelée par la suite, attira nombre de familles d'artisans dans le quartier. Au début du XVIIIe siècle, le Faubourg comptait environ quarante mille âmes, rassemblant tout un monde de menuisiers, ébénistes, chaudronniers, ferronniers… À travers les grands axes de circulation furent percées de petites voies de desserte sur lesquelles se concentraient les commerces. Les fabriques, quant à elles, se rencontraient surtout dans les cours, et les ateliers dans les étages des bâtiments aux logements étroits et modestes. Cette promenade va, notamment, nous permettre de découvrir les petites impasses et ruelles qui constituent l'un des charmes de ce quartier.

La rue du Faubourg-Saint-Antoine de la rue de Charonne à l'avenue Ledru-Rollin

De la rue de Charonne, à l'angle de laquelle nous nous trouvons, jusqu'à l'avenue Ledru-Rollin, la **rue du Faubourg-Saint-Antoine** reste, comme dans sa première partie, le haut lieu du meuble et du décor de la maison. Ainsi trouve-t-on, accolées les unes aux autres, les expositions permanentes des marchands de meubles, modernes ou copies d'ancien. Avançons donc tout en jetant un regard sur les salons ou salles à manger qui brillent de tout leur éclat derrière les vitrines.

◄ Enseigne d'ébéniste, cour de l'Ours.

Au **n° 75** de la rue du Faubourg-Saint-Antoine s'ouvre la **cour de l'Étoile-d'Or** (accès restreint par un code le week-end), datant du XVIIIe siècle, et qui, comme beaucoup d'autres impasses et passages du quartier, hier encore dissimulait, derrière ses vieilles façades, ce qu'on appelait avec fierté les « ateliers du Faubourg ».

On accède à la cour en passant sous un immeuble en brique de trois étages, édifié à la fin du XIXe siècle. Sur la droite, on découvre, perdue dans le lierre et le chèvrefeuille, une petite maison à un étage, aux murs couleur ocre, datant du début du XIXe siècle, et qui fut occupée, à la fin du XIXe et au début du XXe siècle, par la maison Albert Pongor. Les autres bâtiments de cette cour sont, quant à eux, du XVIIIe, mais ils ont été bien dénaturés.

▼ Cour de l'Étoile-d'Or.

▲▶ Cour de l'Ours.

Avant d'arriver à la seconde cour, on pourra voir les vestiges d'un pavillon de plaisance, édifié dans la seconde moitié du XVIIe siècle au milieu d'un petit jardin. Il a été très modifié depuis son origine, puisque le deuxième étage a été rasé, et le rez-de-chaussée percé d'un passage. C'est, en effet, par ce pavillon que l'on parvient à la cour du fond. Malgré les transformations, il a conservé un très bel escalier intérieur à balustres de bois, du XVIIe siècle, qui comporte des sculptures évoquant les quatre saisons, sous la forme de personnages couchés ; sur la façade à droite subsiste un cadran solaire, gravé en 1751.

Dans la cour du fond, on peut encore voir des bâtiments qui datent du début du XIXe siècle, eux aussi considérablement modifiés. Enfin, nous remarquerons un grand immeuble-atelier de quatre étages (1882), dû à l'architecte Chabot, qui employa la brique et la pierre.

Regagnons la **rue du Faubourg-Saint-Antoine**. Au **n° 81**, dans la **cour des Trois-Frères**, s'alignent le long d'une ruelle au pavage inégal, partiellement couverte d'une verrière, un certain nombre d'ateliers et, plus récemment, de galeries.

Poursuivons notre route, non sans faire une petite incursion dans la **cour de la Maison-Brûlée**, au **n° 89**, et dans la **cour de l'Ours**, au **n° 95** (accès restreint par un code le week-end), dont certains murs, vieux de deux ou trois siècles, évoquent l'époque où l'on ne trouvait ici qu'ébénistes, menuisiers, doreurs sur bois ou sur métal, marqueteurs, tapissiers, bronziers, vernisseurs, marbriers…

Nous traversons, sans nous y arrêter, l'**avenue Ledru-Rollin**, vieille à cet endroit d'à peine un siècle, où rien ne saurait retenir notre attention. On peut toutefois se rappeler que jadis, à ce carrefour, se tenait chaque samedi, de dix heures du matin à six heures du soir, le marché de la « trôle » (supprimé en 1906), sans doute le plus pittoresque marché aux meubles de la capitale. Au XIXe siècle, en effet, si certains artisans produisaient directement pour le compte de marchands, d'autres – ceux qu'on appelait les ouvriers en chambre – n'avaient pas la chance de travailler sur commande. Ils devaient donc vendre au public, à même le pavé, le fruit de leur labeur ; c'est cette vente en plein vent que l'on nommait la trôle.

Du passage de la Bonne-Graine à la rue Trousseau

Reprenons notre marche le long de la **rue du Faubourg-Saint-Antoine**. Au **n° 115** s'ouvre le **passage de la Bonne-Graine**, encore une de ces multiples venelles que seuls connaissaient et empruntaient, naguère, les habitants du Faubourg.

Un peu plus loin perce, à son tour, la **cour du Saint-Esprit** avec ses immeubles caractéristiques, et, au **n° 133**, le **passage de la Main-d'Or** qui donne naissance, en son premier tiers, à la rue de la Main-d'Or.

Abandonnons donc, un instant, la rue du Faubourg-Saint-Antoine et empruntons, sur notre gauche, ce passage industrieux du vieux Paris. Au **n° 15**, fut ouvert en 1987, à la place d'une ancienne ébénisterie, le Théâtre de la Main-d'Or.

Aux **n°s 17, 19 et 21**, comme dans bien d'autres lieux du quartier, les ateliers cédèrent la place, en 1988, à un immeuble moderne, à l'image d'un grand paquebot blanc et rose, regroupant logements et locaux commerciaux. Une résille en avancée de la façade abrite des terrasses, une grande surface courbe recouverte de céramique blanche fait le lien avec les immeubles mitoyens.

Revenons sur nos pas et prenons, à gauche, la **rue de la Main-d'Or** qui a conservé son aspect « Faubourg », avec ses deux bistrots à vin, notamment L'Ami Pierre, au **n° 5**, baptisé aussi « À l'Ancien Rebouteux », car il servait, il n'y a pas si longtemps encore, de salle d'attente à l'un des derniers guérisseurs de la capitale.

Poursuivons jusqu'au **n° 11 de la rue de Candie** où fut inauguré, en novembre 1992, un nouveau gymnase de quartier, dont l'architecture

hardie s'intègre parfaitement aux façades XVIIIe et XIXe qui l'entourent.

Revenons sur nos pas pour rejoindre la **rue Trousseau**, anciennement Sainte-Marguerite. Au **n° 22**, nous découvrons un immeuble construit en 1904, dont la façade est agrémentée d'un joli décor floral. L'amateur du style Art nouveau y admirera le foisonnement de grandes fleurs de tournesol, dont les tiges encadrent la porte ainsi que les balcons du cinquième étage, tandis que le sculpteur a préféré les marguerites pour les balcons du deuxième.

◀ 22, rue Trousseau.

▶ « À l'Ami Pierre », 5, rue de la Main-d'Or.

▼ Gymnase,
11, rue de Candie.

Une mosaïque colorée orne le hall d'entrée. Il faut également remarquer les ferronneries, bien dans la tradition du répertoire végétal en vogue au début du siècle dernier.

▶ Détail de la fontaine dite de la Petite-Halle, rue du Faubourg-Saint-Antoine.

▼ Plaque commémorative en hommage à Jean-Baptiste Baudin, 149-151, rue du Faubourg-Saint-Antoine.

Retour rue du Faubourg-Saint-Antoine

Par la rue Trousseau, nous rejoignons la **rue du Faubourg-Saint-Antoine**, à l'endroit où se déroula l'un des tragiques épisodes des journées de décembre 1851 qui succédèrent au coup d'État du prince-président. Une plaque commémorative, apposée **entre les n°s 149 et 151** de la rue du Faubourg-Saint-Antoine, rend d'ailleurs hommage à Jean-Baptiste Baudin, mortellement frappé par le feu d'une compagnie de ligne alors qu'il se dressait sur une barricade pour apprendre aux Parisiens comment un député « savait se faire tuer pour vingt-cinq francs par jour ». Il faisait ainsi référence au traitement des représentants du peuple, que les ouvriers des faubourgs considéraient comme des bourgeois et des nantis, incapables de soutenir leur cause.

Nous laissons sur notre gauche la rue de la Forge-Royale, ouverte vers 1770, puis la rue Saint-Bernard, chemin reliant, depuis le XIIIe siècle, l'abbaye Saint-Antoine, située presque en face, à l'emplacement actuel de l'hôpital, et la Courtille du Temple.

Devant le **n° 211** de la rue du Faubourg-Saint-Antoine, face à l'hôpital Saint-Antoine, sur le petit terre-plein qui compose l'angle de la rue de Montreuil, subsiste encore la fontaine dite de la Petite-Halle, du nom du marché voisin. Sa construction, ainsi que celle de quatre autres fontaines du faubourg Saint-Antoine, fut décidée par arrêt du conseil d'État du 1er juin 1719 et lettres patentes du 6 juillet suivant. Elle fut effectivement réalisée fin 1719, et restaurée en 1963. L'édifice est de plan carré, avec ses quatre flancs dotés de pilastres sans chapiteau, supportant une corniche surmontée d'un fronton triangulaire. Un acrotère couronne l'ensemble. Deux des côtés comportent une niche qui abrite les goulottes. Cette fontaine fut marchande de 1774 à 1782, lorsque des compagnies furent autorisées à fournir l'eau aux particuliers selon un tarif fixé par les autorités de la Ville.

La petite halle de la rue du Faubourg-Saint-Antoine survécut, quant à elle, jusqu'en 1940. Ce marché couvert occupait le terre-plein en pointe formé par la rencontre du faubourg Saint-Antoine et de la rue de Montreuil ; là se trouvait notamment, au XVIIe siècle, la boucherie où la mère abbesse de Saint-Antoine-des-Champs avait le monopole de la vente des viandes aux habitants du Faubourg.

De la rue Faidherbe à la rue Jules-Vallès

Nous trouvons bientôt, sur notre gauche, le commencement de la **rue Faidherbe**. Au **n° 11 bis** de cette rue, remarquons un immeuble dont la façade est ornée de pilastres surmontés de figures de jeunes filles. L'encadrement de la porte est, lui aussi, animé de visages de femmes qui se mêlent à un décor fleuri. Signalons la clef de voûte, également fleurie et enrichie d'un motif de tête de chien. Cet immeuble Art nouveau (1907) est dû à Jean Falp.

En face, aux **n°s 22 et 24**, nous trouvons les bureaux d'études de la RATP, dans un immeuble industriel daté de 1926, dû à Achille Champy. Objet d'une rénovation soignée en 1989, le bâtiment comporte aujourd'hui de grandes baies soulignées de bleu, qui ont remplacé les anciennes fenêtres. Mais l'architecture d'ensemble a été bien conservée, et on peut encore lire, sur la façade, le nom du commanditaire, un fabricant de contreplaqués nommé Boutet.

Les spécialités de la maison Boutet sont décrites en une mosaïque de lettres bleu et or, tranchant sur un fond ocre : bois de pays, bois exotiques, sciage, ponçage, placage... La façade, qui a conservé ses couleurs d'origine, est enrichie d'une corniche agrémentée d'une frise de fleurs, elles aussi en mosaïque, posées sur un fond doré. L'auvent est joliment égayé de verre coloré jaune et bleu.

Nous croisons bientôt la **rue Chanzy**, que nous empruntons vers la droite et remontons pour atteindre bientôt la **rue Jules-Vallès**, coudée en son milieu et qui fut, comme la rue Chanzy, construite sur une partie des terrains du prieuré de Traisnel.

Au **n° 1**, un nouvel exemple de l'architecture typique du début de siècle s'offre à nous, avec cet immeuble édifié en 1908, dont nous observerons sous certaines fenêtres les têtes sculptées et les motifs floraux. Un restaurant 1900 occupe le rez-de-chaussée. Sa devanture est en bois, surmontée d'une marquise. La décoration intérieure s'inspire du style rocaille, avec ses plafond et miroirs

◄ 11 bis, rue Faidherbe.
► 1, rue Jules-Vallès.

▼ 22-24, rue Faidherbe.

Vues du faubourg Saint-Antoine

« Il lui montra le débouché de la rue de Charonne, avec ses vieilles fenêtres, ses mansardes, ses murailles ornées ; le pan de muraille à la fontaine, qui faisait rêver d'un château ou d'un parc ; puis revenant de quelques pas en arrière, l'entrée des cours encombrées, profondes, tortueuses :
"– Tout cela est plein d'ateliers, de pots à colle, de pots de vernis, d'ouvriers spécialistes qui ont mauvais caractère, et qui croient encore que le vingtième siècle verra le règne de la justice et de la paix..."
Les trottoirs étaient tout remuants. Il s'y voyait encore, d'une manière qui avait de quoi surprendre, des traces d'une activité plus proprement matinale. Des ménagères vaquaient à leurs provisions, auprès des fruitiers et des petites voitures. La plupart des passants étaient des travailleurs, sortis de l'atelier pour la pause de midi. Ceux qui avançaient d'un pas tranquille allaient chercher leur repas chez un petit traiteur du voisinage. Ceux qui se hâtaient avaient sans doute à rejoindre un domicile plus éloigné. Quelques-uns flânaient, assis ou debout, devant les portes. Ils avaient dû faire un casse-croûte rapide sur place ; ils fumaient et blaguaient en attendant l'heure de la rentrée. L'ensemble avait l'air dru et solide. Ce peuple semblait parfaitement à l'aise dans la grand'rue séculaire de son pays. Une vague odeur de mécontentement, de réclamation, n'était pas, si l'on devenait très attentif, impossible à démêler. Mais elle était recouverte par une gouaille salubre, par un sentiment à la fois gaillard et ironique de la vie. L'émeute, la révolution, bien sûr, cela garde sa place dans la légende, et il n'est pas défendu à l'avenir aussi d'être légendaire. Mais le faubourg Antoine n'a rien de commun avec la zone, avec les cahutes de papier mâché, avec les lits humides et les colères fumeuses.
Il croit aux angles d'équerre, aux assemblages où l'on ne peut glisser un poil, à la colle forte. Le présent ne vaut que ce qu'il vaut. Mais en attendant il est calé dans votre main. C'est un quignon de pain qui se laisse manger, accompagné de brie et de vin rouge. »

Jules Romains,
Les Hommes de bonne volonté,
Flammarion, 1958.

ornés de stuc. Pour accéder à la salle du fond, on passe devant des cloisons en bois agrémentées de verre gravé. Le zinc du comptoir recouvre du marbre polychrome.

Et, puisque cette rue fut baptisée du nom de l'auteur de *L'Insurgé*, rappelons ces quelques lignes de l'écrivain dans son *Tableau de Paris 1882-1883* : « Le faubourg Saint-Antoine garde sous la Seconde République sa physionomie de boulevard révolutionnaire, et s'il ne donne plus de coup de tête comme un bélier, il s'accule et se défend comme un sanglier. Ses pavés portent toujours marqué en rouge le chiffre de la Révolution. »

En descendant la rue de Charonne

Au bout de la rue Jules-Vallès, nous arrivons à présent dans la **rue de Charonne**, l'une des plus vieilles voies de Paris, correspondant à l'ancienne chaussée qui conduisait autrefois de la capitale au village de Charonne. C'est le long de ce chemin que vinrent s'aligner, vers le milieu du XVIIe siècle, quelques couvents de religieuses recherchant le calme de la nature loin des turbulences de la ville. Ce furent les dominicaines de la Croix, où fit profession de foi la tante de Cyrano de Bergerac, et dans le couvent desquelles la légende voudrait que ce dernier repose ; les Dames du Bon-Secours, qui recevaient, entre autres, comme pensionnaires les femmes enfermées pour inconduite ; ou encore les bénédictines de la Madeleine de Traisnel, chassées de Champagne par la guerre.

Prenons donc, sur notre gauche, cette rue qui nous ramènera, par son côté pair, après quelques détours justifiés, à notre point de départ, rue du Faubourg-Saint-Antoine.

Les immeubles des **n°s 102 et 100**, que nous longeons, recouvrent ce qui fut autrefois une partie des terrains appartenant aux religieuses de la Madeleine de Traisnel. Rappelons qu'installées ici en 1654, elles possédaient, un demi-siècle plus tard, près de quarante hectares composés de jardins, de vignes, de vergers et de bâtiments, entre la rue de Charonne, l'actuelle rue Léon-Frot et la rue de Montreuil.

Certaines petites maisons abritées derrière les murs du couvent étaient louées par les religieuses à des femmes de la haute société qui venaient s'y retirer. Ce fut le cas, notamment, de la duchesse d'Orléans qui, le 9 juin 1744, reçut pour le souper et pour la nuit la reine Marie Leszczynska. Déclaré Bien national à la Révolution, le couvent fut fermé et les bâtiments se virent peu à peu abandonnés.

Au début du XIXe siècle, une partie des locaux fut rachetée par les citoyens François Richard et Jean-Daniel Lenoir qui avaient établi, quelque temps auparavant, une entreprise de filature de l'autre côté de la rue, dans l'ancien couvent Notre-Dame-du-Bon-Secours. En 1824, la manufacture Richard-Lenoir, en faillite, fut obligée de céder à son tour les bâtiments de l'ancien couvent qui abritèrent, en 1832, l'école des Arts industriels, puis, en 1846, un hospice, avant de devenir, en 1848, la propriété de l'avocat et homme politique Ledru-Rollin, déjà propriétaire de plusieurs immeubles dans le quartier.

▲ 102, rue de Charonne.

Évoquant les menuisiers du Faubourg dans son *Tableau de Paris*, Jules Vallès écrit : « Quelques-uns de ces ouvriers portent un nom spécial. On les appelle les "Ledru-Rollin", parce que les bâtiments où ils ont leur nid appartenaient à l'ancien Montagnard de 1848 et sont encore aujourd'hui la propriété de sa veuve. » Celle-ci, à sa mort en 1888, fit de la Ville de Paris sa légataire universelle, et les immeubles furent revendus à des particuliers. Vers 1910, plusieurs incendies successifs endommagèrent les derniers bâtiments conventuels qui furent presque entièrement démolis lors de travaux de terrassement entrepris un peu plus tard.

Le **n° 102** fut complètement transformé au début du XXe siècle par Wilfrid Bertin, pour y installer des ateliers. On notera la présence de grandes baies vitrées, rendue possible par l'ossature métallique de la construction, offrant aux espaces de travail le maximum de lumière. Au **n° 100**, malheureusement, les derniers vestiges n'ont pas survécu aux entrepreneurs des années 1980, malgré les protestations d'associations et de riverains. Actuellement, de nouveaux travaux sont en cours et l'accès en est interdit.

Un peu plus bas, au **n° 94**, à l'angle de la rue Faidherbe, s'élève l'imposant Palais de la Femme, construit en 1910 par les architectes A. Labussière et C. Longerey. Le soubassement de l'immeuble, qui abrite le hall d'entrée et les services, est en meulière, la façade en brique. Sur les surfaces de brique pâle se détachent les éléments architectoniques en « pierre reconstituée », cernés ou soulignés de brique rouge et bleue. Les pignons aveugles sont curieusement enjolivés de festons en brique émaillée bleue. L'entrée principale, située sur le pan coupé, consiste en un porche voûté à triple arcade. Il est orné d'un bas-relief allégorique, exécuté par Camille Garnier, représentant une femme tendant le bras à une famille.

Ce Palais de la Femme, créé par l'Armée du Salut, est un foyer destiné, comme son nom l'indique, à des jeunes filles et jeunes femmes seules, étudiantes ou travailleuses. Il comprend actuellement plusieurs centaines de chambres, un restaurant de cent cinquante places, une bibliothèque, un salon de thé et des salles de réunion, de repos et de télévision.

C'est en ces mêmes lieux que s'étaient installées, en 1641, les sœurs dominicaines de la Croix. Chassées par la Révolution, elles retrouvèrent, en 1817, leur couvent qui n'avait pas été aliéné. Mais à la suite de la loi sur les congrégations, en 1904, les religieuses quittèrent la France, et le couvent fut démoli. C'est donc en 1910 que fut édifié le bâtiment actuel, qui abritait, à l'origine, un immense hôtel pour ouvriers célibataires ; ils pouvaient s'y loger à l'année ou à la nuit, et disposaient d'une salle à manger commune, de salons, de salles de réunion... Ils y trouvaient, en outre, tous les services indispensables, de la blanchisserie à la coupe des vêtements, en passant par la coiffure et la cordonnerie. Le but était de sortir les célibataires de « leurs affreux garnis » et de leur offrir une vie sociale qui les éloigne du cabaret. Transformé en hôpital militaire en 1914, l'hôtel populaire fut vendu en 1926 à l'Armée du Salut, qui en fit le Palais de la Femme que nous voyons aujourd'hui.

▼ Palais de la Femme, 94, rue de Charonne.

Autour de l'église Sainte-Marguerite

Descendons la rue de Charonne jusqu'au n° 88, et empruntons, sur notre gauche, la **rue Charrière** qui longe le chevet de Sainte-Marguerite, l'église paroissiale du quartier, et débouche sur le **square Raoul-Nordling**. Celui-ci a surtout pour mérite de voisiner avec cette attachante petite église, dont l'étroit cimetière conserve toujours le mystère de « l'enfant mort au donjon du Temple ».

Au **n° 36 de la rue Saint-Bernard**, Sainte-Marguerite dresse sa large façade sans ornement, surmontée d'une simple croix et percée de trois portes brunes. Son origine remonte à 1625. Ce n'était alors qu'une simple chapelle en forme de croix latine, que le curé de Saint-Paul, Antoine Fayet, avait fait construire sur un terrain appartenant à Jean de Vitry, seigneur de Reuilly, pour enterrer les membres de sa famille.

En 1634, à la mort d'Antoine Fayet, elle fut promue succursale de la paroisse Saint-Paul, à la demande des habitants du quartier, et l'office divin put y être célébré. En 1637, la petite église s'agrandit d'une sacristie et d'un presbytère. L'ensemble fut remanié en 1669 et en 1678, une chapelle y fut ajoutée en 1703 et, en 1712, en raison du développement du Faubourg, Sainte-Marguerite fut érigée en cure par le cardinal de Noailles.

En 1764, Victor Louis, l'architecte du Palais-Royal, fut chargé de la chapelle des Âmes du Purgatoire, qui fait saillie sur le côté gauche du bâtiment et que Paolo Antonio Brunetti, virtuose du trompe-l'œil, décora de deux enfilades de fausses colonnes en marbre blanc, de statues peintes, de trois bas-reliefs et, au-dessus des colonnes, d'une frise évoquant, à droite, la mort de Jacob et, à gauche, ses funérailles. Au milieu de l'ensemble, derrière l'autel, figure la toile de Gabriel Briard (prix de Rome 1749), *Passage des âmes du purgatoire au ciel* exécutée en 1761, où l'on voit un rassemblement de corps quittant le feu pour accéder au séjour céleste. Ce chef-d'œuvre du trompe-l'œil a déjà été restauré à deux reprises : en 1846, Pierre-Luc Charles Ciceri repeignit les figures en blanc sur fond noir et, dans les années 1960, l'atelier Malesset leur rendit leur état d'origine, à l'initiative d'André Malraux.

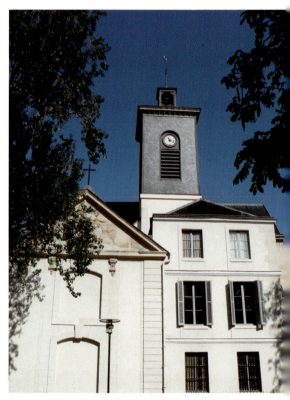

▼ Église Sainte-Marguerite.

▲ *Le Christ descendu de la Croix*, peinture (1546) de Charles Dorigny, église Sainte-Marguerite.
(© Ville de Paris – COARC/C. Fouin)

◀ Plaque évoquant les guillotinés de 1794 enterrés dans l'ancien cimetière Sainte-Marguerite.

La nef, la partie la plus ancienne de l'église, simplement éclairée par des oculi, demeure assez sombre. La chaire, datant de 1704, est décorée de quatre bas-reliefs, représentant le sermon sur la montagne et les prédications de saint Jean-Baptiste, saint Pierre et saint Paul. Dans la nef, à gauche, contre le mur intérieur de la façade, on notera un magnifique *Christ descendu de la croix*, peint sur bois, de Charles Dorigny (1546). En observant bien le tableau, on remarquera que le Joseph d'Arimathie qui soutient le corps du Christ est, en fait, un portrait supposé du roi Henri II. *Le Massacre des Innocents* (vers 1650) placé sur le bas-côté droit, au-dessus de la porte d'entrée, est de Francesco, dit Pacecco, de Rosa.

Les deux pignons du transept sont ornés d'élégants bas-reliefs exécutés par l'abbé Goy, curé de l'église en 1724 : au sud, du côté du square, une *Vierge à l'Enfant Jésus* et, au nord, les *Pèlerins d'Emmaüs*.

Au chevet, derrière le maître-autel, furent remontés, au début du XIXe siècle, deux éléments du monument funéraire de Catherine Duchemin, l'épouse du sculpteur Girardon, qui se trouvaient à l'origine dans l'église Saint-Landry (alors dans l'île de la Cité) : un *Christ descendu de la croix*, et une *Mater Dolorosa*, deux sculptures en marbre blanc exécutées, en 1705-1706, sur des dessins de Girardon, par ses élèves Eustache Nourrisson et Robert Le Lorrain.

Signalons encore quatre belles toiles retraçant la vie de saint Vincent de Paul, par Louis Galloche, le frère André, Jean Restout et Jean-Baptiste Féret, provenant de la Maison de Saint-Lazare de la rue du Faubourg-Saint-Martin.

Pendant la Révolution, l'église servit de lieu de réunion et fut appauvrie d'un grand nombre de ses tableaux et statues. En 1792, elle connut un grand scandale lors du mariage de son vicaire J.-F. Aubert. Fermée en 1793, et rouverte en 1795 sous le nom de « temple de la Liberté », elle fut enfin rendue au culte en 1803 et, deux ans plus tard, elle accueillait le pape Pie VII qui y célébra la messe.

Mais l'autre curiosité historique de Sainte-Marguerite demeure le petit cimetière qui l'entoure, et où fut enterré, le 10 juin 1795 vers neuf

heures du soir, en l'absence de tout service religieux, « l'enfant mort au donjon du Temple ». Pour beaucoup, ce devait être le petit Louis XVII, âgé d'une dizaine d'années, fils de Louis XVI et de Marie-Antoinette.

Pendant près d'un siècle et demi, cet événement, dont la réalité est aujourd'hui démentie, entraîna l'apparition de plusieurs faux dauphins et fit les délices des amateurs d'énigmes historiques. Certains assurèrent même que le cercueil avait été déposé dans la fosse commune, mais que des mains royalistes l'avaient fait placer dans une cavité séparée durant la nuit, et que le Comité de sûreté générale l'avait ensuite fait enlever clandestinement.

Quoi qu'il en soit, il ressortait déjà des fouilles réalisées en 1846 et 1894 et d'un sondage effectué dans l'enclos de l'église en 1979, que les restes exhumés ne pouvaient être ceux du petit dauphin. Ils correspondent, en effet, à un ou des individus plus âgés et, surtout, ne portent aucun des stigmates que la très grave tuberculose dont était atteint le jeune héritier royal aurait dû laisser sur les os de « l'enfant mort au Temple ».

Ce qui est certain, en revanche, c'est que du 9 au 12 juin 1794, la guillotine fut installée place de la Bastille, et qu'elle eut, pendant ces trois jours, le temps de faire soixante-treize victimes, toutes enterrées dans le cimetière de l'église Sainte-Marguerite. Celui-ci fut fermé en 1806, trois ans après la mort de Georges l'Aîné, fils du célèbre ébéniste Jacob, lui-même ébéniste du Faubourg, dont on peut encore voir la tombe ornée de son buste en bronze.

De la rue Saint-Bernard à la rue du Faubourg-Saint-Antoine

L'école primaire qui se trouve au **n° 31** de la rue Saint-Bernard, en face de l'église, fut construite sur l'ancien presbytère démoli en 1912, et l'école maternelle qui occupe le **n° 33**, bâtie sur l'emplacement d'un asile ouvrier fondé en 1865.

La rue Saint-Bernard nous a ramenés dans la **rue de Charonne**. Nous apercevons une gigantesque peinture à dominante bleue qui couvre l'arrière d'un immeuble de l'avenue Ledru-Rollin. Cette fresque, qui se trouve au **n° 50**, fut réalisée en 1990 par Christian Zeimert à l'emplacement d'une publicité pour les bouillons-cubes. L'artiste choisit de montrer des lieux et des personnages caractéristiques du quartier, évoquant le Balajo, ou encore les ébénistes, présents depuis si longtemps dans le Faubourg. Ils apparaissent dans des cubes tout droit sortis des jeux de construction de

▲ Fresque (1990) de Christian Zeimert, 50, rue de Charonne. (© Adagp, Paris 2007)

notre enfance. Et, clin d'œil à l'ancienne publicité, apparaît en haut de la peinture, en lettres géantes, le mot « KUB ».

De l'autre côté de cet immeuble en proue de navire, à l'angle de la rue de Charonne et de l'**avenue Ledru-Rollin**, au **n° 116** de cette dernière, se trouve le Bistrot du Peintre, brasserie Art nouveau datant de 1902. La devanture surmontée d'une marquise est constituée par un coffrage de bois vernis. À l'intérieur, le bar est « modern style » des années 1930. Les fresques sont d'origine et le plafond est décoré de stucs et d'une peinture représentant un ciel et des angelots. Deux panneaux jumeaux en céramique, dans le style de Mucha, évoquent le *Printemps* et l'*Été* sous les traits de deux nymphes aux longs cheveux, légèrement vêtues, au milieu de fleurs.

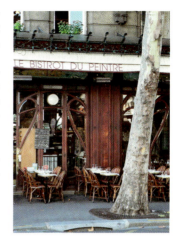

▶ Le Bistrot du Peintre, 116, avenue Ledru-Rollin.

▼ Passage Lhomme.

Traversons l'avenue Ledru-Rollin, pour poursuivre notre descente de la **rue de Charonne**. Sur notre gauche, nous apercevons le passage Josset et le passage Saint-Antoine qui prolongent, de ce côté de l'avenue Ledru-Rollin, le passage de la Bonne-Graine.

Au **n° 26** de la rue de Charonne s'ouvre le **passage Lhomme**, avec son vieux pavage et ses petits immeubles modestes de trois à quatre étages, mangés par le lierre, et dont les rez-de-chaussée sont occupés par d'étroits ateliers, tous semblables. Reprenons jusqu'au bout la **rue de Charonne**, qui nous ramène, en quelques minutes, **rue du Faubourg-Saint-Antoine**, à notre point de départ.

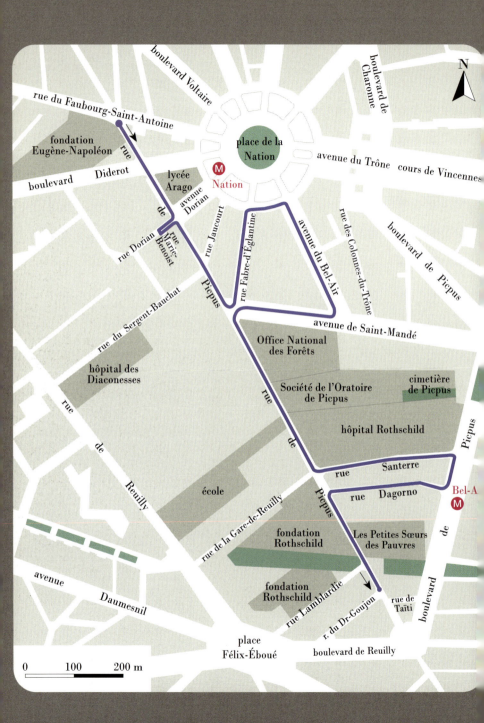

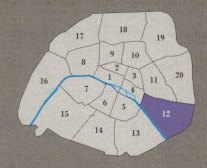

12e

Au long de la rue de Picpus

▶ Départ : rue du Faubourg-Saint-Antoine, métro Nation
▶ Arrivée : rue de Picpus, métro Bel-Air

La rue de Picpus porta, dès 1540, le nom, orthographié Picpuce, Piquepus ou Piquepusse, du village qu'elle traversait. Ce toponyme pourrait faire allusion à une auberge située sur le chemin de pèlerinage entre les abbayes de Saint-Maur et de Saint-Denis qui passait par la rue de Picpus. L'établissement, envahi par les puces, aurait laissé des souvenirs douloureux aux voyageurs... Thiéry donne une autre explication dans le *Guide des amateurs et des étrangers voyageurs à Paris* (1787) : « Cet endroit était originairement un hameau dont les habitants, attaqués d'une maladie boutonnée, perçaient leurs boutons avec des épingles pour en faire sortir le pus, c'est-à-dire Pique pus. »

La rue, en partie pavée en 1728, était bordée d'une trentaine de maisons à portes cochères, de jardins, de vignes, de terres labourables et de marais, c'est-à-dire de cultures maraîchères.

Axe de liaison important depuis la rue du Faubourg-Saint-Antoine jusqu'à Charenton, la rue se terminait, au XVIIIe siècle, comme la rue de Reuilly, à la rue Lamblardie. La barrière de Reuilly, au croisement de la rue de Picpus et des boulevards de Reuilly et de Picpus, signala, à partir de 1785, les limites de Paris. La rue de Picpus fut prolongée en 1863, après l'annexion des communes périphériques dans Paris, jusqu'au boulevard Poniatowski.

La fondation Eugène-Napoléon

À l'intersection du n° 2, rue de Picpus et du n° 254, rue du Faubourg-Saint-Antoine, la fondation Eugène-Napoléon fut érigée, de 1853 à 1857, par Jacques Ignace Hittorff (1792-1867), architecte du cirque d'Hiver et de la gare du Nord.

Elle doit son existence au collier de diamants que la Ville de Paris avait l'intention d'offrir à l'impératrice Eugénie à l'occasion de son mariage avec Napoléon III ; à cette fin, on vota, le 26 janvier 1853, un budget de six cent mille francs. L'impératrice refusa le collier et demanda que la somme soit allouée à la création d'une maison d'éducation pour les orphelines et les

▲ Statuette de la Vierge située dans le jardin de la fondation Eugène-Napoléon.

◄ Façade de la fondation Eugène-Napoléon.

◄ Chapelle de la fondation Eugène-Napoléon.
(© AFP/Jean Ayissi)

L'établissement adopte une forme hexagonale, imposée par la structure du terrain et les impératifs du programme. La chapelle est placée au centre, selon la règle de l'architecture hospitalière. Trois cours séparent les différents corps de bâtiments, réunis entre eux afin de faciliter la circulation intérieure par temps de pluie.

Hittorff a employé la pierre pour la façade principale et la chapelle, et la brique, moins onéreuse, pour les façades secondaires. Les façades des corps de bâtiments, hauts d'un étage, sont rythmées sur leurs deux niveaux par des fenêtres en plein cintre. L'architecte a emprunté le thème des baies cintrées à la Renaissance italienne et au XVIIIe siècle français.

Malgré l'exiguïté de l'espace, une cour d'honneur fut aménagée devant la façade principale, pourvue de deux ailes latérales très petites. Au centre, le porche conduit à la salle de réception de l'impératrice.

La chapelle montre l'évolution du style néo-classique vers un retour à la tradition du Moyen Âge. En effet, la façade principale est dominée par un clocher, un thème abandonné pendant le néo-classicisme, et réintroduit dans l'architecture religieuse à partir de 1830. On remarque les trois statues de la *Foi*, la *Charité* et l'*Espérance*, exécutées par Nanteuil (pseudonyme de Charles-François Lebœuf, 1792-1865).

De plan rectangulaire, la chapelle n'a pas de chœur, mais une seconde façade, influencée par les modèles paléochrétiens. Un péristyle règne au rez-de-chaussée sur cette façade secondaire et sur les façades latérales. À l'intérieur, le plafond est soutenu par une charpente apparente,

jeunes filles pauvres. La Ville de Paris accorda des crédits supplémentaires pour la réalisation de cet établissement, prévu d'abord pour soixante élèves, puis pour trois cents.

L'emplacement choisi fut celui de l'ancien marché aux fourrages. Hittorff soumit à la Ville cinq projets, dont l'un reproduisait en parallèle le plan d'un collier et celui de la fondation. La Ville de Paris accepta le cinquième projet en décembre 1853. La fondation prit le nom d'Eugène Napoléon en l'honneur de la naissance du prince Eugène, le 16 mars 1856. L'impératrice confia aux sœurs de la Charité la direction de l'institution qui fut inaugurée le 28 décembre 1856.

comme à l'église Saint-Vincent-de-Paul, toujours à l'imitation des églises paléochrétiennes. Félix-Joseph Barrias (1822-1906), qui travailla à la décoration intérieure du cirque d'Hiver, esquissa la peinture de l'abside, *L'Impératrice en visite à la fondation*, montrant Eugénie offrant symboliquement son collier aux orphelines.

Aujourd'hui, la fondation, reconnue d'utilité publique, regroupe une école maternelle et primaire, un lycée d'enseignement professionnel et un foyer d'étudiantes. Elle héberge aussi un collège et un internat destiné aux Petis Chanteurs à la Croix de Bois qui partagent leurs journées entre travail scolaire et formation vocale et musicale. La fondation propose également des concerts et des conférences. Le jardin donnant sur la rue de Picpus est ouvert depuis 2007 au public.

La rue de Picpus de la rue du Faubourg-Saint-Antoine à la rue Dorian

Le site campagnard de Picpus favorisa l'implantation de nombreuses pensions et maisons de santé. Des couvents s'y fixèrent, supprimés à la Révolution. Au **n° 4, rue de Picpus**, se dressait en 1740 la demeure de Léonard Bounaud de Tranchecerf, écuyer et comte du Saint-Empire. Vers 1780, Mme de Sainte-Colombe la convertit en une maison de santé, dans laquelle fut envoyé Saint-Just (1767-1794), en 1786. Le jeune homme, âgé de 19 ans, avait volé les bijoux et l'argenterie de sa famille. Sa mère cousait ses chemises et demandait qu'on ne les lui remît que par deux à la fois pour éviter qu'il ne les vende ! La demeure fut détruite en 1908.

Gérard de Nerval à Picpus

Gérard de Nerval (1808-1855) eut sa première crise de folie le 21 ou le 23 février 1841 dans une maison de la rue Miromesnil où il cassa des chaises et un miroir. Il fut transporté dans la clinique de Mme de Saint-Marcel, au n° 10, rue de Picpus (anciennement n° 6). Le docteur Pierre Édouard Vallerand de la Fosse (né en 1793), l'un des médecins de Charles X de 1827 à 1830, qui était en relation avec Alexandre Dumas et Gustave Flaubert, exerçait dans cette clinique et soigna Nerval.
Le 5 mars 1841, Nerval écrivait à son père :
« *Mon cher papa,
L'on me permet enfin de lire et d'écrire et je me crois rentré tout à fait dans la meilleure santé. M. Vallerand qui m'a vu hier a été très content, et nous avons parcouru le jardin fort gaiement. On m'avait dit que tu viendrais hier. Il n'y a plus rien à ordonner pour moi, il est vrai, qu'une bonne et saine nourriture, mais je suis fâché de ne point te voir le plus possible. J'ai bien des choses à te dire. Tous les bonheurs qui me sont arrivés avec l'aide de nos amis et la bienveillance du ministre, je voudrais te les conter, car je n'ai pu te voir encore depuis ma fièvre, que deux instants, et pour affaires de vêtements et d'argent, ce qui est fort peu amusant. Grâce à toi et à tous ceux qui me sont chers j'ai ce qu'il me faut pour rester et pour sortir. Il importerait désormais que je ne perdisse pas un moment et il faut que tu viennes constater le jour prochain où je pourrai sortir, afin que je ne risque pas de compromettre la belle position qui m'est accordée. Sans quitter le séjour de la maison jusqu'à mon complet rétablissement, je pourrai toujours faire les visites indispensables.* »
Nerval sortit le 16 mars de la clinique. Le 21 du même mois, victime d'une rechute, il entra dans la maison de santé du docteur Blanche, rue Norvins à Montmartre.

À côté du boulevard Diderot, aux **n°s 8 et 10**, se trouvait la clinique de Mme de Saint-Marcel. Cette propriété fut amputée d'une partie de son périmètre lors de la création du boulevard Diderot en 1850. L'*Almanach-Bottin du commerce* de 1840 mentionne ainsi cet établissement : « Maison de santé établie depuis plus d'un siècle pour les maladies mentales, parfaitement située, vaste, agréable et salubre, jardins heureusement distribués, corps de logis pour femmes enceintes et maladies qui exigent des traitements particuliers (...), rue de Picpus, 6. » La numérotation de la rue fut changée en 1851 ; l'ancien n° 6 correspondait au n° 10 actuel.

L'écrivain Gérard de Nerval, l'auteur d'*Aurélia* et des *Nuits d'octobre*, fut interné dans cet établissement en février 1841. Cette maison de santé, dite ensuite de Picpus, fonctionna jusqu'en 1912.

À l'emplacement du **n° 12**, Ninon de Lenclos (1616-1706), qui tenait dans son hôtel du Marais, au n° 36, rue des Tournelles, un salon fort brillant fréquenté par Boileau, Mignard, Lully, aurait possédé une maison de campagne. Un de ses amants, le marquis Henri de Sévigné, époux de la célèbre épistolière, se battit en duel le 4 février 1651 avec le chevalier d'Albret pour Mme de Gondran, à proximité, à Picpus. Il mourut de ses blessures deux jours après. Vingt ans plus tard, son fils, Charles de Sévigné, noua lui aussi une liaison avec Ninon.

M. Audet de La Mésangère, ancien professeur et membre de l'Académie des sciences et belles-lettres de Châlons-sur-Marne, fit de cette maison une pension pour jeunes gens. Le coût des études se montait à cinq cents francs pour les enfants jusqu'à l'âge de 10 ans et à six cents francs au-delà. « Dans ce prix sont compris les maîtres d'étude, de lecture, de calcul, le blanchissage, le luminaire et le feu. Le papier, plumes, encres, poudre et pommade [de] tous les jours se paient 24 livres par an. On donne en entrant 12 livres de bienvenue tant pour les maîtres que pour les domestiques » (Thiéry, *Guide des amateurs et des étrangers voyageurs à Paris*, 1787).

En 1826, Adélaïde d'Orléans acheta la maison et le jardin donnant n° 77, rue de Reuilly pour y installer l'hospice d'Enghien, fondé en 1819 rue de Babylone par sa tante, la duchesse d'Enghien. Les travaux d'aménagement furent confiés à Pierre François Léonard Fontaine. L'hospice fut démoli en 1904 et le prolongement de la rue Dorian percé à ce niveau en 1905.

À l'angle du n° 12, rue de Picpus et du n° 2 de la rue Dorian, Jean Falp construisit, en 1905, un bel immeuble représentatif de l'Art nouveau. Une tourelle d'angle crénelée, agrémentée de têtes d'animaux mythiques, domine le bâtiment. La décoration sculptée se compose de visages féminins, dont les chevelures décrivent de longues courbes, influencées par Botticelli et les peintres préraphaélites. Falp puise d'autres motifs sculptés dans le répertoire floral, végétal ou animal.

▶ Immeuble à l'angle du 12, rue de Picpus et du 2, rue Dorian.
▼ 2, rue Dorian (détail).

La même recherche ornementale se manifeste dans les deux immeubles voisins de la **rue Dorian**, également de Falp (1909), aux n^{os} **4 et 6**.

Autour de l'avenue de Saint-Mandé

À l'angle du n° 22, rue de Picpus et du n° 42, rue du Sergent-Bauchat se dressait, sous la Restauration, l'hôpital militaire de Picpus, succursale du Val-de-Grâce. Une caserne le remplaça en 1860, désaffectée peu après. Au **n° 42** s'étendaient autrefois les jardins du couvent de Sainte-Clotilde, ouvrant au n° 101, rue de Reuilly.

Échappons-nous par la **rue Fabre-d'Églantine**, qui prend sur la gauche, côté impair de la rue de Picpus. Au **n° 9**, G. Lobbé bâtit, en 1896, une maison de rapport de style néogothique. La façade, en brique et pierre pour les encadrements, pastiche les hôtels de l'époque Henri IV et Louis XIII. L'architecte puise son inspiration dans le répertoire stylistique médiéval : arcs en accolade soulignant les fenêtres, colonnettes à chapiteaux foliacés, arcs trilobés, crochets, sculptures d'animaux fantastiques. Au-dessus de la porte, le tympan en ogive montre un alchimiste méditant dans son laboratoire en compagnie de son chat.

Arrivés **place de la Nation**, nous prenons, à droite, l'**avenue du Bel-Air**, allée percée en 1667, où l'on jouait au jeu de paume. Elle permettait d'accéder directement à la promenade de l'avenue de Saint-Mandé depuis la place du Trône (actuelle place de la Nation).

Au **n° 17**, Jean Falp éleva, en 1905, un immeuble de rapport caractéristique de l'Art nouveau. L'architecte, qui habita le bâtiment, s'attacha la collaboration du sculpteur Georges Ardouin. Inspirés par les peintures préraphaélites, des visages féminins animent la façade des arabesques que dessinent leurs cheveux. D'autres motifs sont empruntés au répertoire animalier – chats, écureuils, singes – et au répertoire végétal. L'encadrement de la porte, rehaussé d'une profusion de têtes de femmes et d'enfants, célèbre l'amour maternel.

L'**avenue de Saint-Mandé**, que nous prenons à droite, fut créée par Mazarin à la suite d'une lettre patente de Louis XIV ordonnant, en 1658, des embellissements du château et du parc de Vincennes ainsi que de ses abords. Mazarin envisagea deux voies d'accès parallèles depuis Paris. L'une – le cours de Vincennes – ne fut exécutée qu'en 1669. L'autre, l'avenue de la Ménagerie à Picpus – future avenue de Saint-Mandé –, réalisée de 1658 à 1662, « conduisait de la ménagerie à Picpusse ».

La ménagerie, installée vers 1211 par Philippe Auguste, était située à la limite orientale du parc de

▲ 4, rue Dorian.
▼ 17, avenue du Bel-Air.

◄ 9, rue Fabre-d'Églantine.

▶ 2, avenue de Saint-Mandé.
◀ 10-14, avenue de Saint-Mandé.

Vincennes. Elle renfermait des animaux sauvages destinés à la chasse à courre. Elle contenait aussi « dans des loges séparées des lions, des tigres, des léopards que l'on nourrissait et que l'on faisait se battre sur l'arène placée au milieu de ces loges » (Dulaure, *Description de Paris et de ses environs*). Elle fut transférée en 1706 à Versailles, puis, à la Révolution, au jardin des Plantes. L'avenue de Saint-Mandé formait, au XVIIIe siècle, une promenade très prisée des Parisiens qui appréciaient sa vaste pelouse et sa tranquillité, car on y interdisait le passage des charrettes et des carrosses.

Aux n^{os} **10 à 14**, le Centre technique du bois et de l'ameublement, institué en 1952, dont la façade est plaquée de bois exotiques, diffuse toutes les informations scientifiques et techniques sur le bois.

Au **n° 2**, les architectes Deschler, Thieulin et de Vigan érigèrent, en 1976, l'immeuble abritant l'Office national des forêts. L'édifice, d'une hauteur de trente et un mètres, constitué d'un polygone à quarante pans, peut faire penser à la forme d'un tronc d'arbre.

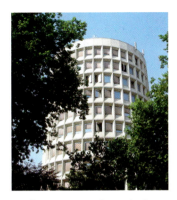

Reprenons, vers la gauche, la **rue de Picpus**, où le ministère de l'Agriculture s'établit de 1950 aux années 1990, au **n° 33**, à la place de l'institut des Sacrés-Cœurs, créé en 1804 par le père Coudrin. Cet institut assurait la formation du clergé. Le bâtiment, animé sur trois niveaux par des baies cintrées, des bandeaux et des chaînes d'angle, est le seul subsistant de l'ancien séminaire.

Le cimetière de Picpus

Au **n° 35**, ouvre le cimetière de Picpus. C'était, au XVIIe siècle, l'ancien couvent des Chanoinesses régulières de Saint-Augustin, dites de Notre-Dame de la Victoire de Lépante. Leur règle les obligeait à fêter, le 7 octobre de chaque année, la victoire remportée par don Juan d'Autriche en 1571, dans le golfe de Lépante, sur les Turcs.

En 1640, les religieuses, originaires de Reims, vinrent à Picpus, où Tubeuf, surintendant des Finances de la reine Anne d'Autriche, leur donna une maison. Pendant la Révolution, le couvent, confisqué par les autorités, fut attribué pour une valeur locative de mille sept cent trente livres à Antoine Riédain à partir du 1er octobre 1792. Celui-ci en sous-loua une partie à Coignard, qui eut l'idée de tirer avantage du grand jardin et de l'air pur du quartier pour créer une maison de santé.

Mais les événements se précipitèrent. Le 14 juin 1794, la guillotine fut érigée place de la Nation. La Municipalité ordonna d'établir un cimetière à proximité. Le lendemain, Poyet, architecte de la commune, Coffinet, inspecteur, et Delépine, administrateur des Travaux publics, réquisitionnèrent le jardin et l'aménagèrent en cimetière, malgré les protestations de Riédain. Ils percèrent une grande porte pour le passage de la charrette transportant les corps des personnes massacrées.

La guillotine fonctionna place de la Nation pendant sept semaines, du 14 juin au 27 juillet 1794. Mille trois cent six personnes furent exécutées, parmi lesquelles le prince Frédéric III de Salm-Kyrburg, la duchesse d'Ayen, la maréchale et la vicomtesse de Noailles, les poètes Antoine Roucher et André Chénier, ou encore Eugène de Beauharnais, premier mari de l'impératrice Joséphine.

Les victimes furent enfouies à la hâte dans les deux fosses communes creusées dans le jardin. Riédain et ses voisins, vignerons, cultivateurs, directeurs de pensions et de maisons de santé, rédigèrent une pétition pour réclamer la suppression du cimetière. Mais les cadavres continuèrent à être apportés à toutes les heures du jour et de la nuit.

Les exécutions cessèrent place de la Nation le 27 juillet 1794 après la chute de Robespierre ; néanmoins, les inhumations se poursuivirent jusqu'au 16 août. Sous le Directoire, la princesse Amélie de Hohenzollern rechercha où était enterré son frère, le prince de Salm-Kyrburg. Elle acheta, le 14 novembre 1796, la parcelle de cimetière concernée, longue de vingt-sept mètres et large de douze. En 1802, à leur retour d'émigration, la marquise de Montagu et Marie-Adrienne de Noailles, épouse du général de La Fayette, voulurent, elles aussi, savoir où étaient ensevelies leur grand-mère la maréchale de Noailles, leur mère la duchesse d'Ayen et leur sœur la vicomtesse de Noailles. Elles lancèrent une souscription auprès des parents des victimes pour acquérir le jardin entourant l'enclos des guillotinés. La société instituée, dite de l'Oratoire, se porta acquéreur du couvent en 1803 et ouvrit en 1805, dans le jardin, un second cimetière, réservé aux descendants directs des personnes guillotinées.

Le général de La Fayette, décédé en 1834, y repose auprès de son

▲ Chapelle du cimetière de Picpus.

▶ Plaque en mémoire de carmélites guillotinées durant la Révolution et enterrées au cimetière de Picpus.

◀ Tombe du général de La Fayette, cimetière de Picpus.

- 37, rue de Picpus.
- 45, rue de Picpus.

épouse. Le 4 juillet, jour de l'indépendance des États-Unis, s'effectue chaque année la relève du drapeau américain qui flotte sans interruption sur la tombe de La Fayette depuis plus d'un siècle, y compris pendant l'occupation allemande. Le général Pershing, commandant du corps expéditionnaire américain en France, s'inclina en 1917 devant la tombe et prononça les paroles célèbres, applaudies par le maréchal Joffre : « La Fayette, nous voilà ».

En 1805, les religieuses de la Congrégation perpétuelle du Très-Saint-Sacrement et des Sacrés-Cœurs de Jésus et de Marie, ordre fondé en 1800 par l'abbé Coudrin et Henriette Aymer de la Chevalerie, s'installèrent dans les bâtiments en ruine du couvent et y substituèrent progressivement de nouvelles constructions.

Joseph-Antoine Froelicher (1790-1866), architecte d'une douzaine de châteaux dont celui de Bonnelles dans les Yvelines, bâtit en 1841 une chapelle commémorative de style néo-classique. À l'intérieur de la chapelle, on remarque la statue de Notre-Dame-de-la-Paix, qui appartenait au duc Henri de Joyeuse, en religion père Ange. Celui-ci la déposa en 1608 dans le couvent des Capucins de la rue Saint-Honoré. La sculpture fut léguée en 1806 à Henriette Aymer de la Chevalerie. Cette statue miraculeuse aurait été à l'origine d'un grand nombre de guérisons.

Au n° 37, rue de Picpus, l'édifice datant des années 1850 dépendait également de la congrégation des Dames du Sacré-Cœur. Il se caractérise par un décor néo-Louis XV, notamment dans les cartouches et les coquilles. Il est couronné par un fronton-pignon cantonné d'ailerons. Au tympan sont sculptés deux cœurs, symboles de la congrégation.

Au n° 45, l'ancien pensionnat dirigé par les religieuses de la Congrégation de la Mère de Dieu abrite maintenant le conservatoire de musique Paul-Dukas. La façade, bâtie vers 1880, percée de baies cintrées de style néo-roman, est surmontée d'une corniche à modillons.

Les rues Santerre et Dagorno

Nous prenons, à gauche, la **rue Santerre** qui longe l'**hôpital Rothschild**, ouvrant au n° 33, boulevard de Picpus. L'hôpital fut commandité par Edmond de Rothschild (1845-1934) qui poursuivit l'œuvre sociale entreprise par James de Rothschild à la fondation familiale. Lucien

Bechmann (1880-1968), architecte de la Maison internationale de la Cité universitaire de Paris, conçut le nouvel hôpital en collaboration avec le docteur Zadoc-Kahn, qui administra l'établissement jusqu'à sa déportation à Auschwitz où il mourut en 1943. Bechmann opta pour un système de pavillons qui divisait l'hôpital en petites unités autonomes. Cette disposition mettait en pratique les connaissances médicales et thérapeutiques du début du XXe siècle. Ainsi, on maintenait l'isolement des malades et on limitait les risques de contagion.

L'hôpital se rapprochait d'une cité-jardin avec ses villas pimpantes et ses parterres fleuris. Lors de la Première Guerre mondiale, dans la nuit du 16 juin 1918, des bombes endommagèrent le pavillon situé à l'emplacement de l'actuel bâtiment de médecine. Pendant la Seconde Guerre mondiale, de 1941 à 1944, les Allemands transformèrent l'hôpital en prison. Les malades juifs, rassemblés sous la surveillance de la police française, furent ensuite déportés dans les camps d'extermination.

Le 1er janvier 1954, Guy de Rothschild fit don de l'hôpital à l'Assistance publique pour la somme symbolique de 1 franc. L'établissement, qui s'est accru de bâtiments supplémentaires destinés à la chirurgie et aux laboratoires de 1971 à 1993, s'oriente actuellement vers la médecine gériatrique, la rééducation neuro-orthopédique et l'odontologie (traitement des dents).

Tournons à droite sur le **boulevard de Picpus** pour nous engager immédiatement après dans la **rue Dagorno**, du nom de Nicolas-René Dagorno, maraîcher, qui possédait, en 1791, les jardins compris entre le n° 23, boulevard de Picpus et le n° 61, rue de Picpus. Une voie privée fut tracée en 1899, qui fut ensuite bordée d'un ensemble de pavillons. En 1914, les Allemands bombardèrent le quartier. On découvre au **n° 13**, rue Dagorno un projectile qui n'avait pas éclaté.

◄ Hôpital Rotschild.
► Rue Dagorno.

Retour rue de Picpus

Cette voie nous ramène dans la **rue de Picpus**, dont nous poursuivons la remontée ; au **n° 61** se trouvait le couvent des Pénitents réformés du tiers-ordre de Saint-François, ordre ainsi nommé parce qu'il était le troisième institué par saint François d'Assise en 1221. Les religieux s'implantèrent à Picpus en 1601. Louis XIII posa, en 1611, la première pierre de la chapelle.

Le couvent, devenu fondation royale, contenait de nombreuses œuvres d'art. Dans le réfectoire était placée une peinture de Le Brun, *Le Serpent d'airain*, qui se dégrada sous l'effet de l'humidité. Le jardin, très spacieux, était décoré de grottes agrémentées de rocailles, de coquillages et de statues. La bibliothèque renfermait des livres précieux, dont quelques-uns sont maintenant conservés à la bibliothèque Mazarine. Un appartement était réservé aux ambassadeurs catholiques des puissances étrangères, qui logeaient là avant de faire leur entrée solennelle à Paris suivant un cérémonial fastueux. L'obligation de recevoir les ambassadeurs à Picpus cessa en 1772.

Au **n° 65**, une maison de retraite pour personnes âgées, tenue par les Petites Sœurs des pauvres, fut inaugurée par l'impératrice Eugénie le 29 novembre 1853. Jeanne Jugan (1792-1879), simple servante béatifiée en 1982, fut à l'origine de cette congrégation. En 1839, elle recueillit des femmes âgées dans la détresse à Saint-Servan (Ille-et-Vilaine), puis hébergea, à partir de 1842, un nombre croissant de vieillards démunis dans la maison de la Croix.

En face, aux **n°s 76 et 78**, se trouve la maison de retraite de la fondation Rothschild. James de Rothschild (1792-1868), créateur de la filiale française de la banque familiale, se préoccupa de nombreuses œuvres de bienfaisance, dont celle-ci, destinée à la communauté juive. La fondation comprenait à l'origine, en 1852, un hôpital de cinquante lits, un hospice pour les personnes âgées et un orphelinat. Rapidement, les bâtiments s'avérèrent trop exigus. Un nouvel orphelinat pour deux cents enfants fut construit en 1874 au 7, rue Lamblardie. En 1914, l'hôpital fut transféré au 33, boulevard de Picpus. Pendant la Seconde Guerre mondiale, les enfants de l'orphelinat furent déportés.

La rue de Picpus finissait, au XVIIIe siècle, rue Lamblardie, qui s'appelait alors ruelle Picquepuce et marquait la limite entre le faubourg Saint-Antoine et la campagne. Afin de maîtriser les conditions de sécurité, d'approvisionnement et de police, le pouvoir royal s'efforçait de restreindre l'extension de Paris et ordonna des opérations de bornage en 1724 et 1726. Une borne fut apposée en 1727 sur la maison, alors la seule de la rue, faisant **l'angle du n° 30, rue Lamblardie et du n° 88, rue de Picpus**. La maison fut abattue en 1914 et la borne donnée au musée Carnavalet. Elle était gravée de l'inscription suivante : « 1727. Du règne de Louis XV, de par le roi, défenses expresses sont faites de bâtir dans cette rue hors la présente borne… »

◂ Borne de Paris située au 304, rue de Charenton, similaire à celle qui était apposée à l'angle du 30, rue Lamblardie et du 88, rue de Picpus.

▸ 76-78, rue de Picpus.

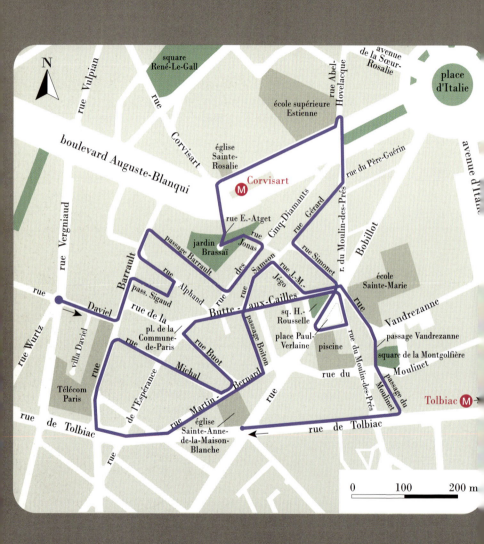

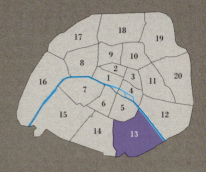

13e

La Butte-aux-Cailles

▶ Départ : rue Wurtz,
métro Corvisart

▶ Arrivée : rue Bobillot,
métro Corvisart ou Tolbiac

Face aux altitudes élevées de Montmartre ou de Belleville (près de 130 mètres), la Butte-aux-Cailles paraît bien modeste avec ses 63 mètres, à peine plus haute que la montagne Sainte-Geneviève et un peu moins que Montparnasse ou Montsouris. C'est la spectaculaire entaille de la Bièvre, en grande partie nivelée aujourd'hui, qui lui vaut cette dénomination et fait imaginer un point élevé. Les Cailles étaient des fermiers, ou des meuniers, qui laissèrent leur nom au quartier dès le XVIe siècle.

Vers 1750, le développement des moulins à vent sur le sommet de la Butte et sur le plateau de l'actuelle avenue d'Italie fait tracer une ligne de crête, la « route de la Butte aux Cailles ».

Jusque vers 1850, la Butte reste pratiquement vierge de constructions. On n'y voit guère que de petits corps de ferme, des baraques de planches dressées comme des châteaux de cartes à l'entrée des puits de carrières de glaise et de calcaire, nombreux ici. Ces derniers sont creusés verticalement, à environ vingt-cinq mètres, profondeur nécessaire pour traverser les couches tendres et trouver la bonne pierre. Une Bièvre déjà sale serpente au pied de cette éminence, rue Vergniaud, au bas d'un ravin abrupt dont la pente actuelle de la rue Daviel ne donne qu'une faible idée puisque celle d'alors dépasse quarante pour cent !

Après l'annexion de cette partie de Gentilly à Paris en 1860, un début d'urbanisation se dessine à la Butte, qui se peuple de blanchisseuses, de chiffonniers, de « bouifs » (ouvriers de la chaussure) préoccupés de leur survie quotidienne. La Butte se construit lentement de maisons modestes, posées sur des carrières pas toujours bien comblées. Ce n'est qu'après les années 1900-1910 que la disparition de la Bièvre et le remblaiement de son lit vont rendre possible une véritable urbanisation.

Depuis une dizaine d'années, la Butte est à la mode. Les bars et les restaurants fleurissent, les touristes se pressent pour découvrir son atmosphère de village un peu populaire, un peu anarchiste, détendu et convivial. Cette vogue a aussi ses effets pervers. La composition sociale a fortement évolué. Les petites mai-

La Butte-aux-Cailles en 1876

« La Butte-aux-Cailles aura bientôt perdu sa physionomie si pittoresquement étrange. On la dote de nouvelles rues, très larges et bien aérées ; on lui fait sa toilette chaque matin ; on la balaie, tout comme le quartier de l'Opéra ; aussi, peu à peu, les chiffonniers vont-ils chercher un gîte ailleurs. La propreté ! Mais vous n'y songez pas : elle les gêne, elle est une insulte à leurs sales loques, à leur crasse héréditaire !

Laissez-leur donc les ruelles étroites et tortueuses, vrais dégorgeoirs d'immondices où des chiens pelés, grelottant la faim, grattent des miettes entre les cailloux boueux. Ne démolissez pas ces pâtés de maisons qui s'appuient les unes contre les autres, comme deux ivrognes qui cherchent la verticale — peut-être pour se soutenir, peut-être pour tomber toutes ensemble. Fermez les yeux sur les chambres malsaines où père, mère, fils et filles couchent entassés sans pudeur, pêle-mêle avec les animaux domestiques.

Si vous abattez ces murs qui s'affaissent d'eux-mêmes ; si vous tracez des boulevards et des squares dans ces endroits où les enfants se plaisent à fumer l'herbe ; si vous remplacez les quinquets huileux par des guirlandes de gaz ; quelle perte irréparable pour les aquafortistes, amants des lignes tourmentées et du baroque artistique !... Municipalité parisienne, respect à la Butte-aux-Cailles ! »

Pierre-Léonce Imbert, *À travers Paris inconnu*, 1876.

▶ Temple antoiniste, 34, rue Vergniaud.

◀ « La Petite Alsace », 10, rue Daviel.

▼ Villa Daviel.

sons, rachetées et réhabilitées, abritent maintenant des amateurs aisés du « vrai » Paris. Les rares immeubles qui peuvent y être construits – le site est classé et les limites d'occupation des sols sont draconiennes – proposent des appartements à prix très élevés, entraînant les loyers à la hausse.

De la rue Wurtz à la rue des Cinq-Diamants

Notre promenade commence au fond de la vallée de Bièvre : son bras mort suivait le cours de la **rue Wurtz**. À l'articulation de celle-ci avec la rue Vergniaud s'élève le **temple antoiniste**, consacré en octobre 1913 sur un carrefour surélevé de neuf mètres pour atténuer l'ancienne pente de la vallée. C'est une chapelle de taille modeste – il existe trois églises antoinistes à Paris pour un culte qui, depuis la « désincarnation » de son Père (le Belge Antoine Louis, mort en 1912), se consacre à la charité et à la guérison des malades. Remarquons, à l'angle de la rue Daviel, côté est, une **boulangerie** 1900 au joli décor.

Prenons la **rue Daviel**, dans le sens de la montée. En 1912 ont été achevés, presque simultanément, l'ensemble HLM du nº 10 et la villa Daviel. Le **nº 10**, communément dénommé « Petite Alsace », est une belle cour de ferme bordée de maisons de brique à colombages, régulièrement construites selon une alternance de toits et de pignons en façade, ensemble plein de charme quoique sans originalité particulière. En face, la **villa Daviel** est typique de ces voies privées parisiennes loties et construites dans un souci d'unité.

La plupart des maisons de cette villa sont très bien entretenues, de même que les jardinets qui les précèdent, où l'on trouve toutes sortes de fleurs, d'arbustes, et même, faisant face à un figuier, un bananier !

En haut de la rue, aux **n°s 35 et 37 de la rue Barrault** sont deux petites maisons individuelles récentes, bien dessinées. Prenons cette rue à gauche puis, à droite, le **passage Sigaud**. Au **n° 21** se situait l'ancienne Bibliothèque marxiste, qui s'était installée dans un lieu où la légende veut voir une ancienne maison close dont les pensionnaires appâtaient le chaland depuis leur balcon. **Du n° 17 au n° 7**, nous pouvons voir plusieurs agréables petites maisons, entièrement rénovées.

Rue Alphand, au **n° 11**, de curieux mascarons Art nouveau ponctuent le second étage d'une résidence dotée d'une agréable cour plantée. Descendons cette rue vers la gauche pour reprendre la **rue Barrault**. À droite, le **passage Barrault** est une voie pavée pleine de charme, qui était encore, il y a peu, signalée par un panneau : « Passage Barrault, voie privée, interdite aux voitures pesant plus de trois mille kg. » En effet, le terrain est ici sous-miné de profondes carrières, parfois mal remblayées.

Plusieurs maisonnettes ponctuent la montée de la Butte : remarquons, en particulier, la jolie propriété qui se devine derrière la grille du **n° 11**. En face, au **n° 6 bis**, se trouvait encore, il y a une quinzaine d'années, une petite industrie de joints en caoutchouc. Sa voisine du **n° 6** fut entièrement reconstruite à partir d'un taudis : on mesure bien, ici, la rapide recomposition sociale de la Butte-aux-Cailles.

▲ 21, passage Sigaud.

◂◂ Rue Alphand.
◂ Passage Barrault.

13e | La Butte-aux-Cailles | 197

▶ 29, rue des Cinq-Diamants.
◀ Siège des « Amis de la Commune de Paris », 46, rue des Cinq-Diamants.

Nous arrivons **rue des Cinq-Diamants**. Ce nom était autrefois celui d'une petite rue située dans le prolongement sud de la rue Quincampoix. En 1851, les deux voies furent réunies sous ce dernier nom, et celui de « Cinq-Diamants » (dû à une enseigne de bijoutier du XVIe siècle) échut plus tard à notre rue du 13e.

Empruntons-la vers la gauche. Au **n° 46** se trouve le siège des « Amis de la Commune de Paris », la plus ancienne organisation du mouvement ouvrier français, créée en 1882. Et c'est son inlassable activité qui fit

obtenir à la placette triangulaire du sommet de la Butte le nom glorieux de « place de la Commune de Paris ». La Butte-aux-Cailles se distingua, en effet, pendant la phase terminale de la Commune de Paris, en mai 1871. Le général fédéré Valéri Wroblewski avait disposé sur le sommet des pièces d'artillerie qui allaient, durant plusieurs heures, ralentir les troupes versaillaises, entrées dans Paris à la faveur d'un accord avec les Prussiens. Cette résistance acharnée permit aux communards de gagner du temps pour fuir vers la rive droite...

Au **n° 39**, un café-hôtel proclame fièrement sur sa façade : « Maison Fahet depuis 1927. » Au **n° 40**, une petite cour est encore occupée par l'un de ces ateliers que l'on voyait partout ici jusqu'en 1970. Plusieurs boutiques ont conservé leur devanture d'autrefois, comme, par exemple, celle du **n° 29** (bandeau et panneaux de bois). Face au célèbre « Chez Gladines », le convivial café du **n° 23** porte le nom de « Passage des Artistes », le surnom ironiquement donné à la petite rue Jonas qui débouchait sur une véritable cour des Miracles, la cité Jonas, à l'emplacement de l'actuel jardin Brassaï.

Autour du boulevard Auguste-Blanqui

Prenons la **rue Jonas**, qui devient, dès le début du square, la **rue Eugène-Atget**. Un escalier gagnant le boulevard Auguste-Blanqui donne une idée du raidillon que l'on découvrait à l'angle de ce boulevard de ceinture, limite de Paris jusqu'en 1860. La résidence en arc de cercle qui, selon la publicité de ses promoteurs, épousait le lit de l'ancienne Bièvre – laquelle coulait, en réalité, à cent mètres de là, sur cours perpendiculaire –, supprima un magnifique point de vue.

Traversons le **boulevard Auguste-Blanqui**, sous le métro aérien, pour

gagner l'**église Sainte-Rosalie**. Fondée en 1859 en souvenir de la sœur Rosalie, sur l'actuelle avenue du même nom, l'œuvre de l'abbé Le Rebours était desservie par les pères lazaristes ; cette chapelle se dota, deux ans plus tard, d'une école et d'un bureau de placement pour les jeunes gens pauvres du secteur. Expropriée en 1867 pour le percement de l'avenue, elle fut consacrée en 1869 à l'emplacement actuel, mais jamais les fonds ne purent être dégagés pour construire le clocher qui devait orner l'angle nord-ouest. C'est une constante dans le 13ᵉ, Saint-Hippolyte puis Saint-Marcel ayant dû attendre le leur plus de dix ans... Sainte-Rosalie ne fut érigée en paroisse qu'en 1963 ; le départ des pères lazaristes n'intervint que huit ans plus tard. Une plaque leur est dédiée dans cette petite église, sur le mur de gauche de la nef. Dominant le chœur, un vitrail montre, sur la verrière de droite, la sœur Rosalie présentant à sa sainte patronne la maquette de l'église... avec son clocher !

Remontons à présent le boulevard Auguste-Blanqui, jusqu'à l'**École supérieure Estienne des Arts et Industries graphiques**. Le bâtiment principal en brique est précédé d'un portail ouvragé aux armes de la Ville de Paris et d'une cour plantée, notamment, de beaux magnolias. Cet ensemble, dû aux architectes Manjot et Dammartin, fut inauguré en 1896 ; les charpentes du grand atelier central provenaient de la fabrique de Gustave Eiffel.

En retraversant le boulevard, remarquons, sur le terre-plein, l'unique **kiosque à musique** 1900 de l'arrondissement, et gagnons la **rue du**

Moulin-des-Prés. Au n° 1, au coin du boulevard, s'élève la maison où Auguste Blanqui (« Ni Dieu, ni maître ! ») mourut en 1881, après avoir habité trois ans au quatrième étage. Une plaque trop petite et haut placée rappelle que « Quarante ans de prison n'ont jamais plié sa fidélité à la classe ouvrière ».

Empruntons la rue du Moulin-des-Prés, puis, à droite, la **rue Gérard**, qui possède quelques petites maisons de faubourg **entre les n°ˢ 40**

◄ Église Sainte-Rosalie.

▶ Kiosque à musique, boulevard Auguste-Blanqui.

▼ École supérieure Estienne des Arts et Industries graphiques, 18, boulevard Auguste-Blanqui.

▶ Enseigne d'une ancienne fabrique de chaussures, place Paul-Verlaine.

et 48. La **rue Simonet**, à gauche, ancienne rue d'ateliers où se trouvaient, il y a seulement quelques décennies, une brasserie, trois usines et une œuvre charitable, permet de gagner la **place Paul-Verlaine**.

Autour de la rue de la Butte-aux-Cailles

À gauche, au coin de la place Paul-Verlaine, un pignon porte l'**enseigne** restaurée de « H. Lefèvre, fabrique de chaussures et galoches ». La petite usine est aujourd'hui transformée en logements.

Au bas de la place, le fameux **« Établissement balnéaire de la Butte-aux-Cailles »** possède une curieuse façade en brique, masquant une piscine à deux bassins extérieurs, et un autre couvert d'une belle voûte de béton. Cet ensemble remarquable, récemment restauré, est signé des architectes Bonnier et Hennebique.

Sa création est liée à l'histoire du puits artésien dont il subsiste une **fontaine moderne**, sur la place. Pour encourager l'urbanisation de la Butte-aux-Cailles, Haussmann avait fait entreprendre le forage de ce puits afin qu'il alimente la Butte, mais aussi la Bièvre, quasiment à sec l'été. Commencé en 1866, le forage fut interrompu six ans plus tard à 532 mètres. Abandonné pendant près de vingt ans, le chantier devait reprendre à la fin du siècle. L'eau jaillit enfin à 582 mètres, à la fin de l'année 1903. Or, à cette date, la Bièvre allait être canalisée et l'eau courante arrivait dans les immeubles. Que faire des six mille mètres cubes d'eau quotidiens fournis par le puits artésien ? Un petit bains-douches fut aménagé en 1908, mais c'est seulement en 1924 que furent inaugurés l'établissement actuel et la piscine, alimentés par cette eau à 28 °C, légèrement soufrée. Cette piscine constituait alors une révolution : outre que l'eau provenait du puits artésien, outre le couplage avec le bains-douches, elle fut la première en France à obliger les utilisateurs à passer par la salle de douches, et à mettre l'accent sur l'apprentissage de la natation. Rappelons qu'en 1922, la France comptait vingt piscines toutes saisons (dont sept à Paris), contre huit cent six en Angleterre et mille trois cent soixante-deux en Allemagne !

À gauche de la piscine, une curieuse **maison à tourelle**, appelée dans le quartier le « petit château », a été restaurée et insérée dans un ensemble immobilier. Reprenons à gauche la **rue de la**

▼ Maison à tourelle, place Paul-Verlaine.

Butte-aux-Cailles. Cette ligne de crête est l'endroit animé du quartier. En retrait, sur l'emplacement du **n° 12**, se trouvait, en 1850, un moulin à vent en activité ; au **n° 16**, la Société coopérative ouvrière de production Le Temps des cerises a ouvert un restaurant en juillet 1976, embryon de la vogue du quartier dans les milieux intellectuels et militants. Dans la salle, on peut admirer un beau monte-charge de fonte ; là se retrouvent depuis une génération, parmi un public de plus en plus mêlé, les esprits libertaires, les anarchistes et les artistes de l'après-Mai 68. Le nom fait, bien entendu, référence à la fameuse chanson de Clément (voir encadré) rendue célèbre par les survivants de la Commune, dont le sang imprégna ce quartier. Deux autres cafés de la rue s'en sont inspirés : Le Merle Moqueur au **n° 11** et La Folie en Tête au **n° 33** sont également des lieux de concert. Beaucoup de commerces ont disparu de la Butte en quinze ans, tandis que se multipliaient les bars et les restaurants. Au **n° 17**, l'association La Bienvenue gère une bibliothèque publique. Au **n° 23**, le bar-tabac domine la petite place de village qui marque le cœur du quartier ; c'est un lieu que tout le monde fréquente, expression qui a un sens fort ici, la Butte étant un véritable carrefour social et culturel.

◀ Le Merle Moqueur, 11, rue de la Butte-aux-Cailles.

Le Temps des cerises

Composée en 1867 par Jean-Baptiste Clément, l'auteur de *Dansons la capucine*, mais aussi de *La Grève, Le Premier Mai* et autres chants révolutionnaires, cette chanson prendra tout son sens après que les Versaillais auront écrasé dans le sang la révolte communarde.

Quand nous chanterons le temps des cerises,
Et gai rossignol et merle moqueur
Seront tous en fête.
Les belles auront la folie en tête
Et les amoureux du soleil au cœur.
Quand nous chanterons le temps des cerises,
Sifflera bien mieux le merle moqueur.

Mais il est bien court le temps des cerises,
Où l'on s'en va deux cueillir en rêvant
Des pendants d'oreilles,
Cerises d'amour aux robes pareilles
Tombant sous la feuille en gouttes de sang.
Mais il est bien court, le temps des cerises,
Pendants de corail qu'on cueille en rêvant.

Quand vous en serez au temps des cerises
Si vous avez peur des chagrins d'amour,
Évitez les belles !
Moi qui ne crains pas les peines cruelles,
Je ne vivrai point sans souffrir un jour.
Quand vous en serez au temps des cerises,
Vous aurez aussi des peines d'amour !

J'aimerai toujours le temps des cerises,
C'est de ce temps-là que je garde au cœur
Une plaie ouverte.
Et dame Fortune, en m'étant offerte,
Ne pourra jamais fermer ma douleur.
J'aimerai toujours le temps des cerises,
Et le souvenir que je garde au cœur.

En poursuivant dans la rue de la Butte-aux-Cailles, nous trouvons la **place de la Commune-de-Paris**, fort occupée le soir de petits groupes animés, et dotée d'une fontaine Wallace. En quittant cette place par la **rue de l'Espérance**, songeons que se trouvait là, en 1850, le second des deux derniers moulins à vent de la Butte.

De la rue de l'Espérance au passage Boiton

Descendons, à gauche, la rue de l'Espérance, puis la **rue Buot**, qui donne sur l'abside de l'église Sainte-Anne. Notons, dans cette charmante rue, la petite maison du **n° 11**. Nous arrivons **rue Martin-Bernard**. En face de nous se trouvait, autrefois, un hangar en briques attenant à l'église, qui fit longtemps office de salle de cinéma, après avoir abrité, voici un siècle, un centre de secours charitable géré par des étudiants. Quand, en octobre 1915, la fabrique de grenades située aux n°s 164 à 172, rue de Tolbiac explosa, les quarante-trois corps des victimes y furent déposés… Puis ce hangar sans intérêt particulier fut démoli.

▲ Fontaine Wallace, place de la Commune-de-Paris.

◂ 27, rue Michal.

▸ 8, rue Michal.

▾ Rue Buot.

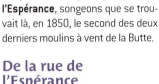

Remontons, à droite, la **rue Michal**, plus pittoresque encore que la rue Buot, car bordée de maisons de village des deux côtés : celle du **n° 27** est certainement l'une des plus anciennes maisons du quartier ; elle présente encore la disposition très rare à Paris d'un pavillon sur un seul niveau avec un toit en pente, typiquement rural. La rue Michal abrite aussi une élégante maison moderne au n° 18, ainsi que plusieurs **ateliers d'artistes**, qui ont su rénover et transformer de paisibles maisons ouvriè-

res. À l'angle de la rue de l'Espérance se trouve une **boutique à volets de bois**. Poursuivons la rue Michal au-delà du croisement : on y voit, au **n° 8**, un petit immeuble de belles proportions, dont la cage d'escalier forme un élégant arc de cercle. En 1994, le Comité des Sans-Logis y tenait ses permanences.

Pousuivons jusqu'à la **rue Barrault**, que nous prenons vers la gauche. Aux **n°s 42 à 46**, l'École nationale supérieure des télécommunications (aujourd'hui Télécom Paris) montre

une façade incurvée d'un dessin assez heureux, dû à l'architecte Chappey (1962) et ornée de bas-reliefs de Joffre, dont un monumental : *De la terre au cosmos / L'homme au cours des âges utilise les forces élémentaires pour les transmissions.* L'ensemble ne manque pas de force, réalisé en un temps où le Progrès était encore une religion.

Nous retrouvons la **rue de Tolbiac**, que nous suivons à gauche jusqu'à la **rue Martin-Bernard**. À l'angle, un restaurant italien n'a conservé, d'un ancien décor de café 1900 de l'atelier Reybaud, que la jolie frise de fer forgé à fleurs courant sur l'auvent de façade. Remontons la rue Martin-Bernard puis empruntons, à gauche, le **passage Boiton**, autre petite voie de la Butte bordée de maisons basses avec jardinet.

De la rue Samson à l'église Sainte-Anne

Traversons la rue de la Butte-aux-Cailles pour prendre, presque en face, la **rue Samson**. Au **n° 13**, un architecte construisit, il y a une vingtaine d'années, une maison de brique et de béton qui s'inscrit harmonieusement dans cette rue d'habitat très modeste en cours de restauration. Par la **rue Jean-Marie-Jégo**, à droite, rejoignons la **rue de la Butte-aux-Cailles**, que nous reprenons, vers la gauche, pour gagner la **rue Vandrezanne**. Après avoir traversé la rue Bobillot, nous nous retrouvons sur la **place Paul-Verlaine**, véritable plateau remblayé sur une forte pente.

La première montgolfière portant des hommes atterrit le 21 novembre 1783, non pas exactement ici, mais un peu plus loin, à l'intérieur du coude de la rue Vandrezanne... Ce jour-là, Jean-François Pilâtre de Rozier et François Laurent, marquis d'Arlandes, s'élevèrent dans les airs, depuis le jardin de la Muette, dans un ballon à air chaud. Ils passèrent la Seine près des Invalides et gagnèrent bientôt les Gobelins, se posant enfin entre deux moulins de la Butte-aux-Cailles. Le récent jardin public du quartier, donnant rue Henri-Michaux et rue du Moulinet, vient d'être baptisé square de la Montgolfière en commémoration de cet événement.

Mais restons encore un peu **rue Vandrezanne**, haut lieu des institutions sociales de l'arrondissement. À l'angle de la rue Bobillot, un **ancien porche** rappelle que, sur le site de l'actuelle école Sainte-Marie (au fond de l'impasse) et d'une partie du centre commercial Italie 2, se trouvait une œuvre de quatre sœurs de Saint-Vincent-de-Paul, qui s'installèrent ici en 1828 pour créer un dispensaire.

À la hauteur du coude de la rue Vandrezanne s'ouvre, à droite, ce qui subsiste du **passage Vandrezanne**, pittoresque ruelle dotée de trois becs de gaz restaurés. Le bas du passage semble s'enfoncer dans le sol après

▲ Passage Boiton.
▼ Rue Vandrezanne.

13e | La Butte-aux-Cailles | 203

▸ Passage Vandrezanne.

la rue du Moulinet : c'est le vestige de son ancien tronçon au sud, en un temps où la rue de Tolbiac passait au-dessus de la rue du Moulin-des-Prés, sur un viaduc. Le croisement à niveau des rues nécessita plus de quinze mètres de remblai ! En face de l'entrée du nouveau petit square de la Montgolfière, le **passage du Moulinet**, devenu piétonnier, possède quelques minuscules maisons typiques de la Butte, par exemple aux **nos 5, 7, 9, 10, 12**...

À droite, la **rue de Tolbiac** permet de gagner, au croisement avec la rue Bobillot, la plus vaste église du 13e, **Sainte-Anne-de-la-Maison-Blanche**. La chapelle Bréa (située avenue d'Italie et détruite en 1897) étant devenue insuffisante, et l'église monumentale envisagée par Haussmann en 1865 au sommet de la Butte n'ayant pas été édifiée, ce furent les généreux Jules et Honorine Nolleval qui achetèrent, en 1892, le terrain de l'église actuelle.

L'architecte Bobin proposa une église de style romano-byzantin posée sur une crypte et comportant une coupole monumentale. Les dons affluant, la construction commença en 1894 sous le ministère de l'abbé Miramont, curé de la chapelle Bréa, qui se bâtit vingt années durant pour l'édification de Sainte-Anne. Les fondations de l'église, posée sur le remblai

▸ Passage du Moulinet.
▾ Église Sainte-Anne-de-la-Maison-Blanche.

de Tolbiac, nécessitèrent soixante et onze piliers, dix mille mètres cubes de meulière et deux mille de béton !

Il fallut attendre 1898 pour que la façade, payée par la famille des chocolatiers Lombart, fût présentable ; ce qui lui valut, dans le quartier, le surnom de « façade chocolat » ! Les vitraux et les mosaïques des années 1930 sont l'œuvre du célèbre maître verrier Mauméjean.

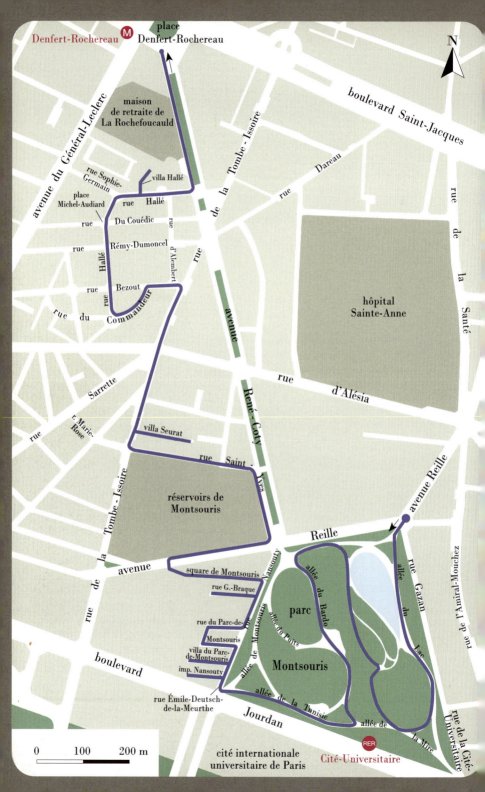

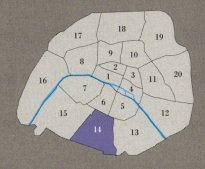

14e

De Montsouris à Denfert-Rochereau

▶ Départ : parc Montsouris, RER Cité-Universitaire
▶ Arrivée : place Denfert-Rochereau, métro Denfert-Rochereau

◀ Parc Montsouris.

Si la création du parc Montsouris remonte à un décret du 22 février 1865, les travaux ne furent achevés qu'en 1878. L'ingénieur Jean-Charles-Adolphe Alphand (1817-1891), « jardinier d'Haussmann » qui dirigeait les services des Promenades, des Parcs et des Plantations, en dessina les plans. Dans l'esprit de Napoléon III et de son préfet, il convenait d'aménager au sud un espace vert, comme il y avait les Buttes-Chaumont au nord, le bois de Vincennes à l'est et le bois de Boulogne à l'ouest. Ainsi fut-il décidé d'implanter un parc sur la plaine de Montsouris.

Dans ses *Promenades dans Paris*, Alexis Martin (Paris, éditions Hennuyer, 1892) consacre un court texte au parc Montsouris : « C'est un endroit charmant, une sorte de pendant au parc des Buttes-Chaumont, et, comme lui, très fréquenté, non seulement par les habitants du quartier, mais encore par de nombreux promeneurs. La superficie du parc, qu'égaient la verdure des futaies et le murmure de l'eau, est de seize hectares ; les chemins de fer de Sceaux et de Ceinture le traversent. Au point culminant, on a reconstruit le Bardo, palais du bey de Tunis, qui figurait à l'Exposition universelle de 1867 ; c'est un observatoire météorologique... »

Ce Bardo dominait la partie haute du parc ; il fut détruit lors d'un incendie en 1991.

Le parc Montsouris

Traversé par la ligne B du RER, le parc Montsouris, feuillu, fleuri, pentu avec vingt mètres de dénivellation, forme un trapèze bordé par le boulevard Jourdan, les rues Nansouty et Émile-Deutsch-de-la-Meurthe, l'avenue Reille, les rues Gazan et de la Cité-Universitaire. Tout comme la Cité universitaire, le jardin est une gigantesque volière. La végétation surprend par sa luxuriance, sa variété et ses parfums capiteux. Le promeneur y découvrira, notamment, un arbre de Judée, un cytise, un tilleul argenté, un érable du Japon, des bergénias, des astilbes, des hostas, des azalées, des fougères, un tulipier de Virginie, un cèdre du Liban, trois catalpas, un poirier à feuilles de saule, un hêtre tortueux pleureur, un orme de Sibérie, un hêtre pourpre, un chêne vert, un séquoia et même un kaki.

Quant à l'ornithologue amateur, il pourra s'exercer à identifier le canard colvert, le cygne tuberculé, le tadorne casarca, la nette rousse, la mouette rieuse, la foulque macroule, la poule d'eau, la bergeronnette des ruisseaux, la bergeronnette grise, le roitelet huppé, la pie bavarde, la corneille noire et, bien évidemment, le merle noir ou l'étourneau sansonnet.

Entrons dans le parc par la grille qui s'ouvre **à l'angle de la rue Gazan et de l'avenue Reille**. Le **lac** s'étend devant nous, et nous empruntons l'allée parallèle à la rue Gazan. À droite, nous pouvons admirer un **kiosque à musique** semblable à ceux des stations thermales d'antan ; il est malheureusement inaccessible, pris dans des étais et en attente d'une consolidation définitive.

À gauche, le restaurant **Le Pavillon Montsouris** est une véritable institution dont l'entrée, noyée dans la végétation, se trouve au n° 20, rue Gazan. Y dîner un soir d'été à la fraîche est un plaisir rare.

Nous progressons jusqu'au **pavillon de garde** placé au carrefour avec une allée en escalier partant sur notre droite. Empruntons cette dernière tout en détaillant, à notre gauche, la sculpture suggestive intitulée *La Carrière* ou *Accident de la mine* – nous évoluons dans un périmètre dont le sous-sol fut abondamment sollicité pour construire les maisons de Paris –, œuvre réalisée par Henri Bouchard en 1906.

En haut des marches, prenons l'allée sur la droite, mais sans passer le pont ; descendons plutôt le chemin qui part à droite, entre la voie ferrée et la pente gazonnée. Au carrefour, poursuivons dans l'allée la plus à gauche. Bientôt, nous pouvons admirer une œuvre de Morice Lipsi intitulée *Les Baigneuses* ou *Les Jumelles*, représentant deux femmes nues.

Passant devant un petit îlot en forme de haricot qui agrémente la pièce d'eau, nous arrivons à la hauteur du groupe sculpté, à notre gauche,

◂ *Les Baigneuses* ou *Les Jumelles*, sculpture de Morice Lipsi, parc Montsouris.

intitulé **La Mort du lion**, de E. Desca : deux hommes portent sur leurs épaules la lourde dépouille d'un fauve.

Sur notre droite, une sculpture de René Baucourt, **Premier Frisson** ou **La Bergère et ses moutons** ou **La Bergerie**, se détache sur un fond de verdure. Une jeune femme très légèrement vêtue s'appuie sans façon contre l'épaule d'un jeune homme.

Nous passons à présent sous le pont du RER et empruntons l'allée qui se trouve à notre gauche, dans la perspective de l'entrée qui s'ouvre à l'angle de l'avenue Reille et de la rue Nansouty. On ne peut manquer la fameuse **Colonne de la Paix armée**. Haute de 8,5 mètres, elle fut réalisée d'après un dessin de l'architecte Paul Sédille et se trouve coiffée par un bronze dû à Jules Coutant (1888).

Dépassons, sur notre gauche, une aire de jeux qui abrite, étonnamment pour un espace réservé aux enfants plutôt qu'aux baroudeurs, un **monument à la mémoire du colonel Flatters et de ses compagnons**. Ce militaire (1832-1881) était le chef d'une mission de reconnaissance pour la construction du chemin de fer transsaharien, dont presque tous les membres furent massacrés par des Touaregs au puits de Bir-el-Garama.

Laissons, sur notre droite, une **panthère** menaçante, les oreilles à l'horizontale, la gueule ouverte, les crocs dehors. Et avançons dans l'allée jusqu'à l'endroit où nous surplombons la gare du RER, enfoncée dans une tranchée. Tournons à droite dans l'allée parallèle au boulevard Jourdan. Nous passons entre deux œuvres sculpturales caractéristiques de ce parc qui offre sans cesse des découvertes inattendues. On sera certainement sensible à **La Pureté** ou **La Grèce**. Ce bronze du sculpteur Costas Valsamis fut dédié, à l'initiative de C.-D. Panopoulos, à la Ville de Paris. En face, dissimulée par la végétation et tournée vers la Maison de l'Argentine de la Cité universitaire, on appréciera la statue équestre, réalisée par le sculpteur Van Peborgh, de José de San Martín (1778-1850), libérateur de l'Argentine, du Chili et protecteur du Pérou, à l'indépendance duquel il contribua.

Plus loin, une stèle quadrangulaire, appelée **mire du Sud**, marque l'emplacement de l'ancienne mire de l'Observatoire, érigée en 1806. Cette œuvre de Vaudoyer indique le passage de l'ancien méridien de Paris, calculé en 1667, auquel se substitua, en 1911, celui de Greenwich. À l'origine, le nom de Napoléon figurait sur la stèle ; il aurait été extirpé au burin sous la Restauration...

Dépassons le petit **bâtiment de Météo-France** pour arriver à l'angle du boulevard Jourdan. Chemin faisant, nous remarquons un **petit pavillon** : ce qui était, à l'origine, un bâtiment de fonction est occupé par le périodique d'une société d'astronomie.

◄ *Drame au désert*, sculpture (1891) de Georges Gardet, parc Montsouris.

▲ La « mire du Sud », parc Montsouris.

◄ Pavillon à l'entrée du parc Montsouris.

- Rue du Parc-de-Montsouris.
- Square de Montsouris.

son atelier au **n° 6**. L'immeuble, légèrement en retrait par rapport à la rue, fut construit par le célèbre architecte Auguste Perret, en 1927. L'atelier de Braque se trouvait au deuxième étage.

À l'angle du **n° 14, rue Nansouty** se dresse la villa du peintre suisse Walter Guggenbühl, construite en 1926-1927 par André Lurçat. L'originalité de cette maison aux lignes pures tient au fait que chaque pièce dispose d'une vue sur le parc. L'architecte en soigna particulièrement l'aménagement intérieur, en tenant compte des besoins de son client.

Le long du parc Montsouris

Dirigeons-nous vers la sortie et empruntons la **rue Émile-Deutsch-de-la-Meurthe**. Il faut explorer, tour à tour, l'**impasse Nansouty**, la **villa du Parc-de-Montsouris** et la **rue du Parc-de-Montsouris**. Toutes ces voies sont feuillues à souhait, fleuries et gracieuses, avec un habitat à taille humaine qui rayonne de charme et de sérénité. On se prend à envier leurs heureux habitants de vivre ainsi à la fois au cœur et en marge de la capitale. La rue du Parc-de-Montsouris dessine un coude qui nous ramène rue **Nansouty**, dans le prolongement de la rue Émile-Deutsch-de-la-Meurthe.

Aventurons-nous dans la petite **rue Georges-Braque**. Le peintre y eut

Engageons-nous dans le **square de Montsouris**, qui aboutit avenue Reille. Il peut être considéré comme l'un des plus beaux lieux de l'arrondissement. Cette voie pavée, comme toutes celles qui donnent dans les

- 6, rue Georges-Braque.
- Villa Guggenbühl, 14, rue Nansouty.
(© Adagp, Paris 2007)

rues Nansouty et Émile-Deutsch-de-la-Meurthe, est une enclave de rêve, escarpée, bossue, feuillue, dans laquelle il fait bon se promener, de préférence quand la végétation devient exubérante et que les oiseaux y vont de leur symphonie. Des maisons individuelles, toutes plus charmantes les unes que les autres, des ateliers d'artistes, des bouquets de végétation, des immeubles de caractère, des réverbères à l'ancienne donnent à cette ruelle un petit air anglais, assez rare à Paris.

Au débouché du square de Montsouris sur l'**avenue Reille (n° 53)**, nous nous trouvons devant l'atelier du peintre Ozenfant : il s'agit de la première construction de Le Corbusier à Paris. L'architecte adopta, pour cette réalisation, des courbes non agressives avec, en angle, trois ouvertures en largeur, qui se superposent sur les trois niveaux et dont celle du dernier étage est immense.

De l'avenue Reille à la rue de la Tombe-Issoire

Prenons à droite dans l'**avenue Reille**, en jetant un coup d'œil aux deux élégants pavillons qui coiffent les **réservoirs d'eau de Montsouris**. Agrémentés d'un chaînage en pierre taillée et d'arcades de briques multicolores, ces petits bâtiments dans le style Gui-mard sont coiffés d'une verrière à fines armatures métalliques. Ils constituent une rareté à protéger.

Nous nous trouvons ici au-dessus des carrières de Montrouge. Les réservoirs de Montsouris récupèrent les eaux de la Vanne, du Loing, de la Voulzie, du Dutreint, du Dragon et de la Seine. Cet ensemble s'étend sur plusieurs hectares circonscrits par la rue de la Tombe-Issoire, la rue Saint-Yves et l'avenue Reille.

Empruntons la rampe de la **rue Saint-Yves** surplombant l'avenue René-Coty. Au **n° 2 bis**, une petite porte se donne des allures médiévales. Au **n° 1**, une vieille maison d'un étage s'accoude au talus des réservoirs de Montsouris ; ici était établi un bougnat. Rejoignons la cité du Souvenir au **n° 11**. Fondé en 1925 par

◂ Pavillon coiffant les réservoirs d'eau de Montsouris, avenue Reille.

◂ Maison-atelier du peintre Amédée Ozenfant, 53, avenue Reille.
(© Adagp, Paris 2007)

◂ 1, rue Saint-Yves.

14e | De Montsouris à Denfert-Rochereau | 211

▶ 11, rue Saint-Yves.

l'abbé Keller, cet ensemble populaire abrite toujours une chapelle dans sa cour. Tout au long de la rue, et notamment aux **n**os **14, 16 et 20**, notons la survivance de quelques maisons des faubourgs d'autrefois, épargnées par les assauts de la promotion immobilière.

En fond de tableau, on remarque la silhouette en brique rouge du couvent et de la chapelle (1936) des pères franciscains de la rue Marie-Rose.

Nous prenons, à main droite, la **rue de la Tombe-Issoire** pour rejoin-

◀ Rue Bezout.
▶ 3, villa Seurat.

dre, à quelques pas, s'ouvrant au **n° 83**, la **villa Seurat**. Dans un cadre propice à la création, les maisons-ateliers sont au coude à coude. De grands noms des arts et des lettres résidèrent ici, parmi lesquels Dali, Soutine, Lurçat, Gromaire, Anaïs Nin, Henry Miller au **n° 18**...

De la rue Bezout à la place Denfert-Rochereau

Nous poursuivons dans la **rue de la Tombe-Issoire** et traversons la rue d'Alésia pour gagner la **rue Bezout**. Nous pénétrons là dans un village, coincé entre l'avenue du Général-Leclerc et l'avenue René-Coty. La rue Bezout est bordée de petites maisons villageoises devenues rares au cœur d'un urbanisme stéréotypé.

À notre gauche, la **rue du Commandeur**, paisible voie en arc de cercle, tient son nom de l'ancienne présence de la Commanderie de Saint-Jean-de-Latran. La **rue Hallé**, pittoresque en diable, suit un cours capricieux. Au carrefour avec la rue Rémy-Dumoncel, ce qui correspond à son **n° 23**, les grands arbres d'un jardin privé nous font croire en province plutôt qu'à Paris. L'intersection avec la rue Du Couédic est matérialisée par une placette circulaire ceinturée de maisons faubouriennes : nous sommes sur la **place Michel-Audiard** et quelques répliques gouailleuses ne détonneraient pas dans ce décor parisien qui semble insensible au temps qui passe.

Nous poursuivons notre marche tandis que, sans raison apparente, la **rue Hallé** tourne brusquement à angle droit. À la hauteur du **n° 38**, nous passons devant une grille qu'on pourrait ne pas remarquer : elle gouverne la **villa Hallé**, étroite impasse pavée dans laquelle donnent des pavillons que l'on devine charmants à l'abri des murs qui les protègent farouchement du monde extérieur. À deux pas, sur la **rue Hallé**, une petite place en hémicycle est bordée de pavillons plus aimables les uns que les autres.

Une superbe **maison bourgeoise en brique** se distingue à l'angle de la rue d'Alembert. Avec Sophie Germain (1776-1831), qui a sa rue dans le prolongement, un peu plus haut que la villa Hallé, auteur notamment de la *Recherche sur la théorie des surfaces élastiques* (1821), et Étienne Bezout (1730-1783), à qui l'on doit plusieurs études, dont une *Théorie générale des équations algébriques*, les mathématiciens sont dignement représentés dans le secteur.

La rue Hallé débouche sur l'**avenue René-Coty** qui, vers la gauche, conduit à la place Denfert-Rochereau. On ne pourra manquer d'admirer en chemin la belle ordonnance de la façade secondaire de la **maison de retraite de La Rochefoucauld**. Cet hospice, fondé en 1780, fut construit sur les plans de Jacques Denis Antoine, l'architecte de

▲ Place Michel-Audiard.

◄ Maison à l'angle des rues Hallé et d'Alembert.
◄◄ Villa Hallé.

▶ Maison de retraite de La Rochefoucauld, avenue René-Coty.

l'Hôtel de la Monnaie à Paris. Au premier plan, un petit édifice en pierre est un ancien regard de l'aqueduc d'Arcueil grâce auquel l'établissement était alimenté en eau.

Quant au bâtiment de l'hospice, c'est un majestueux ensemble composé d'une façade et de deux ailes d'une belle rigueur architecturale, dans le plus pur style du XVIIIe siècle.

Au fil du temps, cette maison de retraite a vu son espace se réduire considérablement. Tout d'abord, en 1844, elle céda une partie de son terrain à la Compagnie nouvelle des chemins de fer. En effet, le tracé de la ligne de Sceaux traversait son jardin. Il y eut ensuite, en 1877, la création de l'avenue du Parc-Montsouris (avenue René-Coty depuis 1964), qui amputa le parc de plus de cinq mille mètres carrés.

À l'angle de l'avenue René-Coty et du boulevard Saint-Jacques, sur la **place Denfert-Rochereau**, se trouve l'élégante **gare**, aujourd'hui station du RER B. Inaugurée en 1846, elle présente l'originalité d'une forme arrondie qui épousait la boucle de retournement de la voie ferrée au terminus de la ligne de Sceaux. L'ingénieur Arnoux venait, en effet, de mettre au point un système révolutionnaire d'essieux orientables ouvrant la possibilité de négocier des courbes à très faible rayon. Offrant une économie de temps et de moyens considérable, son invention permettait de faire repartir les trains en sens inverse en s'épargnant des manœuvres compliquées.

▶ Ancien regard de l'aqueduc d'Arcueil, avenue René-Coty.

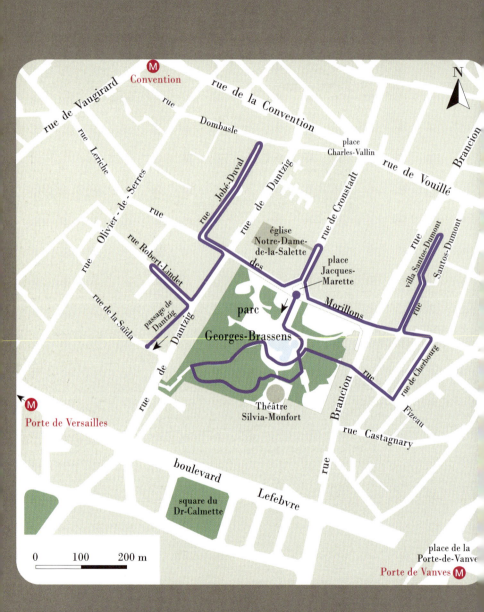

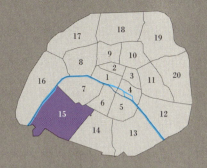

15e

Autour des anciens abattoirs de Vaugirard

▶ Départ : rue des Morillons, métro Convention
▶ Arrivée : passage de Dantzig, métro Porte-de-Versailles ou Porte-de-Vanves

216 | Autour des anciens abattoirs de Vaugirard | 15ᵉ

Notre promenade commence au niveau du **n° 36 bis de la rue des Morillons**, devant l'entrée principale du parc Georges-Brassens. Ici, à la place du jardin aménagé entre 1977 et 1985 par la Ville de Paris, s'élevaient les abattoirs de Vaugirard (voir encadré), comme en témoignent toujours les deux puissants bovidés, sculptés par Auguste Caïn, montant la garde de part et d'autre du portail.

À travers le parc Georges-Brassens

Avant même l'entrée du jardin, on remarque **deux pavillons** qui, du temps des abattoirs, abritaient, au rez-de-chaussée, le concierge, le surveillant et les services d'octroi, et, dans les étages, les syndicats de la Boucherie et de la Charcuterie ainsi que des logements d'employés.

Le paysagiste Daniel Colin et les architectes Alexandre Ghiulamila et

Les anciens abattoirs de Vaugirard

Inaugurés par le président Félix Faure en mars 1898, ces abattoirs furent commandités par la Ville de Paris pour remplacer ceux de Grenelle (rue Pérignon, avenue de Suffren, avenue et place de Breteuil). La construction d'un abattoir à Vaugirard permettait de limiter les inconvénients de l'abattage à l'intérieur des villes, lorsque chaque boucher avait sa tuerie particulière. Entre autres avantages, Vaugirard présentait celui d'être relié par le chemin de fer de Ceinture aux autres réseaux. Toutefois, les animaux étaient acheminés à pied jusqu'à l'abattoir, ce qui incommodait parfois la population. L'architecte Moreau s'inspira fortement des aménagements de Janvier et de Baltard aux abattoirs de la Villette, tout en les modernisant sur le plan de l'hygiène.
Cent dix mille bœufs, soixante-dix mille veaux, cinq cent mille moutons et quatre-vingt mille porcs pouvaient y être abattus et découpés chaque année. L'abattoir avait son entrée rue des Morillons. Autour d'une vaste cour, on trouvait six groupes de bâtiments, dont quatre comprenaient dix-huit échaudoirs chacun, une cour de travail, une cour d'étables, des bouveries et bergeries avec greniers à fourrage, représentant une superficie totale de vingt-trois mille cinq cent cinquante-deux mètres carrés. L'approvisionnement se faisait par chemin de fer, dont les voies longeaient toute la face sud de l'établissement.
On accédait à l'abattoir pour la charcuterie, rue de Dantzig, par deux grilles pour voitures et deux guichets. De taille beaucoup plus modeste, celui-ci occupait cinq mille cent mètres carrés. Quant à l'abattoir aux chevaux, situé le long de la rue Brancion, il ne couvrait que mille neuf cents mètres carrés.
Après plusieurs décennies de fonctionnement, les abattoirs cessèrent progressivement leurs activités : entre 1976 et 1978, les différents secteurs bovin et ovin d'abord, chevalin ensuite, disparurent.

▼ Sculpture d'Auguste Caïn à l'entrée du parc Georges-Brassens, rue des Morillons.

◄ Pavillon à l'entrée du parc Georges-Brassens.

▶ Halles aux chevaux, le long de la rue de Brancion.
▼ Campanile, parc Georges-Brassens.

Jean-Michel Milliex réalisèrent, de 1977 à 1985, ce jardin de 7,7 hectares, en y intégrant les vestiges des anciens abattoirs.

Tout de suite à gauche, une petite allée mène au **Jardin de senteurs** qui regroupe quatre-vingts espèces odoriférantes, aromatiques et médicinales. Au moment de la floraison, une multitude de parfums envahissent le parc. Les plantes sont identifiées, à la fois, par des étiquettes classiques et en braille. L'hamamélis égaie l'hiver de ses longs pétales jaunes, le magnolia enchante le printemps, et l'été voit le triomphe de l'arbre à papillons. Ces massifs sont prolongés par la roseraie, riche d'une vingtaine de variétés. Tout en nous promenant dans le jardin, nous longeons la **halle aux chevaux** en bordure de la rue Brancion. Cette structure abrite désormais un marché hebdomadaire du livre ancien.

Dirigeons-nous maintenant, au sud du jardin, vers la silhouette grise et rouge qui émerge de manière inattendue de la verdure : cette « folie » architecturale n'est autre que le **théâtre Silvia-Monfort**, inauguré en janvier 1992, six mois après la mort de sa directrice. C'est l'architecte Claude Parent qui conçut cette pyramide hexagonale en remplacement du chapiteau provisoire, pour ancrer, enfin, la compagnie après de longues années d'errances parisiennes.

Le théâtre offre l'aspect d'une spirale enroulée de bardages métalliques et ceinturée d'un deuxième ruban en acier rouge vif. À l'intérieur, sur vingt-deux mètres de hauteur, la salle accueille quatre cent quinze places sur des gradins disposés en hémicycle et offre une scène de deux cent vingt-cinq mètres carrés.

En allant vers le **campanile** où s'effectuaient, du temps des abattoirs, les ventes à la criée, empruntons le petit chemin à gauche, qui conduit au rucher. Cette sente croise un ruisseau que l'on peut traverser à gué en goûtant le ravissant spectacle offert par un petit **bassin** égayé de plantes aquatiques.

◄▲ Vignes de pinot noir et mur d'escalade, parc Georges-Brassens.

Au sommet de la colline, on découvre, à côté des **ruches**, une **vigne de pinot noir** plantée en souvenir du passé viticole du quartier : on produisait encore, au siècle dernier, des raisins noirs destinés au tonneau, dont deux cépages, morillon et périchot, ont laissé leur nom aux rues voisines…

Descendons par le chemin de bruyères, où s'épanouissent rhododendrons et azalées. Nous apercevons à gauche un **mur d'escalade** destiné aux enfants, dont les matériaux ne sont autres que des pierres de taille provenant des anciens pavillons des abattoirs.

Traversons le jardin dans toute sa largeur pour gagner la sortie de la rue Brancion à la hauteur de la rue Fizeau.

De la rue Brancion à la villa Santos-Dumont

À l'angle des **rues Brancion et Fizeau**, une belle **boulangerie** à l'enseigne Poilâne présente un superbe décor 1900. À l'extérieur, deux toiles peintes, fixées sous verre, proposent des scènes champêtres réalisées par le célèbre atelier Benoist et fils (spécialiste des décors de boutique). À chaque extrémité du pan coupé, où s'ouvre la porte d'entrée, deux autres panneaux vantent la diversité des productions de la maison. Le décor intérieur en stuc regorge de guirlandes et de tresses. Les comptoirs en marbre plongent davantage encore le visiteur dans une atmosphère Belle-Époque.

◄ Boulangerie à l'angle des rues Brancion et Fizeau.

◀ Rue Santos-Dumont.
◀ Villa Santos-Dumont.

Suivant la **rue Fizeau**, autrefois dévolue, comme ses voisines, au commerce en gros de la viande, nous parvenons au carrefour de cinq rues, prenant la forme d'une petite place ombragée bizarrement dépourvue de nom.

Prenons la **rue de Cherbourg** jusqu'à l'angle de la rue des Morillons, où nous avons une vue intéressante sur un **groupe scolaire** des années 1930. Pierre Sardou, également architecte de l'église Notre-Dame-du-Rosaire en 1911 et de l'immeuble de L'Intransigeant en 1929, a retenu ici le principe d'un plan simple. La façade est harmonieusement équilibrée. Sa courbure est accentuée par les allèges filantes horizontales et les stries des briques, tandis que l'alternance des bandeaux vitrés confère une dynamique au bâtiment. La frise colorée, quelque peu naïve, au-dessus des baies vitrées de l'arrondi représente les différentes activités pédagogiques et rappelle ainsi la fonction du bâtiment. La petite tourelle, sur le côté droit, permettait d'englober la cage d'escalier, en délimitant les étages des filles et ceux des garçons, mais surtout, de rattraper la dénivellation des terrains.

La façade donnant sur les cours (visibles de la rue du Lieuvin) est plus sobrement traitée en grandes fenêtres encadrées de briques. La revue L'Architecture remarquait en 1936 : « La chaude coloration de la brique, l'originalité marquée de la frise de couronnement qui accuse l'entrée, les grilles d'une composition si délicate suffisent pour donner à cet ensemble d'une sereine simplicité un caractère d'accueillante gaieté. Cette œuvre défend notre art contre la mode actuelle qui tend à l'asservir à la froideur de la correction géométrique. »

Empruntons, à gauche, la **rue des Morillons** jusqu'à la **rue Santos-Dumont**, du nom de l'aviateur détenteur du premier record du monde en avion le 12 novembre 1906 (avec un vol de deux cent vingt mètres en vingt-et-une secondes). On remarque aussitôt le charme des pavillons sur le trottoir de gauche – une succession de maisons individuelles élevées dans les années 1920 –, tous semblables avec leurs toits pointus. Georges Brassens habita au **n° 42** de 1969 à sa mort, en 1981.

L'impression de dépaysement est plus forte encore lorsque l'on s'enfonce, à gauche, dans la **villa Santos-Dumont**. Le calme et le pittoresque de l'endroit ont attiré très tôt les artistes de Montparnasse. Le célèbre sculpteur Ossip Zadkine fut le propriétaire du **n° 3** de 1925 à 1960 et il en

habita le rez-de-chaussée de 1945 à 1952 ; au **n° 10 bis**, le peintre Victor Brauner vécut de 1938 à 1945 ; le mosaïste Gatti au **n° 15** ; l'écrivain Jeanne Champion au **n° 17**. La villa Santos-Dumont a su conserver sa vocation de cité d'artistes et, aujourd'hui encore, peintres, artisans et écrivains se côtoient dans ces maisons et ateliers.

De la rue des Morillons à la rue Robert-Lindet

Revenons **rue des Morillons** où, à l'intersection avec la rue Brancion, on a placé la **porte surmontée d'une tête de cheval** qui se trouvait à l'entrée des abattoirs hippophagiques dépendant de Vaugirard.

Plus loin, prenons, à droite, la **rue de Cronstadt**, en tournant le dos au parc Georges-Brassens. Au **n° 38** s'élève une étonnante église. Il s'agit de Notre-Dame-de-La-Salette, réalisée par Henri Colboc et inaugurée en 1965.

◄ Tête de cheval surmontant l'ancienne porte des abattoirs hippophagiques, aujourd'hui située à l'intersection des rues des Morillons et de Brancion.

Le bâtiment est revêtu d'un ciment blanc à l'extérieur comme à l'intérieur. Avant d'entrer, remarquons les vantaux du portail en noyer massif, représentant le Christ en croix et la Vierge de La Salette avec les deux enfants (voir encadré).

À l'intérieur, la coupole est supportée par seize piliers formant consoles et disposés le long du mur du déambulatoire. Cette prouesse technique

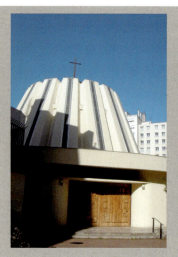

Notre-Dame-de-La-Salette
Le culte de Notre-Dame de La Salette trouve son origine à La Salette-Fallavaux, dans l'Isère, où, en 1846, la Vierge serait apparue à deux enfants, Maximin et Mélanie. Une petite communauté s'installa d'abord, en 1853, rue Dombasle autour d'une chapelle et d'un orphelinat. Dès lors, plusieurs manifestations miraculeuses furent attribuées à Notre-Dame de La Salette qu'on voulut remercier de ses bienfaits par l'édification d'un sanctuaire. Celui-ci abrite toujours une pierre de la montagne sur laquelle la Vierge se serait assise, les reliques du curé d'Ars, la dépouille du père Planchat, fusillé par les communards, et les cœurs des trois fondateurs du culte. Ce petit sanctuaire existe toujours à côté de l'église.

◄ Église Notre-Dame-de-La-Salette, 38, rue de Cronstadt.

- Maison à l'angle des rues des Morillons et de Dantzig.
- Service des Objets trouvés, 36, rue des Morillons.
- Rue Jobbé-Duval.

dégage ainsi totalement le chœur. La disposition des vitraux de la coupole est astucieuse : placés en biais pour capter les rayons lumineux tout au long de la journée, ils assurent une chaude lumière malgré les écrans formés par les hauts immeubles voisins.

Rejoignons le **n° 36, rue des Morillons**, célèbre pour abriter le service des Objets trouvés. La décision de regrouper les objets déposés dans les locaux de la Préfecture de police fut prise en 1804 par le Préfet de police Dubois. Depuis 1932, le service recueille les objets perdus dans les lieux librement accessibles au public : voie publique, RATP, taxis, magasins et aéroports de Paris. Contrôlés, numérotés, les objets sont vite emmagasinés ; leur descriptif est aujourd'hui saisi sur informatique afin de faciliter les recherches. Juste derrière (au n° 39, rue de Dantzig), se trouve la fourrière municipale.

Remarquons, à l'angle avec la rue de Dantzig, une construction originale qui présente un curieux mélange de briques et de colombages en bois, le tout couronné par une balustrade ajourée.

Poursuivons dans la rue des Morillons, au-delà du carrefour, où se trouvait, au milieu du XIXe siècle, un cabaret célèbre, fréquenté par des carriers et des maraîchers, dont le propriétaire n'était autre que le père Bonvin, ancien garde-champêtre de Vaugirard et père du peintre François Bonvin, qui laissa son nom à une rue de l'arrondissement.

Près de l'angle des rues Jobbé-Duval et des Morillons, une **boulangerie** est ornée de beaux panneaux extérieurs figurant des paysages en grisaille.

Engageons-nous dans la **rue Jobbé-Duval** où d'imposants immeubles HBM se déploient amplement.

Élevé en 1913, cet ensemble est significatif du goût de l'époque avec ses briques polychromes et ses céramiques bleues rehaussant les fenêtres cintrées. Le dernier étage, en surplomb, donne du relief aux façades.

Revenons sur nos pas et remontons la **rue de Dantzig** jusqu'à la **rue Robert-Lindet** où l'on admirera la belle façade ondulante de l'immeuble du **n° 19**. L'heureux mélange de petites briques orange et de briques vernissées vertes donne un aspect très élégant à l'ensemble. Remarquer, aussi, l'angle couronné d'une curieuse construction incurvée en forme de chapeau.

Un peu plus loin, un autre immeuble en brique au **n° 31** est une œuvre originale, réalisée en 1935 par l'architecte Roger Debarnot. S'employant à détourner les difficultés du terrain, l'architecte prit le parti de la symétrie avec deux balcons arrondis encadrant un bow-window central. Appuis de fenêtres et balcons rythment avantageusement la façade.

Le passage de Dantzig et la Ruche

▲ Ateliers, passage de Dantzig.

◀ 19, rue Robert-Lindet.

Continuons jusqu'au **passage de Dantzig** (qui s'ouvre au carrefour des rues Robert-Lindet et de Dantzig), vestige de l'ancien chemin du moulin de Vaugirard, à proximité duquel les magasins de fourrage militaires s'étaient installés en 1840. Le passage est maintenant investi par de petites maisons (**n°s 5 et 7**) qui fleurent bon la banlieue et par des ateliers d'artistes. Le plus surprenant et le plus célèbre d'entre eux est, sans conteste, au **n° 2**, la Ruche. Cet ancien pavillon des Vins de l'Exposition universelle de 1900 fut remonté et aménagé par l'équipe Eiffel, en 1902, sur l'idée du sculpteur Boucher.

L'École de Paris

Il ne s'agit pas, à proprement parler, d'un mouvement, mais plutôt d'un regroupement d'artistes étrangers, provinciaux, ou même parisiens, qui laissèrent libre cours à leur fièvre créatrice, fortement inspirée par l'atmosphère de la capitale.

« Je suis malheureux à Paris, mais je ne puis vraiment pas travailler ailleurs », confiait Modigliani à Survage. Lors de l'installation, en 1885, du Douanier Rousseau au 18 bis de l'impasse du Maine, le 15e était en passe d'être un nouveau lieu de rassemblement des artistes. Déjà, en 1877, Gauguin habitait la rue des Fourneaux (actuelle rue Falguière), dans une maison luxueuse. À son retour de Pont-Aven, c'est dans un taudis du 257, rue Lecourbe, trouvé par son ami Schuffenecker, qu'il reprit sa vie parisienne. Il devint l'ami de Van Gogh et fut initié par Bouillot à la sculpture et au modelage dans l'atelier de Falguière.

L'atelier de Bourdelle (actuel musée Bourdelle), impasse du Maine, fut, lui aussi, le creuset de nouveaux talents. D'autres centres artistiques se développeront dans le 15e arrondissement, comme la cité Falguière où Soutine, Lipchitz, Modigliani et Foujita se retrouveront. Le sculpteur Brancusi préféra, quant à lui, l'impasse Ronsin.

Les disciples du cubisme, Pailès de Kiev, Herbin, un des fondateurs du mouvement Abstraction-Création, Charcoune, élève de Fauconnier, le sculpteur et théoricien Pevsner, le précurseur de l'abstraction Robert Delaunay, l'expressionniste Fautrier… trouveront également leur place dans l'arrondissement.

Enfin, le 15e fut une terre d'accueil pour les surréalistes, tels le sculpteur espagnol Gargallo, le Catalan anarchiste et dadaïste Miró, André Breton et André Masson, le poète Robert Desnos.

◀ La Ruche, 2, passage de Dantzig.

C'est par hasard que Boucher acheta en 1895, au cours d'une promenade rue de Dantzig, un terrain de cinq mille mètres carrés à vingt sous le mètre. En souvenir de ses débuts difficiles, il érigea ce phalanstère, première cité des arts, où de jeunes artistes pourraient vivre à bon compte et travailler dans une atmosphère fraternelle, en toute liberté. C'était la réalisation du rêve de Huysmans : « Vivre oblat de l'art et de la beauté, dans une manière de couvent où ne seraient admis que les artistes. Là, séparé de la vie laide ou pis, banale, travailler à sa guise, s'abandonner à son imagination au milieu d'amitiés fraternelles, dans une atmosphère de laborieux mysticisme ».

Le nom même de « ruche » provient de la configuration des ateliers, s'ouvrant tout autour de l'escalier central comme des alvéoles. Ce bâtiment original est resté, depuis son installation, un formidable foyer de création artistique.

On y accède par un portail en fer forgé provenant du pavillon de la Femme à l'Exposition universelle. La porte principale, qui permet d'atteindre l'escalier central, est encadrée de deux cariatides en ciment, récupérées, elles, du pavillon d'Indonésie, et supportant un balcon. La cage de l'escalier forme un puits de lumière éclairé par un clocheton qui domine le toit. Une salle d'exposition et un théâtre, où Marguerite Moreno et Louis Jouvet firent leurs débuts, qui

◄► Ateliers, passage de Dantzig.

avaient été aménagés ne connurent qu'une activité éphémère.

La Ruche devint, sous l'égide de Boucher, une sorte de village cosmopolite accueillant des artistes réfugiés d'un peu partout, mais surtout d'Europe centrale : Léger, Matisse, le Douanier Rousseau, Chagall arrivé en 1910, Soutine venu de son ghetto de Lituanie, Modigliani, le seul Italien descendu de Montmartre, Krémègne, Kikoïne et Kisling auxquels se mêlèrent les poètes Apollinaire, Max Jacob, André Salmon, Blaise Cendrars...

Ils créèrent ce qu'on allait appeler l'École de Paris : tous les artistes de ce nouveau « mouvement » vivaient et travaillaient à la Ruche.

De nombreux sculpteurs furent attirés par la Ruche, qui permettait de travailler dans de bonnes conditions et de stocker les matériaux nécessaires à leur œuvre : les futurs cubistes Csaky et Archipenko ne furent pas insensibles au charme du quartier. Zadkine, lui, supportait difficilement l'atmosphère confinée de la communauté.

Pourtant, les artistes de la Ruche ne restaient pas cloîtrés à longueur de journée dans leurs ateliers : leur fréquentation assidue du café Le Dantzig fit la fortune de son patron qui devint le propriétaire de La Coupole !

La guerre de 1914-1918 marqua la fin d'une grande époque, et la mort d'Alfred Boucher, en 1934, plongea la Ruche dans la torpeur.

Durant l'entre-deux-guerres, il ne resta que quelques anciens, rejoints par de nouveaux pensionnaires comme l'acteur Alain Cuny. Après la guerre, la Ruche tomba dans

Marc Chagall, la Ruche et Blaise Cendrars

Chagall s'installa à la Ruche en raison du loyer peu élevé (trente-sept francs par terme). Il se souvient de ces moments dans son livre *Ma vie*, paru en 1931 (Stock) : « J'occupais un atelier dans la Rotonde, là où se trouvaient les prolétaires, les plus pauvres. Les bâtiments en pierre étaient habités par les plus aisés et les riches allaient à Montparnasse... J'étais bien heureux de me trouver au deuxième étage. Ma fenêtre s'ouvrait sur le ciel et c'était poétique. » Il rapporte également qu'un seul trou, au rez-de-chaussée, servait de commodités et que les effluves se répandaient dans tout le bâtiment. Il décrit ainsi la visite d'Apollinaire à la Ruche : « Nous traversons le sombre corridor où l'eau goutte sans fin, où des monceaux d'ordures sont entassés. Un palier rond, une dizaine de portes numérotées. J'ouvre la mienne. Apollinaire entre avec prudence, comme s'il craignait que tout le bâtiment s'effondre soudain en l'entraînant dans ses ruines. »

Chagall fixait sur les murs des morceaux de tissu, dont il se servait comme de toiles. « Tandis que dans les ateliers russes sanglotait un modèle offensé, que chez les Italiens s'élevaient des chants et les sons de la guitare, chez les juifs des discussions, moi j'étais seul dans mon atelier, devant ma lampe à pétrole. [...] Je veillais ainsi des nuits entières. Deux, trois heures du matin ? Le ciel est bleu. L'aube se lève. Là-bas, plus loin, on égorgeait le bétail, les vaches mugissaient et je les peignais... J'entends encore les cris dans la nuit quand on leur coupait la tête et une image de la Russie me venait en mémoire, celle de la boucherie de mon grand-père. »

Il peint alors *L'Âne et la Femme*, *À la Russie, aux ânes et aux autres*, où sa fantasmagorie prend toute son ampleur. Chagall se souvient également de la visite de Blaise Cendrars qui avait appris « qu'un type peignait des vaches et des têtes coupées » : « Cendrars avait fait irruption en riant, avec toute sa jeunesse débordante. Comme je parlais mal le français, il me parla en russe. Il donnait l'impression de se fondre : ses yeux, toute sa figure, ses paroles. Il ne regardait pas mes tableaux, il les avalait. Et c'est devenu un amour, une amitié de frères. À cette époque, quand on montait le cubisme avec Apollinaire en tête, l'amitié de Cendrars fut pour moi un encouragement. [...] Une autre fois, il a fait de nouveau, dans mon atelier, deux poèmes sur moi, et il les a déclamés à haute voix devant la fenêtre aux carreaux cassés. Il est devenu mon cicérone, une sorte de secrétaire. Une fois c'était moi qui lui offrais à déjeuner, au bistrot, une autre fois, c'était lui. Tantôt il était pauvre, et tout d'un coup, en une heure, il devenait riche... »

l'oubli et ne fut plus entretenue jusqu'à ce qu'une nouvelle génération de jeunes artistes comme Reyberolle, Biras, Simone Dat, Sima n'investisse les lieux, pour le modique loyer, dans les années 1960, de cinquante francs par mois.

En 1965, devant la menace d'une démolition, un comité de défense conduit par Marc Chagall permit la sauvegarde du bâtiment. Il fut classé Monument historique en 1972, deux ans après l'incendie du Bateau-Lavoir de Montmartre. La rotonde est aujourd'hui totalement restaurée, et complètement évidée. Conformément à la vocation d'origine, des artistes de talent travaillent aujourd'hui dans vingt-trois ateliers confortables et clairs.

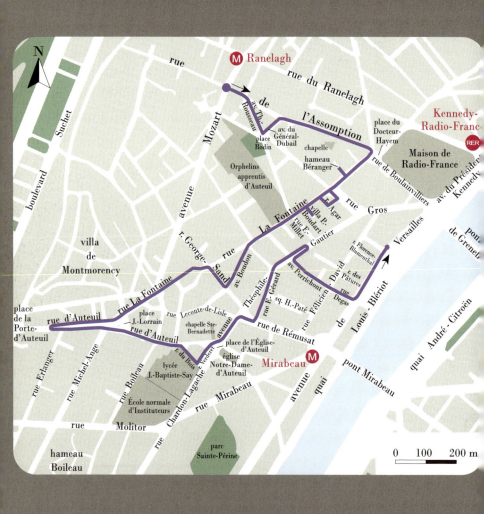

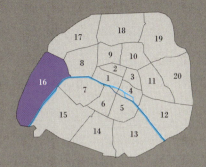

16e

Auteuil

▶ Départ : rue de l'Assomption, métro Ranelagh
▶ Arrivée : avenue de Versailles, métro Mirabeau ou RER Kennedy-Radio-France

Le quartier d'Auteuil tranche agréablement avec ses voisins par le côté « village » qu'il a préservé. Il a, au moins en apparence, mieux résisté que les autres à l'urbanisation, et conservé sa rue principale avec nombre de ses maisons anciennes, et même quelques beaux restes de ses propriétés aristocratiques du XVIIIe siècle, dont les jardins s'étiraient sur l'arrière. C'est dans ces parcs que furent construites, à partir des années 1830, ces « villas » dont Auteuil possède les plus jolis exemples : le hameau Boileau et la villa Montmorency.

Auteuil est aussi « le » quartier du célèbre architecte Art nouveau Hector Guimard (1867-1942), qui signa dans ce quartier plus de la moitié de ses œuvres. Guimard, qui était parvenu à se tailler un réseau de relations parmi la bourgeoisie industrielle du 16e, cultivée et avide de modernité, obtint de nombreuses commandes dans cet arrondissement.

La rue de l'Assomption

Nous commencerons notre promenade en descendant vers la place du Docteur-Hayem par la **rue de l'Assomption** (anciennement rue des Tombereaux) qui délimitait autrefois les territoires d'Auteuil et de Passy.

La présence de terre argileuse en cet endroit avait attiré, il y a fort longtemps, une fabrique de tuiles, déjà citée en 1248. François Ier y fit bâtir un rendez-vous de chasse. Mais c'est en 1782 que fut construit, pour le marquis de La Tour du Pin-Gouvernet, un château que son isolement et l'épaisseur des frondaisons qui le masquaient firent joliment surnommer « le château invisible ». Il occupait l'emplacement du **n° 25**, rue de l'Assomption. Le domaine de cinq hectares, qui allait jusqu'à l'actuelle avenue Mozart, fut vendu en 1855 aux religieuses augustines de l'Assomption. Elles firent construire par l'architecte Aymar Verdier, restaurateur de nombreuses églises médiévales et bon spécialiste de cette époque, un superbe monastère de style gothique à côté du château, inauguré en 1857, où elles installèrent un pensionnat pour jeunes filles. Elles en furent chassées en 1906 à la suite des lois sur les congrégations. Le château et les bâtiments monastiques furent détruits en 1927, et la majeure partie du parc se vit découpée, desservie par un réseau de rues qui rayonnent autour de la **place Rodin**. En 1932, cette place fut ornée en son centre d'une célèbre **statue** d'Auguste Rodin, *L'Âge d'airain*. Celle-ci, modelée à Bruxelles en 1876, fut présentée au Salon de 1877 : son extraordinaire réalisme fit accuser Rodin de l'avoir moulée sur un modèle vivant !

Quand les sœurs de l'Assomption revinrent dans leur maison-mère, en 1953, elles ne retrouvèrent qu'un

▲ *L'Âge d'Airain*, statue d'Auguste Rodin, place Rodin.

▼ Maison-mère des religieuses de l'Assomption, 17, rue de l'Assomption.

bâtiment annexe au **n° 17, rue de l'Assomption** et un beau jardin dont, nécessité oblige, elles durent livrer progressivement, et encore tout récemment, de petits lots à l'appétit insatiable des promoteurs. Au moins le peu qui reste est-il amoureusement soigné. Elles y firent construire en 1961, par l'architecte Noël Lemaresquier, une belle chapelle dédiée à Notre-Dame de l'Assomption. De plan triangulaire, très dépouillée, elle évoque une tente, un navire, une voile tendue vers le ciel, inondée de lumière grâce à de larges verrières d'Ingrand. Un Christ par Stube veille au-dessus de l'autel.

a résisté à l'alignement de la rue ; le **n° 5**, par Pierre Gélis-Didot (1893), possède une jolie mosaïque à fond or autour de la porte.

En descendant la rue La Fontaine

Arrivés **place du Docteur-Hayem**, nous tournons à droite pour emprunter la **rue La Fontaine**.

Pour certains, la rue La Fontaine ne doit pas son nom – pris en 1865 – au célèbre fabuliste qui vécut en ces lieux, mais à une source dont Louis XV appréciait particulièrement le goût, située à l'emplacement de l'actuelle place Jean-Lorrain et qui coulait dans le chemin. La première partie de la rue, située avant la rue Gros, s'appelait rue de la Tuilerie.

L'ensemble de l'îlot délimité, sur notre gauche, par les rues La Fontaine, Gros et de Boulainvilliers était, à l'origine, occupé par des installations municipales, dont le Dépôt des œuvres d'art de la Ville. Après le transfert de celui-ci à Ivry, l'étendue du terrain dégagé permit un programme très varié, confié en 1985 à Roger Taillibert, l'architecte du Parc des Princes, et qui comprenait la construction, autour d'un jardin public, d'immeubles HLM et de nombreux équipements. Les carreaux de céramique gris et rouge donnent aux façades une note pimpante.

La réalisation la plus intéressante est le conservatoire Francis-Poulenc qui, au **n° 11**, dresse sa façade concave juste en face du Castel Béranger (voir ci-dessous), dans une confrontation délicate, l'architecture de Taillibert se mariant plus heureusement avec celle de la Maison de Radio-France toute proche.

▼ 18, rue de l'Assomption.

En face, au **n° 18**, un immeuble de standing de 1925 par Charles Lemaresquier (le père de l'auteur de la chapelle de l'Assomption) s'orne d'une tête barbue gigantesque.

Plus bas, au **n° 4 ter**, un pittoresque chalet en brique et bois découpé

▶ 4 ter, rue de l'Assomption.

Au **n° 14** de la rue La Fontaine, on découvre le Castel Béranger, œuvre de Guimard construite entre 1895 et 1898 et qui lui apporta, du jour au lendemain, la célébrité. Ne pouvant utiliser la pierre que de manière restreinte – il s'agissait d'un immeuble à loyers modérés –, Guimard joua sur la couleur et la variété des matériaux, dans une harmonie de tonalités claires et chantantes. Le Castel Béranger s'orne d'un étrange bestiaire : des hippocampes s'ancrent sur les chaînages des façades, le masque caricatural de l'architecte orne les balcons, dans la cour une fontaine se déguise en scorpion, les ornements en céramique prennent la forme d'un chat, d'un volatile... Le peintre Paul Signac (1863-1935) occupa, de 1898 à 1912, un atelier et un appartement au sixième étage.

◄ Castel Béranger, 14, rue La Fontaine.

Poursuivons notre chemin. De l'autre côté de la rue, aux **n°s 17 à 21**, au **n° 43, rue Gros** et aux **n°s 8 et 10, rue Agar**, se dresse un bel ensemble immobilier, celui de la rue Moderne (1909-1911), premier nom de la rue Agar. Ce fut le plus important chantier de Guimard, appartenant aux œuvres de la maturité de l'architecte, qui renonce à la polychromie mais pas aux oppositions de matériaux (limitées, toutefois, à la pierre et à la brique crème, alliées aux ferronneries noires).

En contraste avec les lignes sinueuses de Guimard, le **39, rue Gros** construit par A. Guilbert dans les années 1930, présente une façade rigoureusement orthogonale et dépouillée, dont le seul ornement est constitué par les carreaux cassés pailletés d'or de Gentil et Bourdet.

▼ Immeuble de l'ensemble de la rue Agar.
◄ 39, rue Gros.

16e | Auteuil | 231

▼ Immeuble Trémois, 11, rue François-Millet.

Au n° **25, rue La Fontaine**, la **villa Patrice-Boudart** doit son nom à l'architecte qui la lotit et y construisit, en 1913, les immeubles des **n°s 3 et 4**. Elle prit la place de la Grande Vacherie d'Auteuil qui livrait du lait frais à tout Paris. Les poitrinaires pouvaient séjourner dans des chambres au-dessus des étables, la chaleur animale étant réputée bénéfique.

Le **n° 32, rue La Fontaine**, de Deneu de Montbrun (1904), porte le nom de villa Jeanne-d'Arc. Un peu plus loin, en face, se trouve la **rue François-Millet** : au **n° 11**, l'immeuble Trémois a été conçu par Guimard en 1910. Dans ce luxueux immeuble à la façade presque symétrique, contemporain de ceux de la rue Agar, la pierre joue un rôle prépondérant.

Au **n° 40, rue La Fontaine**, des grilles grandes ouvertes nous invitent à pénétrer dans les jardins — entretenus par la Ville de Paris — de l'Œuvre des orphelins apprentis d'Auteuil (voir encadré).

L'Œuvre des orphelins apprentis d'Auteuil

Un soir de l'hiver 1865, l'abbé Louis Roussel recueillit un jeune vagabond qui fouillait dans une poubelle. Huit jours plus tard, il y en avait six dans sa chambre. Au printemps 1866, il installa ses « enfants » dans une maison délabrée au 40, rue d'Auteuil. Son but était de les nourrir et de leur donner les fondements d'une éducation religieuse qui les mènerait à la première communion. Mais le prêtre réalisa rapidement qu'il ne pouvait pas remettre à la rue des enfants sans métier. C'est ainsi qu'à partir de 1871 il créa des ateliers : l'Œuvre des apprentis orphelins d'Auteuil était née (elle devait intervertir les termes de son nom en 1895 : on n'apprend pas à être orphelin !). C'est en 1873 qu'apparut l'atelier d'imprimerie qui allait faire la célébrité de l'institution. Pour abriter les ateliers et la première chapelle de l'établissement, on récupéra des matériaux de démolition, notamment de l'Exposition universelle de 1878.

Mais les plus grandes années de l'œuvre se situent dans l'entre-deux-guerres, quand son destin fut pris en charge par un religieux d'exception, le père Daniel Brottier (1876-1936), béatifié par le pape en 1984. Il se lança dans le montage de postes de TSF. Puis, comme il fallait occuper les enfants le dimanche, il aménagea une salle de cinéma de quinze cents places : c'était l'Auteuil Bon Cinéma, dont les anciens habitants du quartier se souviennent encore ; les premières séances eurent lieu en 1927, et il ne ferma ses portes qu'en 1978.

Les préfabriqués de l'Exposition de 1878 furent remplacés par les bâtiments de style néo-gothique des architectes Henri Chailleux père et fils. La chapelle, voulue par son inspirateur « belle, spacieuse et attirante »,

▲ Jardins de l'Œuvre des orphelins apprentis d'Auteuil, 40, rue La Fontaine.

fut construite de 1924 à 1929, et la première église dédiée à sainte Thérèse de Lisieux. Les chapiteaux sont consacrés aux métiers et aux cathédrales de France. Les vitraux comme le chemin de croix en mosaïque sont dus aux frères Mauméjean. La statue de sainte Thérèse et le Monument de l'Adoption furent sculptés par Auguste Maillard. L'institution compte aujourd'hui quatre mille cent élèves répartis dans vingt-six établissements.

Au **n° 60**, l'hôtel Mezzara, construit par Guimard (1910-1911) pour l'industriel en textile Paul Mezzara, fait, lui aussi, partie de la période de maturité et d'assagissement de l'architecte : symétrie presque totale, matériaux fondus dans une harmonie beige. L'intérieur s'articule autour d'un vaste hall central sur deux étages, éclairé par une verrière zénithale et contenant un escalier fait de tôles de fer et de fonte, aux formes élégantes et complexes. Racheté par le ministère de l'Éducation nationale, l'hôtel Mezzara, qui est utilisé comme foyer de lycéennes, peut se visiter sur rendez-vous (01 55 74 69 20).

Nous rencontrons bientôt, sur notre gauche, la petite **avenue Boudon**. Au **n° 3**, on peut voir un immeuble de standing construit par Bernard Reichen et Philippe Robert en 1979. Celui-ci devait, selon les propos de ses auteurs, « renouer avec l'esprit haussmannien », avec des matériaux traditionnels, mais « qui ne visent pas au pastiche gratuit ». La façade est effectivement revêtue de pierre, celle-ci disposée verticalement pour bien affirmer qu'elle n'est utilisée qu'en placage. Quant aux jeux de bow-windows, enrichis par une superbe façade végétale, ils permettent aussi de rattraper en souplesse les différences d'alignement.

Parvenus au bout de l'avenue Boudon, nous tournons à droite et empruntons la **rue George-Sand**, de façon à regagner la **rue La Fontaine**. À l'emplacement du **n° 57** se trouvait le pavillon où habitait Juliette Drouet. C'est là que mourut, avant d'atteindre ses vingt ans, Claire, la fille qu'elle avait eue du sculpteur James Pradier dont elle avait été le modèle. Victor Hugo lui dédia ces lignes :
« *Elle s'en est allée à l'aube qui se lève,*
Lueur dans le matin, vertu dans le ciel bleu. »

C'est au **n° 96**, chez son oncle Louis Weil, que Mme Adrien Proust donna naissance, en pleine Commune, le 10 juillet 1871, à son premier enfant, Marcel. Alors qu'il habitait chez ses parents dans le 17ᵉ, la maison d'Auteuil lui servit pendant vingt-cinq ans de résidence secondaire : « Cette maison que nous habitions avec mon [grand-]oncle, à Auteuil au milieu d'un grand jardin qui fut coupé en deux par le percement de la rue (depuis l'avenue Mozart), était aussi dénuée de goût que possible. Pourtant je ne peux dire le plaisir que j'éprouvais quand, après avoir longé en plein soleil, dans le parfum des tilleuls, la rue La Fontaine, je montais un instant dans ma chambre. »

En face, contrastant avec le style Belle-Époque un peu gras de l'immeuble élevé par Paul Furet aux **n°ˢ 61-63**, le Studio Building construit en 1927 par Henri Sauvage au **n° 65** (2-4, rue du Général-Largeau et 21 à 35, rue des Perchamps) oppose, avec provocation, son abrupte façade revêtue de carreaux polychromes des céramistes Gentil et Bourdet. Les appartements en duplex, d'une hauteur de sept mètres sous plafond, sont desservis par des coursives situées aux étages impairs. Ces « ateliers d'artis-

◀ Hôtel Mezzara, 60, rue La Fontaine.

tes » étaient, en fait, destinés à une clientèle bourgeoise.

Poursuivons notre chemin rue La Fontaine, qui se continue au-delà de l'avenue Mozart.

Au **n° 85** se trouve une des seules réalisations, en 1907, d'Ernest Herscher, un architecte rare, qui préféra par la suite se vouer à l'illustration, après avoir bâti, en 1911, un autre immeuble, au 39, rue Scheffer. Sans faire preuve d'une originalité profonde par rapport aux autres immeubles 1900 en pierre de taille construits dans le quartier, il s'en distingue cependant par les magnifiques jeux de consoles et de balcons métalliques qui ornent ses parties hautes et sa toiture.

La rue d'Auteuil de la place Jean-Lorrain à la porte d'Auteuil

Nous débouchons sur la **place Jean-Lorrain**, dont le nom était, jusqu'en 1930, place de La Fontaine, et sur la **rue d'Auteuil**.

La rue d'Auteuil, qui était dès le XVIᵉ siècle la Grande-Rue du village, conserve un aspect délicieusement provincial, au moins entre la place Jean-Lorrain et l'église d'Auteuil. Elle possède encore quelques-uns des beaux hôtels qui firent sa célébrité, même s'ils ont beaucoup perdu de leur splendeur d'antan.

Commençons par évoquer ceux qui ont disparu, sur la portion de la rue d'Auteuil située sur notre droite et qui mène de la place Jean-Lorrain à la porte d'Auteuil.

À droite, le **n° 60** marque l'emplacement du château de Boufflers.

◀ Rue d'Auteuil.
▼ Studio Building, 65, rue La Fontaine.

En face, les **nos 63 à 73** furent bâtis sur l'emplacement du château du Coq. On ne sait rien de l'aspect que présentait la maison qu'habita Samuel Bernard avant de s'installer au château de Passy. Louis XV l'acheta en 1761 pour y faire aménager un jardin fleuriste, devant à la fois fournir en végétaux le parc de la Muette et satisfaire son goût pour la botanique. Afin de se reposer de l'écrasante étiquette versaillaise, il venait vivre dans cette « petite maison » sous le pseudonyme de baron de Gonesse.

Plus économe, Louis XVI vendit la propriété qui passa de main en main. En 1861, le domaine fut acquis par le baron Erlanger. Celui-ci possédait déjà des terrains que l'enceinte de Thiers avait coupés du bois de Boulogne. Le château fut démoli dès l'année suivante. Le domaine, percé de nouvelles voies – les rues Michel-Ange, Erlanger et Molitor –, fut rapidement loti. De l'ancien jardin du roi, il subsiste aujourd'hui le Jardin fleuriste d'Auteuil – c'est-à-dire les serres municipales fournissant les jardins publics de Paris – situé au-delà des boulevards extérieurs.

Au **n° 59**, il ne reste dans le jardinet de cet immeuble résidentiel, construit en 1965 et veillé par une copie du *Moïse* de Michel-Ange, que quelques arbres pour évoquer l'ancien jardin dont Mme Helvétius, qu'on avait joliment surnommée « Notre-Dame d'Auteuil », vantait les mérites devant Bonaparte : « Général, si l'on savait tout ce qui peut tenir de bonheur dans trois arpents de terre, on songerait moins à conquérir le monde. » Il est vrai que ce jardin, s'il était petit, bénéficiait aussi des arbres du château du Coq voisin. Claude-Adrien Helvétius, ancien Fermier général passé à la philosophie, était

◄ Copie du *Moïse* de Michel-Ange, dans le jardin du 59, rue d'Auteuil.

mort en 1771, laissant sa fortune et son esprit frondeur en héritage à son épouse. C'est ainsi qu'elle acheta, en 1772, cet hôtel qui appartenait depuis 1750 au pastelliste Maurice Quentin de La Tour, regroupant autour d'elle la Société d'Auteuil, constituée de ses amis parmi lesquels Diderot, d'Alembert, Malesherbes, Turgot, Condorcet, André Chénier, et même Benjamin Franklin, son voisin de Passy, qui, comme Turgot, aurait bien aimé l'épouser. Mme Helvétius fut épargnée par la Révolution, ses amis beaucoup moins ; elle décéda en 1800 à l'âge de 81 ans. Son hôtel fut incendié par la Commune.

La rue d'Auteuil de la place Jean-Lorrain à la place d'Auteuil

Empruntons à présent la portion de la rue d'Auteuil menant à la place d'Auteuil pour évoquer des souvenirs plus présents.

Juste après le n° 1, rue Michel-Ange, un immeuble d'angle construit par Émile Jandelle en 1905, abritant aujourd'hui un fleuriste, accueillait à l'origine un bazar. Aux **nos 43 à 47, rue**

◀ Hôtel Antier ou de Verrières, 43-47, rue d'Auteuil.

▼ Enseigne de l'Auberge du Mouton-Blanc, 40, rue d'Auteuil.

▼▼ Hôtel Véron ou Pérignon, 16, rue d'Auteuil.

d'Auteuil, ces bâtiments classiques organisés autour d'une cour-jardin signalent un des joyaux d'Auteuil, l'hôtel Antier ou de Verrières. C'était un hôtel de dames. Il fut construit pour une célèbre cantatrice de l'Opéra, Marie Antier, en 1715 ; elle se maria en 1726 avec un inspecteur de la gabelle et eut de nombreux amants ; elle invitait la Cour et la Ville, et donna une fête mémorable pour la guérison de Louis XV en 1744. Puis sa Folie passa à deux sœurs, Marie et Geneviève Rainteau, filles d'un limonadier de la rue Greneta, surnommées « la Belle et la Bête », tant la seconde était moquée pour sa stupidité. Membres d'une troupe de théâtre aux armées, elles furent remarquées par le maréchal de Saxe. Marie devint sa maîtresse officielle et ajouta, ainsi que sa sœur, le nom de Verrières à son patronyme trop roturier. Aussi peu fidèle que farouche, elle eut trois enfants de trois amants différents, dont une fille avec le maréchal, Marie-Aurore, grand-mère de George Sand. Elle devait avoir une autre fille du marquis d'Épinay, qui, quand il hérita d'une charge de Fermier général, lui offrit un hôtel Chaussée-d'Antin, ainsi que l'hôtel Antier, en guise de maison de campagne, en 1752. Les deux sœurs se firent construire dans le parc un théâtre de quatre cents places, où elles faisaient donner des pièces interdites en ville. Ce n'étaient que réceptions et fêtes, auxquelles les villageois étaient parfois conviés. Vendue en 1767, la propriété changea plusieurs fois de mains, et le parc fut amputé à diverses reprises, notamment par le percement de la rue Michel-Ange en 1862. L'hôtel lui-même fut acheté en 1954 par la Compagnie française des pétroles, qui l'enclava dans des bâtiments de bureaux. Il ne reste d'authentique que la façade sur le parc, et quelques éléments décoratifs, dont des boiseries.

Au **n° 40** se tenait un restaurant à l'enseigne de l'Auberge du Mouton-Blanc, dont Molière, Racine, La Fontaine, Boileau et Chapelle étaient des habitués.

Les **n°s 27 à 15** comptent plusieurs maisons anciennes. Le **n° 19** possède encore sa lucarne où l'on accrochait la poulie qui servait à monter les meubles aux étages.

Au **n° 16**, rue d'Auteuil, une porte cochère surmontée d'une jolie balustrade de fonte et encadrée de deux pavillons signale l'hôtel Véron ou Pérignon (appelé aussi de Puscher). Si la propriété, déjà mentionnée vers 1600 sous le nom de « clos du Buc », appartenait en 1690 à Joseph de Puscher, c'est le fils d'un commerçant, Louis-Henry Véron, qui fit édifier l'hôtel vers 1756. Ce dernier passa ensuite en 1800 à Pierre Pérignon, avocat et futur baron d'Empire ; père de famille nombreuse, il eut la bonté d'adopter une jeune orpheline qui rencontra chez lui le précepteur des enfants Choiseul-Praslin, Joseph Baudelaire ; les quatre panneaux peints par Hubert Robert ont été déposés au musée des Arts décoratifs. La façade sur « jardin » – il est difficile de nommer ainsi cette triste cour d'école macadamisée – ne manque pas d'allure, malgré une surélévation, avec son fronton et ses quatre pilastres d'ordre colossal. Elle est bien visible de la rue des Perchamps.

◀ Lycée Jean-Baptiste-Say et ancien château Ternaux, 11 bis, rue d'Auteuil.

elle avait 26 ans, lui 60 ; ils se marièrent et elle lui donna un fils en 1821 : Charles Baudelaire. Pérignon fit refaire l'hôtel vers 1806 avec l'aspect que nous connaissons aujourd'hui. De 1852 à 1893, l'hôtel Pérignon fut la propriété des Chardon-Lagache. Puis il fut acheté par un nouveau propriétaire qui, n'y voyant qu'une source de placement, aliéna une partie du parc et y fit percer les rues Leconte-de-Lisle et Mignet. L'hôtel fut loué, partie à un pensionnat de jeunes filles, partie à un antiquaire, qui heureusement sut en reconnaître les qualités architecturales et en restaurer l'intérieur. C'est, depuis 1957, le centre paroissial de Notre-Dame-d'Auteuil, qui est occupé par les petites classes de Saint-Jean-de-Passy. Il subsiste un bel escalier et quelques lambris du XVIIIe siècle, mais

De l'autre côté de la petite place, au **n° 11 bis**, rue d'Auteuil, se trouve l'ancien château Ternaux, du nom du manufacturier du textile, célèbre pour ses châles, qui l'acheta en 1804 et y installa une teinturerie. La propriété faisait, à l'origine, partie du domaine des Génovéfains. Elle était passée en 1714 entre les mains d'un certain Galpin, qui s'y était fait construire un hôtel par Nicolas Dulin. Dans le parc de dix hectares qui allait jusqu'à l'actuelle rue Jouvenet, Nicolas Ternaux pouvait faire paître ses moutons et ses chèvres du Tibet dont la laine était nécessaire à la fabrication du cachemire. Il fit refaire la décoration intérieure de l'hôtel. Deux ans après sa mort, une grande partie du parc en bordure de la rue Boileau fut lotie à partir de 1835. Dans le reste de la propriété s'installa, en 1852, l'institut

Armoiries de la Ville de Paris apposées sur l'église Notre-Dame-d'Auteuil.

Notre-Dame-d'Auteuil. Repris en 1872 par la Ville de Paris, il fut partagé entre l'École normale d'instituteurs et le lycée Jean-Baptiste-Say. Il reste de la construction d'origine la cour d'honneur et le pavillon central, englobés dans les constructions du lycée, datant de 1875 à 1897.

Autour de la place de l'Église-d'Auteuil

Prenons à droite la **rue du Buis**. Sur notre gauche, les **n⁰ˢ 2, 4 et 6** remontent au début du XVIIIᵉ siècle et proviennent d'un hôtel de cette époque qui a été transformé. C'est au **n⁰ 4** que l'écrivain féministe Olympe de Gouges vint se retirer, par économie, avant la Révolution. Adepte des idées révolutionnaires, mais ébranlée par les exactions de la Terreur, puis définitivement écœurée par la condamnation du roi, elle eut la mauvaise idée d'écrire à Robespierre pour lui proposer de se jeter dans la Seine avec elle ; cette regrettable initiative la conduisit à l'échafaud.

Au bout de la rue du Buis, à gauche, la **rue Verderet**, éventrée par le percement de la rue Chardon-Lagache,

ne conserva que ses numéros pairs. Au **n⁰ 2**, un petit immeuble, revêtu de casse de grès jaune, arrondit sa façade en une double courbe vers la rue d'Auteuil. Il date de 1936 et est dû à Paul de Rutté et Paul Sirvin, deux architectes plus souvent associés dans la construction de logements sociaux, mais s'étant ici parfaitement adaptés à une clientèle plus aisée.

Nous sommes maintenant sur la **place de l'Église-d'Auteuil**, face à l'**église Notre-Dame-d'Auteuil**.

La création de la paroisse d'Auteuil remonte à 1190. La vieille église d'Auteuil, dont la première pierre fut posée en 1319, nous est connue par de nombreuses illustrations. Elle s'élevait à peu près à l'emplacement de l'église actuelle. Bien vétuste et devenue insuffisante pour une population qui était passée, entre 1850 et 1875, de mille à dix mille habitants, elle exigeait absolument d'être reconstruite. C'est l'abbé Lamazou, installé comme curé de la paroisse en 1874, qui devait, par sa ténacité – et même sa propre contribution financière –, mener à bien cette lourde tâche en dépit des oppositions d'une municipalité radicale ; à l'extérieur, les armoiries de la Ville de Paris, ornées d'étoiles au lieu des traditionnelles fleurs de lys, constituent à la fois un hommage appuyé au conseil municipal et un rappel du climat violemment anticlérical avec lequel le curé d'Auteuil

▼ Rue du Buis.

◂ Chapelle Sainte-Bernadette, 4, rue d'Auteuil.

dut composer. Les travaux furent confiés à Émile Vaudremer, l'architecte de l'église Saint-Pierre-de-Montrouge ; ils durèrent de 1877 à 1892.

Le curé voulait « une église romane, fleurie avec un beau clocher bien élevé pour la beauté de la perspective de Paris ». Le cône de pierre du clocher surmonté d'un lanternon évoque la tiare pontificale, mais constitue aussi une des références de Vaudremer aux réalisations de Paul Abadie, l'architecte du Sacré-Cœur. Au porche d'entrée, le tympan et la statue de la Vierge sont de Henri-Charles Maniglier.

L'intérieur, de plan basilical, comporte un chœur surélevé au-dessus d'une crypte, sur le modèle des premières églises chrétiennes, que le mobilier rappelle également. Le cul-de-four de l'abside fut peint par Henri Compan d'un *Pantocrator* sur fond or. À droite de la porte d'entrée, nous verrons le tombeau de Mgr Lamazou et une *Mater Dolorosa* sculptée par Jean-Baptiste Carpeaux en 1870 et offerte par sa veuve. La crypte contient des œuvres d'art provenant de l'ancienne église.

À gauche de l'église se trouvait, autrefois, l'ancienne mairie d'Auteuil, achevant de donner au lieu un air de place de village. Installée là depuis 1790, elle fut transférée rue Boileau en 1844.

Au **n° 4, rue d'Auteuil**, la chapelle Sainte-Bernadette fut construite à partir de 1936 par Paul Hulot pour servir d'annexe à l'église Notre-Dame. Raymond Busse en réalisa la façade en 1953, avec un grand arc de brique aligné sur la rue.

Au milieu de la place, l'élégant obélisque de porphyre gris sur un socle de marbre est le monument au chancelier d'Aguesseau. Sa construction fut ordonnée par Louis XV à la mémoire d'Henri-François d'Aguesseau, mort en 1751, et de son épouse. Les tombes furent profanées en 1793, tandis que l'ancien cimetière était transformé en place publique, mais le monument fut restauré en 1802 sur ordre du Premier Consul.

De l'avenue Théophile-Gautier à la Seine

On situe la maison où logeait Molière, lors de ses séjours à Auteuil, entre 1667 et 1672, au **n° 2, rue d'Auteuil** ou au **n° 62, avenue Théophile-Gautier**. C'est à ce dernier emplacement que le duc de Choiseul-Praslin, qui avait acheté en 1786 un hôtel à la hauteur du **n° 57** (disparu en 1908 avec toutes ses dépendances), avait fait aménager en « temple à Thalie » une maison qu'il estimait avoir été celle de Molière.

Descendons l'avenue Théophile-Gautier. Nous empruntons bientôt, sur notre droite, la **rue de Rémusat**, pour prendre immédiatement à gauche la **rue François-Gérard**. L'immeu-

16e | Auteuil | 239

ble moderne du **n° 39** abrite, au sous-sol, l'église catholique russe de la Sainte-Trinité. Juste après, c'est le **square Henry-Paté**, ensemble dessiné par Pierre Patout et Camille Damman en 1930. Alexandre Stavisky était le promoteur du lotissement et quand, en 1933, éclata le scandale de « l'affaire Stavisky », le square était inachevé ; c'est ainsi qu'il se vit malencontreusement complété par

une écrasante « barre » dans sa partie sud. Il reste quand même une agréable cour-jardin, aménagée au-dessus d'un garage et encadrée de beaux immeubles aux étages supérieurs en retrait, plaqués de pierre de taille et ornés d'élégants balcons en ferronnerie.

La rue François-Gérard nous ramène **avenue Théophile-Gautier** ; elle s'appela d'abord rue de la Municipalité, puis, en 1879, du Point-du-Jour, avant de prendre, en 1892, le nom du poète.

L'immeuble des **nos 28 et 30** est dû à Charles Blanche (1905), architecte prolifique qui construisit beaucoup dans le 16e où se trouvait son agence. Si ses immeubles de rapport sont intéressants, ils procèdent cependant tous d'un système répétitif ; deux tons de brique, des lignes verticales de bow-windows à châssis blancs, ici montés sur des consoles métalliques, ailleurs des consoles en pierre ou en bois…

Le **n° 24**, construit par Charles Lemaresquier vers 1925, supporte un imposant bas-relief composé de nus féminins et de putti. On retrouve, de même qu'au n° 18 de la rue de l'Assomption et dans bien d'autres réalisations de « Lemar » — comme on l'appelait à l'école des Beaux-Arts où il perpétuait durement la tradition académique –, l'hypertrophie des motifs décoratifs et l'absence de sens de l'échelle (ici, d'énormes consoles pour soutenir de simples balcons).

Aux **nos 21 et 23**, Deneu de Montbrun (auteur également, en 1904, des nos 6, 6 bis et 8) signa, avec le sculpteur P. de Folleville, ces deux immeubles (1907 et 1908). Comme Charles Blanche, il avait, lui aussi, ses « tics de langage » archi-

◀ Square Henry-Paté.
▼ 28-30, avenue Théophile-Gautier.

tecturaux. Les façades sont cossues, très massives, avec de lourdes consoles de pierre à clefs pendantes, comme on l'a déjà vu villa Jeanne-d'Arc, au 32, rue La Fontaine (voir p. 231). Il est intéressant d'observer, sur cette architecture simplement Belle-Époque, l'utilisation de différents modèles de balcons de fonte de style Art nouveau.

Revenons sur nos pas pour emprunter l'**avenue Perrichont**, qui s'ouvre sur notre gauche. Au **n° 14**, Deneu de Montbrun réalisa en 1911 un autre petit immeuble, presque semblable aux deux précédents, mais avec des fontes de Guimard. On notera le peu d'efforts consentis pour harmoniser la maçonnerie avec les élégantes lianes de métal dessinées par le chantre de l'Art nouveau.

Au **n° 15**, Joachim Richard réalisa pour lui-même, en 1907, cet immeuble de rapport économique, auquel les linteaux en grès flammé de Gentil et Bourdet, aux formes trilobées ou en anse de panier, donnent un air exotique. Le béton armé intéressa très tôt cet architecte, élève d'Anatole de Baudot (un des premiers utilisateurs de ce matériau). Son emploi permit ici mille astuces, comme de désaxer la porte d'entrée par rapport aux étages.

Nous traversons la **rue Félicien-David**, anciennement appelée chemin des Pâtures, car cette voie traversait les prairies communales. Ce fut la première rue inondée en janvier 1910, et la crue y atteignit trois mètres de haut.

Au fil de l'avenue de Versailles

Continuons notre descente vers la Seine par la **rue Degas**. De l'autre côté de l'avenue de Versailles, au **n° 3**, cet immeuble d'A. Gille (1935) vaut principalement par sa belle surface de carreaux cassés jaunes.

Suivons maintenant l'**avenue de Versailles** vers la gauche. Ex-route de Versailles ou de la Reine, puis chaussée d'Auteuil, c'est une ancienne section de la route nationale 10 qui va de Paris à Bayonne.

Au **n° 42**, à l'angle de la rue des Pâtures, un des plus beaux immeubles d'angle de Paris fut élevé en 1933 par Jean Ginsberg, associé à François Heep et Maurice Breton. Les innovations techniques y étaient nombreuses pour l'époque, bien que devenues banales aujourd'hui et invisibles de la rue, mis à part l'emploi du verre pour les garde-corps, qui constituait alors une première. On ne retiendra pas non plus l'épiderme de plaques de béton gris sale travaillées comme de la pierre. Mais on pourra admirer le magnifique arrondi d'angle doublé d'un habile effet d'asymétrie qui fait répondre à l'alignement des balcons de l'avenue de Versailles la façade pleine de la rue des Pâtures.

Poursuivons notre chemin. Des deux immeubles de Charles Blanche situés en face de la rue Florence-Blumenthal, le **n° 33** (1899) repro-

▼ 14, avenue Perrichont.
▼ Détail des linteaux en grès flammé, 15, avenue Perrichont.

▶ 42, avenue de Versailles.

duit le schéma décrit plus haut ; les consoles, ici, étant en pierre. Le **n° 31** (1901) est beaucoup plus original, avec ses oriels à peine saillants montés sur des consoles de pierre relayées par des montants de fonte partant du balcon.

Le **n° 29** (P. Boëssé, 1929) est un intéressant immeuble d'ateliers d'artistes, en béton blanc, auquel sa sobriété, jouant exclusivement sur le découpage des ouvertures, donne toute son élégance.

Un regard superficiel ne se poserait pas, et ce serait grand dommage, sur l'immeuble discret situé au **n° 25**. Réalisé en 1931, il constitue la première œuvre de Jean Ginsberg dont nous avons vu plus haut l'immeuble du n° 42. Cet architecte d'origine polonaise, élève de Rob Mallet-Stevens, puis de Le Corbusier et André Lurçat, avait 26 ans quand il fit appel à sa famille pour l'aider à financer cette construction sur une parcelle étroite. Il s'associa à Berthold Lubetkin, qui fera ensuite carrière en Angleterre, pour cette unique collaboration, qui consiste en de petits appartements de standing. Les découpages d'espace sont suggérés sans être imposés. Le solarium en terrasse était autrefois collectif. Il n'y a que trois poteaux porteurs ; le pilotis central, visible, est contourné par des fenêtres horizontales et arrondies. La qualité des finitions est exceptionnelle dans cet immeuble où Jean Ginsberg installa son agence.

▼ 25, avenue de Versailles.

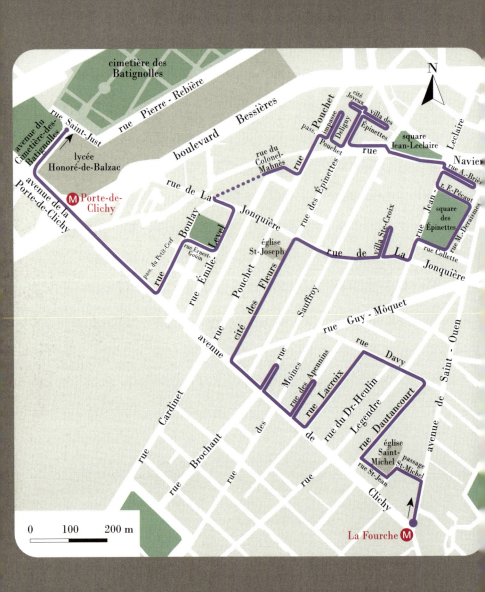

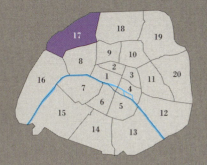

17e

De La Fourche au cimetière des Batignolles

▶ Départ : avenue de Saint-Ouen, métro La Fourche
▶ Arrivée : avenue du Cimetière-des-Batignolles, métro Porte-de-Clichy

Les avenues de Clichy, de Saint-Ouen et la rue Guy-Môquet délimitent un triangle parfait, propice aux découvertes, en dépit de quelques transformations récentes. Agrandissant le triangle vers le nord, la promenade nous amène aux limites de Paris, jusqu'au cimetière des Batignolles, rudement écorné par le Boulevard périphérique.

C'est le champ des Épinettes qui donna son nom à ce quartier, lequel n'était, jusqu'au début du XIXe siècle, qu'une immense étendue cultivée percée çà et là de trous de carrières à ciel ouvert, en contrebas de la butte Montmartre. Peu à peu, jusqu'en 1850, de petites industries s'installèrent aux Épinettes, et le vieux « chemin des bœufs », aujourd'hui rue de La Jonquière, se trouva progressivement bordé de maisonnettes d'ouvriers et d'artisans. De l'autre côté de l'avenue de Clichy, le village des Batignolles, devenu prospère, commençait à prendre quelque importance. Les Épinettes représentaient alors, pour le Batignollais, une vaste friche, une terre d'aventure, un lieu interlope où se promenaient ceux qui étaient à la recherche d'un cabaret aux planches disjointes ou d'un taillis touffu propice aux étreintes furtives...

Après la construction des fortifications de Thiers, le quartier se normalisa un peu et de très beaux immeubles y furent édifiés, non loin de La Fourche et de la place de Clichy, lieux de fêtes et de divertissements. Le petit-bourgeois et l'ouvrier feront des Épinettes un quartier populaire.

▲ Église Saint-Michel.

Autour de l'église Saint-Michel

En partant du **métro La Fourche** qui, en raison de sa profondeur, servit d'abri anti-aérien pendant la dernière guerre, nous prenons, à droite, l'**avenue de Saint-Ouen**. Passons devant le **n° 5**, « Bains-Douches de La Fourche », pour nous engager, quelques pas plus loin, dans le **passage Saint-Michel**.

Bordé de petits immeubles réguliers de trois étages, ce passage, encore pavé, offre une étonnante perspective. Au fond, le **campanile** rouge de l'église Saint-Michel-des-Batignolles se découpe sur le ciel et l'on peut se croire, quelques instants, dans une petite rue de province, paisible et tranquille...

▶ Rue Saint-Jean.

Nous débouchons sur la placette qui tient lieu de parvis à l'église Saint-Michel. C'est la **rue Saint-Jean**, qui – chose rare – est en forme de T et contourne l'église. Curieux endroit, au calme inattendu entre deux avenues très fréquentées. On notera qu'il existe encore l'ancienne église Saint-Michel, ouvrant sur l'avenue de Saint-Ouen, et dont l'arrière communique, place Saint-Jean, avec la « nouvelle ».

L'**église Saint-Michel**, déroutante, est typique du début du XXe siècle, mélangeant un style romano-byzantin plutôt austère à une technique de construction futuriste qui n'hésite pas à faire entrer le béton au cœur même du sanctuaire. Pénétrons dans l'édifice, où quelques éléments décoratifs sont à signaler. Le banc d'œuvre et la chaire à prêcher, dessinés par Haubold, l'architecte de l'église, sont en noyer d'Afrique, en

acajou moiré de Cuba, en acajou du Cambodge et des Indes.

Les fresques, dues à Malespinat, furent réalisées en 1949. On peut voir une *Pesée des âmes* dans la chapelle Saint-Michel, une *Annonciation* dans celle de la Sainte-Vierge, un *Christ de gloire* dans le chœur. Le vitrail ornant la chapelle Notre-Dame-de-Pitié, en hommage aux victimes de la Première Guerre mondiale, est de Marcel Magne. Le grand orgue, installé en 1937, provient de l'hôtel Majestic, à Paris. Plus étonnant, l'église abrite également deux œuvres signées par une artiste d'origine brésilienne souvent méconnue, Maria Morgan-Snell : *La Présentation de la Vierge au Temple* (bas-côté droit) et *La Pentecôte* (bas-côté gauche). Monumentales, impressionnantes, les deux toiles furent soustraites en 1992 à l'église de la Trinité, où le jour de leur inauguration, le 9 mars 1966, André Maurois déclarait : « Je fus stupéfait. Ce n'était pas seulement étonnant ; c'était beau et même sublime. »

Parmi les fidèles qui fréquentent cette église, nombreux sont les Antillais, qui vénèrent particulièrement saint Michel et viennent, parfois de fort loin, le prier ici.

L'archange tombé du ciel

En haut du campanile, la statue de l'archange saint Michel, œuvre de Frémiet, copie de celle qui couronne l'abbaye du Mont-Saint-Michel (les ailes un peu moins déployées, toutefois…), se dressa triomphalement jusqu'en février 1989. En cuivre martelé doré à la feuille et haut de six mètres, saint Michel devait avoir quelque désir de s'envoler, car il oscillait dangereusement sur son socle.
Alertés par le curé de la paroisse, les pompiers, aidés de l'architecte de la Ville de Paris, ne tardèrent pas à conclure à l'urgence d'une descente de l'archange, ce qui fut fait, dès le lendemain, par une entreprise privée experte en cordages et manœuvres délicates. Depuis lors, l'archange attend, dans les ateliers de la Ville de Paris, de pouvoir à nouveau, du haut de son clocher, veiller sur sa paroisse et la défendre, de son épée, contre les démons de la ville.
En 2006, l'organisation d'une souscription par la Fondation du Patrimoine afin de recueillir les fonds nécessaires à cette restauration a été officiellement approuvée.

Les rues Dautancourt, Davy et Lacroix

Au bout de la petite rue Saint-Jean, nous arrivons **rue Dautancourt**, percée vers le milieu du XIXe siècle par M. Lemarié. Cette rue se signale par son aspect simple et petit-bourgeois, très XIXe siècle. Le **n° 3**, à la façade intéressante, est un peu l'archétype des habitations du quartier : peu de décors, sur une façade en plâtre blanchie de peinture. D'autres bâtisses en pierre de taille sont plus tardives et particulièrement soignées, telles celle du **n° 8**, datant de 1888, due à l'architecte Bocage, et celle du **n° 10**, par Lagrave (1912).

Ne manquez pas de vous attarder devant les grilles du **n° 17**, pour apprécier son jardinet planté de marronniers, surplombant un minuscule bassin miroitant entre les pavés. Entre les piliers de la rue, surmontés de potiches, le rosier jaune mêle ses piquants à ceux d'un barbelé. Symbolique enchevêtrement urbain...

En face, un peu plus loin, le **n° 40** est un immeuble Art nouveau particulièrement réussi. Ses appuis en fer forgé sont très caractéristiques. Au rez-de-chaussée, on notera l'encadrement en grès de feuilles de platane et scarabées de pierre.

Nos pas nous mènent jusqu'à la **rue Davy**, que nous prenons vers la gauche. Le nom d'un physicien anglais, inventeur de la lampe de mineur, fut donné en 1864 à cette rue qui s'appelait jusque-là Sainte-Élisabeth.

Traversons la rue Legendre. À gauche s'ouvre la rue du Docteur-Heulin, ex-rue Trézel, ouverte le 24 août 1870 sur des terrains appartenant aux Deligny-Trézel. Elle porte, depuis 1927, le nom d'un médecin philanthrope, connu et aimé de son vivant par tous les déshérités du quartier. Continuons à descendre la rue Davy jusqu'à la **rue Lacroix**.

Au **n° 40**, le promeneur peut admirer un jardinet calme et reposant, qui ne se visite pas, mais dont le portail extérieur arbore deux médaillons d'intéressante facture, opposant le visage d'un homme à celui d'une femme.

Au **n° 30** habitait le docteur Georges Bouet, médecin, célèbre ornithologue et entomologiste, spécialiste de la mouche tsé-tsé. Il décéda ici même en 1957.

Au **n° 28**, dans un immeuble occupé aujourd'hui par la Fédération nationale de sauvetage, vécut l'artiste montmartrois Adolphe Willette. C'est ici qu'il dessina, dans son immense atelier, des ribambelles d'angelots aux fesses rebondies et de jeunes pierrots rieurs.

À partir des **n°s 22 et 25**, sur les deux rives, des maisons d'un ou deux étages font tout le charme de ce lieu, baptisé d'après un certain Lacroix, entrepreneur de maçonnerie, qui n'eut d'autre mérite que de posséder quelques terrains dans cette rue.

Au bout, nous retrouvons l'animation de l'**avenue de Clichy**. En remontant un peu, nous passons devant l'**ex-cinéma Gloria** converti en discothèque antillaise, l'Astros.

En descendant l'avenue de Clichy

Traversons la **rue des Apennins**. Percée en 1845, par un monsieur Mabille, elle abrite des immeubles dont les façades XIXe sans grand intérêt se succèdent. Cette belle unité est brisée par les **n°s 26 et 29**, construits dans

▲ Vieille enseigne, rue de La Jonquière.

l'entre-deux-guerres par les mêmes architectes, Bertin et Kandjian. Signalons également, au **n° 12**, un petit immeuble édifié vers 1860, agrémenté d'une façade en plâtre qui, avec ses écussons et ses pilastres engagés, est un véritable résumé d'architecture !

Nous continuons à descendre l'avenue de Clichy. Après la rue des Moines, nous nous engageons, à droite, dans la **rue Sauffroy**, altération du nom de Soffroy, un ancien propriétaire. Vers 1884 cessa, au **n° 11** de cette rue, l'exploitation d'une source d'eau minérale, qui avait débuté en 1852. Inattendue en ce lieu, sulfureuse et ferrugineuse, elle avait un débit de trois litres par minute. On la préconisait dans le traitement des maladies respiratoires. Auguste Libert l'évoque dans un article de *L'Intermédiaire des chercheurs et des curieux* (1909) : « Il me souvient que, jeune alors – c'était avant la guerre –, j'allais souvent puiser à cette source enclose, au milieu d'un jardin, dans une propriété privée et dont les vertus curatives étaient justement appréciées dans ce quartier reculé. À la fois ferrugineuse et sulfureuse, sa composition offrait plus d'une analogie avec celle des eaux d'Enghien, si universellement connues. D'importantes maisons de rapport couvrent aujourd'hui la surface du jardin qui lui servait autrefois d'asile. »

Le seul immeuble digne d'intérêt, dans cette voie, se trouve au **n° 18**. C'est un bâtiment de six étages, construit en 1902, dû à l'architecte Lamoureux. Sa décoration, traitée dans le goût de l'Art nouveau, développe le thème des feuilles de marronnier et des chardons. L'occupant du cinquième étage a poussé le souci du détail jusqu'à planter sur son balcon un marronnier en pot qui, par sa verdure, fait un écho coloré au décor de pierre de l'immeuble.

Revenons ensuite sur nos pas pour reprendre l'**avenue de Clichy**. Après avoir traversé la rue Guy-Môquet, nous parvenons à la grille de la **cité des Fleurs**.

La cité des Fleurs

De la rue Guy-Môquet à celle de La Jonquière s'étend ce lieu magique et gai, un de ces endroits que le visiteur apprécie parce que le rosier grimpant, le lierre, l'acacia ou le cerisier, quand ils sont de Paris, dégagent un charme particulier, un incomparable parfum de nature préservée.

Sur le côté droit, un panneau cloué sur le logement de la gardienne vous apprendra que celle-ci est « assermentée et chargée de l'application du règlement ». Ledit règlement est visible juste à côté. Si le cœur vous en dit, lisez-le, et tenez-vous-le pour dit !

▼ Cité des Fleurs.

Le rédacteur d'un guide historique de Paris publié en 1910 prétendait qu'en ce lieu, « on se croirait subitement transporté dans une coquette et tranquille rue de petite station balnéaire ». Il est vrai que cette courte voie cahoteuse, bordée de piliers à potiches de fonte, est baignée d'une ambiance toute spéciale. C'est probablement ce à quoi voulaient parvenir les sieurs Lhenry et Bacqueville lorsque, en 1846, ils lotirent leurs terrains en parcelles régulières. Ils baptisèrent tout d'abord la cité du nom de Pie IX, et imposèrent aux constructeurs une servitude en hauteur, la plantation d'au moins trois arbres dans un jardin en façade, le modèle des potiches en fonte, et même, ne négligeant aucun détail, l'espèce des fleurs devant garnir lesdites potiches ! Un règlement très strict, publié en 1864 par l'assemblée des propriétaires, indiquait que le passage du public n'était qu'une tolérance, « l'exercice en étant interdit ou suspendu toutes les fois et aussi longtemps que l'intérêt de la communauté l'exigeait ».

Aujourd'hui, le temps, associé à la main destructrice de l'homme, a causé bien des ravages en ce lieu

calme et tranquille. Ainsi, certains n'ont pas hésité à sacrifier une grille afin de pouvoir placer la sacro-sainte entrée de garage, d'autres ont coupé les arbres, il est vrai si gênants en ville...

▲ 29, cité des Fleurs.

Mais il faut souligner que de nombreux propriétaires ont aussi su restaurer sagement leur immeuble, en respectant l'empreinte du passé.

On pourra remarquer, aux **n°s 8 et 10**, deux immeubles en pierre de taille, très cossus, qui tendent à prouver que les fautes de goût ne sont pas seulement le fait de nos contemporains.

Au **n° 17**, un escalier à double révolution orne cet hôtel, millésimé 1852. Le **n° 21** offre une façade très sobre, en pierre de taille, de la fin du XIXe siècle, monogrammée CS, à décors de feuilles de chêne. Au **n° 25** se trouve un petit immeuble d'un étage signé « A. L[x] ». Nous retrouverons un peu plus loin d'autres colonnes torsadées du même type.

Le **n° 29** est, sans conteste, un des bâtiments les plus typiques de la cité, avec sa façade en pierre de taille néo-Renaissance. Le rez-de-chaussée est fermé par un portail surmonté de figures grotesques. Au premier, incrustations de marbre blanc et noir. Au-dessus de la fenêtre de gauche, on discerne avec peine le relief d'un petit éléphant. On pourra, toutefois, regretter les aménagements modernes, si peu respectueux, du rez-de-chaussée.

Au **n° 30**, des bâtiments modernes abritent le Foyer des jeunes travailleurs de la cité des Fleurs ainsi qu'une paroisse, tous deux animés par la communauté aveyronnaise de Paris.

Blanche et rose, la façade du **n° 31** est décorée de deux médaillons à l'étage, représentant une femme à gauche, un homme moustachu à droite.

Le **n° 33** est proche, par son style, du n° 25, avec ses colonnes torsadées agrémentant une façade très pittoresque. Le **n° 40** est de la même période que le précédent, avec ses fenêtres et niches très originales. Les **nos 47, 48 et 50** datent aussi de l'époque de la création de la cité.

Au **n° 54**, un bâtiment de la Croix-Rouge porte sur sa façade une frise en mosaïque des années 1930, indiquant « Crèche Marie-Ernest May ». Le **n° 56** possède, au rez-de-chaussée, un bas-relief dans le goût du XVIIIe et abrite, à l'étage, des ateliers d'artistes.

Au **n° 59** se trouve une entrée secondaire de l'église Saint-Joseph-des-Épinettes, dont la façade principale donne au 40, rue Pouchet, et qui constitue le seul bâtiment digne d'intérêt de cette rue. Construite en 1909 par l'architecte Thomas, entièrement en ciment armé et recouverte de briques, cette modeste église fut inaugurée le 24 mai 1910. À l'intérieur, on admirera un exceptionnel orgue du XVIIIe siècle, restauré grâce aux bons soins d'une association.

La rue de La Jonquière

À la sortie de la magique cité des Fleurs, remontons la **rue de La Jonquière**, vers la droite, en direction de la station de métro Guy-Môquet. Jacques de Taffanel, marquis de La Jonquière, marin, lieutenant général et gouverneur du Canada, donne son

◄ 54, cité des Fleurs.
► 31, cité des Fleurs.

▲ 44, rue de La Jonquière.

◄ 42, rue de La Jonquière.

Poursuivons la **rue de La Jonquière** jusqu'à la **rue Jean-Leclaire**, à gauche, par laquelle nous gagnons le **square des Épinettes**.

Le square des Épinettes

Traversé par les ménagères qui vont faire leur marché avenue de Saint-Ouen, c'est un lieu convivial et agréable, qui cumule tous les attraits du square parisien typique : son kiosque, son habitacle réservé aux gardiens et, surtout, ses merveilleux parterres de fleurs bordés de pavés. Au-dessus de l'abri du gardien, un hêtre pourpre centenaire (*Fagus sylvatica purperea*) vous impressionnera avec ses quinze mètres de hauteur et ses trois mètres quinze de « tour de taille ».

nom à cette voie depuis 1890. Auparavant baptisée rue Marcadet, c'est l'ancien « chemin des bœufs », visible sur les plans du XVIIIe siècle et dont l'origine doit être encore plus ancienne. Le chemin initial était installé dans un talweg, creux géologique suivant la pente douce de la butte Montmartre.

Aujourd'hui, c'est une rue plutôt commerçante qui porte encore, au détour de certaines impasses, les traces de son passé industriel. C'est le cas du **n° 44** : derrière l'entrée industrielle typique de ce quartier et de la fin du XIXe siècle se niche une petite impasse, pavée et mélancolique. Au **n° 42** voisin, une plaque fixée sous verre signale au passant un atelier d'imprimerie-peinture-vitrerie. La visite de la cour vaut également le détour.

Un peu plus loin, toujours du côté gauche, passons sous le porche d'un bâtiment moderne pour atteindre la **villa Sainte-Croix**. Le **square Sainte-Croix** lui-même, entre une école colorée et un immeuble contemporain, est un exemple réussi d'inscription d'un espace vert élaboré dans un milieu urbain dense.

Épinettes et Batignolles, deux noms champêtres pour de nouveaux quartiers

On a bien souvent cherché une explication plausible au charmant nom des « Épinettes », mais les origines mentionnées dans les manuels ne sont pas satisfaisantes, car aucune n'explique pourquoi on aurait donné à ce quartier de Paris le nom d'un petit instrument de musique ou d'une cage à poule.
C'est un des champs situés le long du « chemin des bœufs » (rue de La Jonquière) qui porta ce nom jusqu'à l'urbanisation du XIXe siècle. Les Épinettes étaient peut-être les ronces bordant ces terrains cultivés, point de repère facile pour l'agriculteur.
Jusqu'au XVIIIe siècle, les champs s'étendant entre les chemins (aujourd'hui avenues) de Saint-Ouen et de Clichy étaient désignés sous le nom de « chantier des... Batignolles ». Il faudra attendre 1790 pour que ce lieu-dit « glisse » vers le nouveau hameau de la barrière de Clichy (actuelle place de Clichy) et que son nom désigne, en 1830, le nouveau village des Batignolles. Quant à ce dernier nom, toutes les origines possibles et imaginables ont été proposées, plus fantaisistes les unes que les autres.

Tournant le dos aux visiteurs, la statue de Jean Leclaire, œuvre de Dalou détruite en 1943, fut refondue par la maison Sosson et replacée sur son socle en 1971. Jean Leclaire (1801-1872) est resté célèbre pour ses travaux sur le blanc de zinc qu'il substitua au blanc de céruse, nuisible à la santé des peintres en bâtiment. En 1842, il créa sa grande œuvre de « participation des ouvriers aux bénéfices ». La Société de prévoyance et de secours mutuels lui éleva ce monument en 1896. Dans l'Illinois (États-Unis), à des milliers de kilomètres des Épinettes, un bourg industriel porte le nom de Leclaire, hommage touchant à ce modeste bienfaiteur de l'humanité.

Dans une attitude fière et martiale, Maria Deraismes fait face aux visiteurs entrant par la rue Collette. Cette statue, elle aussi détruite en 1943, fut également refondue et replacée ici il y a quelques années par la Ville de Paris. Sa main gauche, à l'origine appuyée sur une chaise, flotte à présent dans le vide, le plâtre de la chaise n'ayant pu être retrouvé au Dépôt des œuvres d'art. Femme de lettres, présidente de l'« Association pour le droit des femmes », Maria Deraismes (1828-1894) est regardée comme une pionnière courageuse du mouvement féministe. Elle habita au 72, rue Cardinet, en face du lycée Carnot.

Le square est bordé de nombreux immeubles de rapport, souvent d'inspiration Art déco (bow-windows, vitraux de couleurs, balcons en fer forgé…). Au **n° 17, rue Collette**, notamment, on remarquera un superbe immeuble de sept étages datant de la fin du XIXe siècle, d'une réalisation soignée, avec ses bow-windows fermés de vitraux.

Au fond du square, vers le nord, se déploie la façade austère de l'**ancien groupe scolaire Félix-Pécaut**, le long de la rue du même nom. Il fut, en 1989, converti en annexe de l'École nationale de commerce du boulevard Bessières. Construits en 1898 en brique et pierre de taille, ces locaux sont très typiques des édifices scolaires républicains de la fin du XIXe siècle. Sur le fronton de gauche, on distingue encore l'inscription « École de garçons » et, à droite, « École de filles ». Quand la mixité était regardée d'un mauvais œil par ces messieurs de l'Enseignement...

◄ Ancienne école, rue Félix-Pécaut.

► Statue de Maria Deraismes, square des Épinettes.

◄ Ancienne gare du chemin de fer de ceinture, rue Navier.

Autour des rue Navier et Pouchet

À la sortie de la rue ombragée Félix-Pécaut, on retrouve la **rue Jean-Leclaire** : sur le côté opposé, aux **n°s 23 et 25**, un immeuble des années 1930 attire le regard. Sa façade est recouverte de faïence rouge et d'innombrables éclats de céramique jaune, mosaïque très typique de cette époque. Presque en face, sur notre droite, nous pouvons faire une brève incursion dans la **rue Arthur-Brière**, ancien passage Lagille élargi côté impair lors de la construction des écoles. Du côté gauche, nous passons devant le **n° 8**, petit immeuble de deux étages, au charme désuet. Au **n° 10**, un bâtiment bleu-blanc-rouge abrite la cantine scolaire du 17e arrondissement, et, juste en face, au **n° 3**, le blason de la Ville de Paris, en pierre de taille accroché à la façade de l'école, reste impressionnant.

Revenons **rue Jean-Leclaire** pour déboucher **rue Navier**, du nom d'un ingénieur mort en 1836. Auparavant chemin des Épinettes, ou des Fruits, cette voie fut créée en même temps que le chemin de fer de Ceinture, dont elle longeait alors la tranchée. Celle-ci fut couverte en 1963, ce qui ménagea un terre-plein où quelques arbres ombragent un modeste terrain de boules. Au fond, sur la droite, on aperçoit **l'ancienne gare**, qui fut successivement un cinéma, un petit Prisunic puis un magasin d'électroménager.

◄ 8, rue Arthur-Brière.

► Cité Joyeux,
53, rue des Épinettes.

▲ Passage Pouchet.

Prenons la rue Navier vers la gauche, en longeant le petit **square Jean-Leclaire**, et poursuivons jusqu'à la **rue des Épinettes**, que nous prendrons sur la droite.

Si, au **n° 53**, la cité Joyeux, secrète, mystérieuse, ne se livre pas au promeneur – une grille en interdit l'entrée –, juste en face s'ouvre la discrète **villa** (naguère impasse) **des Épinettes**. Elle abrite une maison individuelle baptisée « Film House », construite, en 1998, par l'architecte Christophe Lab. Il conçut cette élégante composition de béton et aluminium comme une boîte à images que la lumière peut traverser : « C'était une lanière de cinq mètres de large sur trente mètres de long, explique-t-il. J'ai dessiné cette maison comme une grande caméra, avec la lumière qui entre par l'objectif, le viseur. »

De retour dans la **rue des Épinettes**, revenons sur nos pas pour prendre, sur la droite, le **passage Pouchet**. Pavé de frais, éclairé de neuf, c'est un endroit plaisant, bien caché au passant pressé. À droite, nous trouvons

la très charmante **impasse Deligny** : la vigne-vierge et la glycine y couvrent parfois les fenêtres du rez-de-chaussée, dotées de barreaux de fer, sans doute pour décourager les importuns...

Le passage Pouchet se terminant en une impasse agrémentée de quelques arbres, nous emprunterons la **rue Pouchet** sur la gauche, de façon à enjamber l'ancienne Petite Ceinture. Sur notre droite, remarquons les HBM (Habitations bon marché) du **n° 75**, rue Pouchet, avec leur ouverture en hémicycle et leurs médaillons de briques vertes.

▼ 75, rue Pouchet.

◂ Promenade plantée, le long de l'ancien chemin de fer de ceinture.

Après le pont du chemin de fer, empruntons la petite **rue du Colonel-Manhès**, qui descend sur la droite et conduit à une très agréable **promenade plantée** longeant la voie ferrée. Les quelques bancs installés au détour des bosquets champêtres vont nous permettre de faire une petite pause.

La promenade débouche sur un bâtiment en briques rénové dans les années 1980, la **piscine Bernard-Lafay**. En reprenant vers la gauche la **rue de La Jonquière**, on contournera le complexe sportif pour emprunter, à droite, la **rue Émile-Level**. C'est l'ancien passage Dhier dont le côté droit bordait, avant leur démolition, les usines Goüin (voir encadré). Émile Level, décédé en 1905, était un ingénieur, conseiller municipal et maire de l'arrondissement. À partir du **n° 36**, les petits immeubles bordant cette rue toujours pavée devaient loger les ouvriers de l'usine. Celle-ci fut démolie avant la dernière guerre.

◂ Piscine Bernard-Lafay.

Les usines Goüin

Tout l'espace compris entre l'avenue de Clichy et les rues Boulay, Émile-Level et de La Jonquière était jadis occupé par les usines Goüin, énorme entreprise qui fournissait une part importante de travail aux habitants des Épinettes et des Batignolles.

Ernest Goüin, fondateur de l'usine, né en 1815, avait toujours eu la passion de la mécanique. Employé d'abord à la construction du chemin de fer de Paris à Saint-Germain, il attendit 1846 pour fonder, avec l'appui financier du duc de Noailles, des Rothschild et de M. Rodriguès-Henriquès, une usine sur les terrains qu'il avait acquis aux Batignolles peu de temps auparavant. En quelques mois furent édifiés mur de clôture, ateliers de forge et de chaudronnerie, d'ajustage et de montage, magasin, maison d'habitation, tout le nécessaire pour lancer la construction de locomotives.

C'est de là que sortirent de nombreux modèles équipant les réseaux ferrés des compagnies de l'Ouest, d'Orléans, du Nord et de l'État. L'immense activité de cette entreprise se déploya aussi dans la construction métallique : les ponts d'Asnières et de Langon, par exemple.

Les usines Goüin exportèrent leur savoir-faire en Russie, en Italie. Lors de la Première Guerre mondiale, les ateliers consacrèrent l'essentiel de leurs activités à la fabrication de matériel de guerre. En 1920, Goüin produisit plus de deux cents locomotives. L'entreprise fut ensuite transférée à Nantes où elle fonda un nouveau quartier, baptisé « les Batignolles » en hommage à la formidable aventure parisienne.

◀ Rue Émile-Level.
▶ Cariatide allégorique, passage du Petit-Cerf.

On contournera le square par la **rue Ernest-Goüin** pour atteindre la **rue Boulay**, qui porte le nom du propriétaire du terrain. Cette voie, assez commune, croise en son milieu le **passage du Petit-Cerf**. Deux immeubles contemporains portent, chacun à son angle, une cariatide allégorique faisant allusion au nom du passage : du côté droit, une femme soutient le balcon du premier étage ; du côté gauche, une autre statue, mi-homme, mi-cerf, est mordue par un chien.

Continuons la **rue Boulay** jusqu'à l'**avenue de Clichy** et prenons celle-ci à droite pour arriver **porte de Clichy**. Traversons le boulevard Bessières puis longeons les installations du **lycée international Honoré-de-Balzac**. À droite, l'**avenue du Cimetière-des-Batignolles** mène à la **rue Saint-Just** où l'entrée du **cimetière** s'ouvre toute grande devant nous.

Le cimetière des Batignolles

Il ne faut pas s'attendre à trouver, au cimetière des Batignolles, la verdure luxuriante du Père-Lachaise. Si les arbres s'alignent bien sagement sur le plateau, donnant une touche de verdure apaisante, ils ne peuvent faire oublier les vrombissements provenant du Boulevard périphérique tout proche. Quand l'« utilité publique » prédomine, le respect n'a plus droit de cité, et c'est sans hésitation aucune que les édiles décidèrent, au moment de l'édification du Périphérique, de le faire passer au-dessus de la dernière demeure de nos ancêtres, transformant ce champ du repos en champ du vacarme… Cela ne concerne, heureusement, que la partie la plus ancienne du cimetière, qui s'étend sur plus de dix hectares et ne compte pas moins de trente-deux divisions.

C'est pour doter la toute jeune commune des Batignolles-Monceaux

▸▴◂ Cimetière des Batignolles.

d'un lieu d'ensevelissement décent qu'un terrain fut réquisitionné en 1833 dans la plaine de Clichy. Les premières sépultures y furent creusées dès le 22 août. C'était alors un cimetière très réduit, dont l'entrée se trouvait route de la Révolte (actuel boulevard Victor-Hugo, à Clichy). Agrandi en 1847, il reçut, entre la date de son ouverture et 1860, dix-sept mille six cent quatre-vingt-huit corps. Devant accueillir les concessions temporaires de tout Paris, il fallut une fois de plus l'agrandir. En 1883, la Ville de Paris lui ajouta près de sept hectares et aménagea l'entrée actuelle.

Certains morts célèbres enterrés dans le cimetière des Batignolles ne firent que passer ou furent déplacés pour diverses raisons. Ainsi Fedor Chaliapine, réclamé par l'Union soviétique, y fut-il transféré tandis que Blaise Cendrars retournait dans sa ville natale de La Chaux-de-Fonds, quittant pour toujours la 5e division.

Le cas de Verlaine est plus particulier. Il fut d'abord inhumé près de ses parents dans la plus ancienne partie du cimetière (20e division), où sa tombe était recouverte de la poussière du périphérique. Elle fut déplacée le 30 mai 1989 en bordure du rond-point central, où elle occupe désormais une place d'honneur.

On trouvera la partie la plus ancienne du cimetière sous et au-delà du Périphérique. À cet endroit, la pollution due à l'autoroute urbaine recouvre les tombes d'un voile grisâtre qui en accentue l'aspect sinistre. À noter, sur certaines plaques, les mentions de naissances antérieures à 1800 et de décès survenus aux Batignolles-Monceaux. Certains monuments devenus dangereux pour le promeneur durent être détruits, laissant un vide difficile à combler : les familles répugnent aujourd'hui à prendre un emplacement dans un lieu si bruyant et si sale.

Quelques sépultures de personnalités

(demander un plan détaillé au gardien du cimetière)
7e division : Blaise Cendrars, écrivain († 1961) ;
15e division : Gaston Calmette, directeur du *Figaro* († 1914) ;
16e division : Léon Dierx, poète († 1912) ;
21e division : Hector Formica, inventeur († 1967) ;
24e division : Édouard Vuillard, peintre († 1940) ;
31e division: André Breton, poète († 1966) et, autre célèbre surréaliste, Benjamin Péret († 1959), quelques tombes plus loin.
Au cours de la promenade, on découvrira aussi les monuments dédiés à Alfred Bruneau, fils naturel d'Émile Zola, le tombeau de la famille Puteaux-Droux, promoteurs et élus des Batignolles, la sépulture de la famille Lathuille, cabaretiers avenue de Clichy...

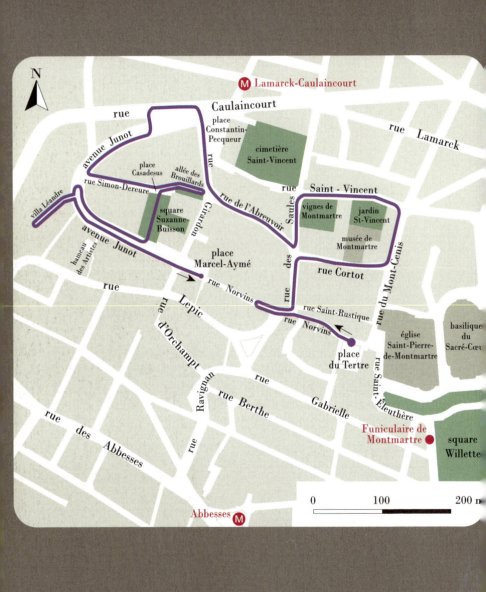

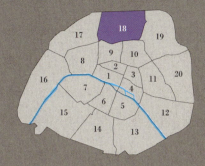

18e

De la place du Tertre à l'avenue Junot

▶ Départ : place du Tertre,
métro Abbesses
ou Funiculaire de Montmartre
gare haute
▶ Arrivée : place Marcel-Aymé,
métro Abbesses
ou Lamarck-Caulaincourt

La place du Tertre est un haut lieu touristique dévolu au marché de la peinture et du dessin, commerce qui s'appuie sur une tradition forgée à Montmartre, entre 1890 et 1940, par des peintres devenus célèbres – Modigliani, Utrillo, Valadon, Picasso, Braque, Gen Paul, etc. Chaque année, les autorités municipales attribuent cent quarante emplacements d'un mètre carré pour deux artistes travaillant en alternance.

La place du Tertre

Un monticule signalé dès 1336 est à l'origine du lieu-dit « le Tertre », devenu avec l'usage **place du Tertre**. Du cœur de l'ancien village de Montmartre, nous allons parcourir les rues appartenant au « plateau villageois ». La place, repavée en 1992, est bordée de maisons de deux ou trois étages datant du XVIIIe siècle.

Au **n° 3** se trouvait le siège de la première mairie de Montmartre, constituée en 1790. De 1790 à 1793, Félix Desportes de Blinval (1763-1849) fut le premier maire de la commune de Montmartre, devenue sous la Révolution « Mont-Marat ». En 1795, la nouvelle municipalité comptait entre huit cents et treize cents habitants.

Au **n° 7**, le portrait du sculpteur Maurice Drouard (1886-1915) est scellé sur la façade de sa maison. L'épitaphe est signée Roland Dorgelès : « Né à Montmartre, habita cette maison et la quitta le 3 août 1914 pour aller défendre avec le 236e régiment d'infanterie la butte, sa vieille église et ses moulins. Il fut tué à Tahure en pansant les blessés ».

Au **n° 21**, sur la façade du Syndicat d'initiative, on peut lire : « Pour la première fois le 24 décembre 1898, une voiture à pétrole pilotée par Louis Renault son constructeur atteignit la place du Tertre, marquant ainsi le départ de l'industrie automobile française. » C'est avec cette voiture, munie pour la première fois d'une boîte de vitesse, que Renault gagna la première course automobile Paris-Trouville, le 27 août 1899, grâce à des pointes de trente-cinq kilomètres à l'heure.

▲ 7, place du Tertre.
◀ Rue Norvins.

La rue Norvins et la rue des Saules

Prenons la **rue Norvins**, qui borde la place du Tertre au nord. Jacques Marquet, baron de Montbreton de Norvins (1769-1854), défenseur ardent de l'Empereur, publia une *Histoire de Napoléon*. Cette rue était désignée au XIe siècle comme « le chemin de charroy qui va de Montmartre à Paris ».

Au **n° 6**, le restaurant de la Mère Catherine, fondé par Catherine Lamotte en 1793, remplaça le presbytère du XVe siècle.

Suivons la rue Norvins, rue principale du village. Sur son **côté pair** s'alignent des immeubles mitoyens caractérisés par deux ou trois travées, des volets en bois, des balcons en fer-

▲ Le restaurant de la Mère Catherine, 6, rue Norvins.

▶ 24, rue Norvins.

▶ 22-22 bis, rue Norvins.

ronnerie ou des lucarnes. Du côté impair, aux **n⁰ˢ 1 à 1 ter**, de petites maisons d'un étage ont préservé leur aspect villageois.

Aux **n⁰ˢ 22 et 22 bis**, un certain Sandrin fit bâtir une maison de campagne. Le corps de logis de deux étages, couvert de tuiles, éclairé au midi par vingt-sept croisées, comprenait au rez-de-chaussée un grand salon de compagnie, boudoir, salle de billard, cuisine et office, d'après un inventaire de 1795. Cette vaste propriété d'un hectare, calme, très proche de la capitale, plut au docteur Pierre-Antoine Prost. Ce disciple de Pinel y ouvrit, en 1805, une maison de santé pour malades mentaux, auxquels il prodiguait des soins « dans un climat de douce bienveillance ». Prost agrandit la maison peu avant de la céder, en 1820, au docteur Esprit-Silvestre Blanche. Ce dernier y accueillit jusqu'en 1847 des personnes démunies, mais aussi des écrivains et des artistes, comme Gérard de Nerval qui y fut interné, du 21 mars au 21 novembre 1841, après une crise de démence (voir aussi page 184).

La Ville de Paris, propriétaire depuis 1972, fit rénover des corps de logis de cette Folie et construire une trentaine d'ateliers d'artistes (au **n° 24**), l'ensemble constituant une annexe de la Cité internationale

des arts de la rue de l'Hôtel-de-Ville. Son jardin à l'état sauvage dévale par une pente abrupte dans la rue de l'Abreuvoir.

Revenons sur nos pas et tournons, à gauche, dans la **rue des Saules**. Au XV⁵ siècle, « le chemin de la Saussaie » traversait des terrains infiltrés d'eau et plantés de saules. La rue, encaissée entre une muraille renforcée de contreforts et un mur de soutènement colonisé par des érables sycomores, descend à pic le versant nord de la colline.

La rue Cortot

Nous empruntons à présent la **rue Cortot**, qui porte le nom du statuaire Jean-Pierre Cortot (1787-1843).

Du n° 22 au n° 18 se succèdent les villas entourées d'un jardinet fermé par une grille. Aristide Bruant loua une maison à l'emplacement du **n° 16**. « Il possédait un potager, un poulailler, et même ce qu'il appelait son "vélodrome" : une allée circulaire où il faisait de la bicyclette, moins par hygiène que pour distraire ses chiens. Sur la porte, il avait cloué une pancarte : Aristide Bruant, chansonnier populaire. Son titre à lui, son blason, sa couronne, et il en était fier » (Roland Dorgelès, *Bouquet de Bohème*, 1947).

Au **n° 12**, franchissons la porte d'un bâtiment bas pour découvrir le musée de Montmartre (voir encadré). Il fut installé en 1961 dans « la maison de Rosimond », après qu'elle fut achetée en ruine par la Ville de

Une pépinière d'artistes au 12, rue Cortot

Le corps de logis principal est flanqué de deux ailes aménagées au XIXᵉ siècle en ateliers. Dans l'aile gauche, Renoir loua, en 1876, un atelier et des écuries pour remiser *Le Moulin de la Galette*, toile de très grand format à laquelle il travaillait. En 1896, Suzanne Valadon emménagea au premier étage, avec son mari, Paul Moussis, et son fils, Maurice Utrillo. Marie-Clémentine Valadon, dite Suzanne (1867-1938), encouragée par Degas, pratiquait exclusivement le dessin à la mine de plomb. Arrivée rue Cortot, elle se mit à la peinture.

Dans l'aile droite, au premier étage, en 1901, Raoul Dufy partageait l'atelier d'Othon Friesz, son ami d'enfance. Sa peinture intéressant peu d'amateurs, il gagnait sa vie en créant des tissus pour Bianchini et Poiret. En 1911, il se maria avec Eugénie Brisson à la mairie du 18ᵉ et installa son atelier 5, impasse Guelma. Lui succéda, de 1913 à 1926, Pierre Reverdy (1889-1960), natif de Narbonne. On entrait chez lui par un escalier tournant, aujourd'hui disparu, que les Reverdy appelaient « notre tourelle ».

Émile Bernard (1868-1941) résida au deuxième étage de 1906 à 1912. Il avait alors rejeté les idées novatrices de sa jeunesse et était revenu aux principes de la Renaissance. Sur sa porte, on lisait : « Que celui qui ne croit pas en Dieu, en Raphaël et en Titien n'entre pas ici. » Son atelier fut repris par Valadon, divorcée en 1909, et son nouveau compagnon, le peintre André Utter.

Paris en 1922 et remise en état par Claude Charpentier. Cette longue bâtisse blanche du XVIIe siècle s'étend entre une cour pavée et un très grand jardin qui rejoint la rue Saint-Vincent (n° 17). En 1680, le comédien du roi Claude La Roze, sieur de Rosimond (1640-1686), en fit son lieu de villégiature. Il écrivait des comédies et se reposait de la scène où il remportait un vif succès dans le rôle du Malade imaginaire. Le musée a pour origine la Société d'histoire et d'archéologie du Vieux Montmartre, créée le 26 août 1886 sous la présidence de Charles Sellier. Cette association œuvra pour faire classer et protéger le site de Montmartre et exposer dans un musée des objets historiques, comme le bistrot au n° 14, rue de l'Abreuvoir, le bureau de Gustave Charpentier et le théâtre d'ombres du Chat Noir.

Au **n° 6**, un perron de quelques marches, garni d'arbres en espaliers, donne accès à la maison dans laquelle Erik Satie (1866-1925) vécut de 1890 à 1898. Il emménagea « bien au-dessus de ses créanciers », dans une chambre au dernier étage, qu'il dut échanger, en 1896, contre un réduit qu'il appela « le placard ». Pour vivre, il était chef d'orchestre au Chat-Noir puis pianiste à L'Auberge du Clou. Son intérêt pour les Rose-Croix lui valut le sobriquet d'« Ésotérik Satie ».

◀ 18, rue Cortot.
▶ 6, rue Cortot.

◀ Musée de Montmartre, 12, rue Cortot.

Le couple s'installe dans le grand atelier pourvu d'une large verrière sur le jardin. Valadon y réalisa de grandes compositions, des portraits de sa mère et de son fils, des nus, des paysages, des natures mortes, traités avec un dessin cerné et des couleurs vives. Son fils, Maurice Utrillo, travaillait dans une petite chambre donnant sur la rue Cortot. Élevé par sa grand-mère Madeleine, il eut une enfance difficile, solitaire et sombra dans l'alcoolisme dès l'âge de 16 ans. En 1903, il commença à peindre les rues de Montmartre (*Le Passage Cottin*, Centre Pompidou, musée national d'Art moderne, Paris) et la proche banlieue. Ses tableaux datant de la période où il était à l'apogée de son talent, entre 1906 et 1914, possèdent un réel pouvoir évocateur. Après plusieurs hospitalisations pour désintoxication, il fut enfermé rue Cortot entre 1921 et 1926.

◀ Château d'eau, au débouché de la rue Cortot.

▶ Villa, rue Saint-Vincent.

naturalistes, des paysages ou des marines, en bas-reliefs appliqués au-dessus des portes d'entrée. Au **n° 22** existait jadis une maison basse qu'Hector Berlioz loua de 1834 à 1836 avec son épouse, la cantatrice Hariett Smithson. Elle fut démolie en 1926, de même que « la maison de Mimi Pinson », au **n° 18**.

Nous prenons à gauche la **rue Saint-Vincent**. Au **n° 15**, le jardin sauvage Saint-Vincent vaut le détour : en 1985, la Ville de Paris décida de laisser évoluer naturellement cet espace abandonné où poussent le pavot somnifère, la digitale pourpre, la menthe aquatique ; insectes, oiseaux, petits mammifères y trouvent refuge et la mare abrite crevettes d'eau douce, poissons et amphibiens. Ouvert uniquement le samedi, d'avril à septembre (10 h-12h30 et 13h30-18h30) et en octobre (jusqu'à 18h) ; entrée libre. Visites guidées sur demande par courrier ou au 01 43 28 47 63.

Sa musique claire, dépouillée, elliptique, si elle s'avère simple techniquement, demeure inimitable. Le logis du compositeur disparut lors d'une restructuration de la maison.

Aux **nos 1 et 3**, J. Boucher et G. Chevillard construisirent, vers 1930, un grand immeuble dont les façades claires sont rehaussées de tableaux sculptés figurant araignées, chauve-souris, aigles, poules, renard et papillons.

La rue Cortot débouche en face du **château d'eau** qui, par sa capacité de six cent soixante mètres cubes d'eau potable et deux cents mètres cubes d'eau non potable, alimente en partie le quartier depuis 1927.

Les rues du Mont-Cenis et Saint-Vincent

Nous empruntons la **rue du Mont-Cenis**, sur la gauche. **Entre les nos 23 et 31 et 18 et 22**, elle se métamorphose en escaliers bordés par des immeubles érigés par Boucher et Chevillard dans les années 1930. Leur décoration se cantonne à des scènes

Comme en province, quelques villas entourées de jardinets s'échelonnent jusqu'au carrefour, **du n° 18 au n° 30**.

Le Lapin Agile

Cette maison villageoise se nomma successivement « Au Rendez-Vous des Voleurs », « Le Cabaret des Assassins » et « À ma Campagne » lorsqu'Adèle Decerf reprit l'établissement en 1886. Le lapin sauté à la casserole étant la spécialité d'Adèle, le dessinateur André Gill, vers 1900, imagina en guise d'enseigne un lapin bondissant d'une casserole. Par jeu de mots, « le lapin à Gill » – dont la peinture originale est conservée au musée de Montmartre – devint le « Lapin Agile ». Au début du XXe siècle, Aristide Bruant racheta le cabaret et le confia à Frédéric Gérard – le Père Frédé – portraituré ainsi par Mac Orlan : « Coiffé d'un foulard rouge noué derrière la nuque à la manière des pêcheurs du Sud, il était chaussé de bottes et marchait taciturne, le dos voûté, la tête basse, prêt à l'attaque et à la défense. » Jusqu'à la guerre de 1914, le Lapin Agile fut le foyer de la bohème montmartroise. Dorgelès, Carco, Renoir, Courteline, Forain, Picasso, Fargue, Utrillo, Couté, Manolo, Van Gogh, Clemenceau, Dullin et tant d'autres participaient aux soirées animées par le Père Frédé. Picasso aimait s'asseoir à la terrasse, à l'ombre du grand acacia, avec sa chienne Frika. Le cabaret inspira ses habitués : Mac Orlan en fit le cadre du *Quai des Brumes*, décor que Marcel Carné transplanta au Havre, dans son film adapté du roman. Sous la direction d'Yves Mathieu, l'établissement a conservé sa salle basse originale et son ambiance chaleureuse.

▲ Le Lapin Agile, 22, rue des Saules.

À l'angle de la rue Saint-Vincent et de la rue des Saules se trouve le célèbre cabaret **Le Lapin Agile** (voir encadré).

En face s'étend le **clos de vigne de Montmartre**, planté en 1933 afin d'empêcher toute construction dans l'ancien « parc de la belle Gabrielle ». Si ce terrain de mille cinq cent cinquante-six mètres carrés, exposé au nord, bénéficie d'un ensoleillement médiocre, il perpétue le souvenir du vignoble cultivé autrefois sur les pentes montmartroises. Planté principalement en gamay (75 %) et pinot noir (20 %), le clos est vendangé tous les ans au début du mois d'octobre, et les raisins sont traités dans les caves de la mairie du 18e arrondissement. Les huit cents bouteilles obtenues sont vendues aux enchères, l'année suivante, lors de la fête populaire des vendanges.

▼ Clos de vigne de Montmartre.

◀ 15, rue de l'Abreuvoir.

De la rue de l'Abreuvoir à l'avenue Junot

Nous remontons la **rue des Saules** avant de tourner à droite dans la **rue de l'Abreuvoir**, citée à partir de 1325 sous le nom de ruelle du Buc ; elle servait à l'approvisionnement en eau de la population et à l'acheminement des chevaux et bestiaux vers l'abreuvoir.

Au **n° 2**, « la petite maison rose » peinte par Maurice Utrillo est légendaire. Bien coté lors de la vente de succession d'Octave Mirbeau, ce tableau fut à l'origine de la célébrité du peintre.

Au **n° 4**, une enseigne « À l'Aigle Impérial » attire l'attention sur la maison du commandant Henry Lachouque (1883-1971), historien des campagnes de Napoléon. Le bâtiment en pierre, rehaussé par des poutres apparentes et un balcon, est décoré d'une statuette de la Vierge et d'un cadran solaire au coq complété par une légende humoristique, « Quand tu sonneras, je chanteray ».

Alors que Camille Pissarro séjournait avec sa famille dans l'Oise, il loua un pied-à-terre au **n° 12**, entre 1888 et 1892. Ainsi pouvait-il entretenir des relations avec les marchands et rencontrer ses amis. Cependant, il ressentait un certain isolement. À Eugène Manet qui l'invitait à la conférence donnée par Mallarmé sur Villiers de L'Isle-Adam, il répondit : « Je regrette de ne pouvoir accepter [...] mais l'état de mes yeux ne me permet pas encore d'affronter un voyage si lointain le soir. Nous demeurons à l'antipode l'un de l'autre. Je perche sur les hauteurs de Montmartre [...] »

▲ Vieille enseigne, rue des Saules.

▲ 2, rue de l'Abreuvoir.

▲ Monument à Eugène-Carrière, avenue Junot.

▼ 28, avenue Junot.

(lettre du 25 février 1890). Au **n° 15**, une maison du XIXe siècle occupe la place de l'ancien abreuvoir du village, évoqué par Nerval dans *Promenades et Souvenirs* : « C'était ensuite le voisinage de l'abreuvoir, qui le soir s'anime du spectacle de chevaux et de chiens que l'on y baigne, et d'une fontaine construite dans le goût antique, où les laveuses causent et chantent comme dans un des premiers chapitres de *Werther*. » Ce lieu baptisé « **place Dalida** » en 1996 est orné d'un buste, sculpté par Alain Aslan, honorant l'illustre chanteuse (de son vrai nom Yolanda Gigliotti) qui vécut au 11 bis, rue d'Orchampt de 1962 à sa mort en 1987.

Par les escaliers de la **rue Girardon**, nous rejoignons la **place Constantin-Pecqueur**. Ici jaillissait la fontaine du But, ou du Buc, que le percement de l'avenue Junot fit disparaître. Dans le square, un **monument** en pierre représentant un couple enlacé, signé Paul Vannier, rend hommage à Théophile Alexandre Steinlen (1859-1923). D'origine suisse, Steinlen vécut au 73, rue Caulaincourt de 1890 à sa mort. Véritable chroniqueur des rues, il dessina pour des journaux – *Le Chat Noir*, *Le Gil Blas illustré* –, exécuta des peintures et des affiches.

Nous empruntons, vers la gauche, l'**avenue Junot**. Face aux **nos 40 et 42**, sur un terre-plein, Jean-René Carrière et Henri Sauvage érigèrent le monument à Eugène Carrière (1849-1906). Revêtu de sa blouse d'atelier, l'artiste est saisi dans un geste familier. Carrière se consacra à l'évocation attendrie de l'amitié, de l'enfance ou de l'amour maternel, thèmes qui inspirèrent les quatre bas-reliefs en bronze du piédestal. Des sentences les complètent, telle « L'amour sincère pour les autres hommes nous donne une force invincible qui triomphe de tout ».

L'avenue Junot reçut le nom du général Andoche Junot (1771-1813), compagnon de Bonaparte depuis le siège de Toulon. Percée à partir de 1905 à travers le maquis, elle contourne tout le versant nord-ouest de la butte. Elle aurait dû se terminer sur le parvis du Sacré-Cœur, ce qui eût entraîné la destruction de la rue Norvins et de l'église Saint-Pierre.

Remontons la belle avenue plantée de tilleuls. Aux grands immeubles de sept et huit étages (**nos 40 et 42**), construits en 1910 par les frères Griès, succède un immeuble collectif pour artistes (**nos 36, 36 bis et 36 ter**), édifié par Adolphe Thiers en 1930. Sur la façade sobre se découpent les baies géométriques des ateliers. Le même maître d'œuvre construisit en 1927, pour le sculpteur Louis-Aimé Lejeune (1884-1969), un hôtel particulier au **n° 28**. Des baies rectangulaires, un oculus, un bow-window et un moucharabieh animent la sobre façade ocre rose.

Autour du château des Brouillards

Tournons à gauche dans la **rue Simon-Dereure** (1835-1900), du nom de l'adjoint de Georges Clemenceau lorsque celui-ci était maire de Montmartre en 1870-1871. Au **n° 22**, un bas-relief surmontant une porte de l'hôtel Lejeune représente l'art de sculpter la pierre. La rue Simon-Dereure nous conduit à la **place Casadesus**. Hommage est ici rendu à cette famille qui compte cinq générations d'artistes, musiciens, chefs d'orchestre et comédiens. Marius Casadesus (1892-1981), le benjamin de la première génération, fut excellent violoniste, compositeur, luthier, auteur du *Concerto de Mozart*. Il acheta en 1928, au **n° 5**, le « château des Brouillards », maison blanche de deux étages pourvue d'un fronton triangulaire que l'on peut admirer depuis l'allée des Brouillards et entourée d'un parc de sept mille mètres carrés. Cette maison est le vestige du « moulin des Brouillards » que Legrand-Ducampjean, avocat au Parlement de Paris, acquit en 1772. Il remplaça le moulin en ruine par plusieurs corps de bâtiment qu'il revendit à la veille de la Révolution. En 1850, les communs du château furent rasés pour faire place à des pavillons séparés par de simples haies, desservis de nos jours par l'allée des Brouillards. Vers 1890, des artistes démunis – Steinlein, Poulbot, Duchamp-Villon, Van Dongen – occupèrent le château abandonné. Dans le parc, une population marginale se réfugia dans des habitations de fortune, qui le firent surnommer le « maquis ». Modigliani s'y abrita en 1906. « Il s'adresse aux maçons qui construisent les nouveaux immeubles pour se procurer des pierres. La poussière de la taille directe irrite sa gorge et ses poumons et il devra constamment interrompre la sculp-

▲ Place Casadesus.
▶ 22, rue Simon-Dereure.

ture, renoncer provisoirement pour recommencer pendant de courtes périodes » (Jeanne Modigliani, *Modigliani, une biographie*, 1990). En 1920, Victor Perrot, notaire, président de la Société du Vieux Montmartre, acheta le château menacé par la prolongation de la rue Simon-Dereure et obtint une modification du tracé qui permit de l'épargner. Montons les **escaliers** situés au fond de la place sur la gauche et parcourons l'**allée des Brouillards**, aménagée entre le château et les pavillons individuels nichés dans la verdure. Au **n° 8**, le peintre renommé Pierre-Auguste Renoir résida avec sa famille de 1890 à 1897. Son fils Jean, réalisateur de films admirables comme *French cancan*, y naquit en 1894.

celui-ci y cultivait sous serre des plantes exotiques – caféiers, hévéas, poivriers – qu'il exportait dans le monde entier. Nous contournons la **rotonde** Art déco en meulière pour atteindre un **mail** auquel des platanes offrent leur ombre. Le bassin est orné d'une **statue de saint Denis**, sculptée par Fernand Guignier en 1941. Selon la légende, le martyr aurait lavé sa tête dans la fontaine Saint-Denis, qui jaillit à cet endroit jusqu'au début du XIXe siècle.

Retour avenue Junot

Reprenons à droite l'**avenue Junot**, où s'élèvent quelques intéressantes villas de styles très différents. Au **n° 11**, dans le hameau des artistes, vécut Maurice Utrillo de 1926 à 1937. Reclus, il peignait inlassablement, d'après des cartes postales, des tableaux que le marchand Pétridès négociait.

Au **n° 13**, Francisque Poulbot (1879-1946) commanda en 1925 à Pierre Boudriot cette maison en meulière et béton, parée d'une frise d'enfants évoquant les gamins de Paris, surnommés les « poulbots ». Personnalité éminente de Montmartre,

Revenons vers la **place Casadesus** et entrons dans le **square Suzanne-Buisson**, dédié à la secrétaire nationale des femmes socialistes SFIO, héroïne de la Résistance, morte en déportation. Cet espace vert a pour origine un jardin d'enfants ouvert à la fin des années 1930 sur l'ancien jardin colonial d'Alexandre Godefroy-Lebeuf. De 1885 à 1903,

◄ Statue de saint Denis, dans le square Suzanne-Buisson.

► Frise de Francisque Poulbot, 13, avenue Junot.

il reste célèbre pour son talent de dessinateur et sa générosité : il fonda un dispensaire au 42, rue Lepic, qu'il anima de toute son énergie.

Au **n° 15**, la maison Tzara est, sans aucun doute, la maison la plus audacieuse du point de vue architectural. Tristan Tzara (1896-1963), écrivain français d'origine roumaine, fondateur du mouvement Dada à Zurich, arriva à Paris en 1919 où il rencontra Breton, Aragon et Soupault. En 1926, son ami le Viennois Adolf Loos (1870-1933) construisit pour lui une maison conforme à son idéal esthétique : une structure aux lignes pures, fonctionnelle, dépourvue d'ornements. Il conçut un carré blanc lisse posé sur un rectangle brun en pierre meulière d'aspect rugueux. Les volumes, le percement des baies, la position des gouttières sont répartis avec une rigueur et une symétrie soumises au nombre d'or.

Par un escalier réservé, au **n° 23**, on peut voir « le rocher de la sorcière » à côté duquel subsista jusqu'en 1982 la cabane où vécurent les clowns Footit et Chocolat.

Au **n° 23 bis** fut ouverte, en 1926, la villa Junot, appelée en 1936 villa Léandre. Des pavillons en brique, colorés en blanc ou rose, tapissés de plantes grimpantes et pourvus de jardinets, s'alignent le long de l'impasse. Un bronze représente l'humoriste Charles Léandre (1862-1934),

dessinateur, peintre et lithographe qui mourut au 87, rue Caulaincourt. Ses portraits-charges du monde politique et une trentaine d'affiches destinées à des spectacles lui assurèrent la célébrité.

Remontons l'avenue Junot. À la hauteur du **n° 3**, nous apercevons le moulin Blute-Fin, construit en 1622. Dans les années 1870, il fut incorporé au bal du Moulin de la Galette, où l'on venait danser et déguster des galettes. Renoir, Toulouse-Lautrec ou encore Picasso l'immortalisèrent dans leurs tableaux. Des treize moulins qui dominaient autrefois la butte Montmartre, il est le seul à subsister, avec le Radet, situé à l'angle des rues Girardon (n° 1) et Lepic (n° 83).

Le percement de l'avenue Junot provoqua l'abaissement du sol sur une hauteur de six mètres, la démolition du Moulin à Poivre et la suppression du côté sud de l'impasse Girardon.

Au **n° 2**, avenue Junot subsistent les pavillons 2 et 4 de l'**impasse Girardon**. En octobre 1911, le sculpteur Henri Laurens et sa femme élurent domicile dans l'impasse. De 1913 à 1927, ils demeurèrent au **n° 4 bis**, dans des conditions parfois

▲ Villa Léandre, 23 bis, avenue Junot.

◄ « Le rocher de la sorcière », visible au 23, avenue Junot.

▼ Bronze représentant l'humoriste Charles Léandre, 23 bis, avenue Junot.

▶ Statue du *Passe-Muraille*, place Marcel-Aymé.

◀ 2, avenue Junot, où vécut le peintre Gen Paul.

précaires. Laurens créait des constructions – figures, guitares, bouteilles – et des papiers collés influencés par les recherches de Braque, son ami et voisin.

Au **n° 2** vécut le peintre expressionniste Gen Paul (1895-1975), qui brossa des portraits d'amis, de marchands, de musiciens, de clowns. Gen Paul recevait le dimanche matin dans son atelier tous ses amis de la Butte : Céline, son voisin, le musicien Jean Nocetti, Daragnès, les acteurs Le Vigan et Arletty, le dramaturge René Fauchois, le dessinateur Ralph Sou-

pault. En provenance de Hollande, Kees Van Dongen (1877-1968), sa femme Guus et leur fille Dolly firent une halte dans l'impasse Girardon, entre 1900 et 1905. L'artiste illustrait alors des journaux satiriques tout en brossant des vues de Montmartre.

La place Marcel-Aymé

Nous gagnons la **place Marcel-Aymé**. Ce replat, formé à la jonction de l'avenue Junot inachevée et de la rue Norvins, est planté de cerisiers à fleurs. Au **n° 2**, Inghelbrecht et Aymé habitèrent, à la fin de leur vie, cet immeuble cossu bâti par Charles Adda. Désiré Émile Inghelbrecht (1880-1965) dirigea plusieurs orchestres avant de fonder, en 1931, l'orchestre national de la Radiodiffusion fran-

▶ 2, place Marcel-Aymé.

çaise. Ses œuvres symphoniques furent influencées par Debussy et Ravel. Au fond de la place, le **jardin de la Cité internationale des arts** du 24, rue Norvins est soutenu par un mur duquel surgit une **statue** en bronze haute de deux mètres trente, réalisée par Jean Marais en 1989. Le *Passe-Muraille* personnifie la nouvelle de Marcel Aymé parue en 1943 : « Un excellent homme nommé Dutilleul possédait le don singulier de passer à travers les murs sans en être incommodé. » C'est un hommage à l'écrivain qui vécut quarante ans durant au 9 ter, rue Paul-Féval.

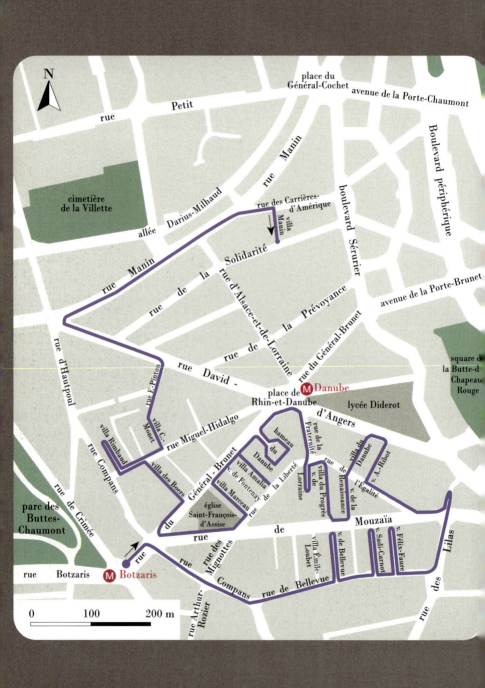

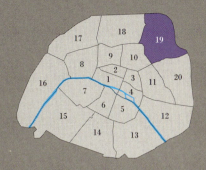

19e

La butte de Beauregard

▶ Départ : rue du Général-Brunet, métro Botzaris
▶ Arrivée : rue de la Solidarité, métro Danube

La butte de Beauregard | 19e

La butte de Beauregard, parmi les cinq dominant les quartiers du Combat et de l'Amérique, hérita de ce joli patronyme en raison des points de vue réputés qu'on pouvait avoir de ses hauteurs. Elle était entourée, au XVIIIe siècle, de quelques chemins qui devinrent des rues par la suite : la rue des Carrières-d'Amérique (dont la majeure partie s'appelle aujourd'hui rue Manin), la rue Compans, la rue de Bellevue, la rue des Lilas. Au sommet, c'est-à-dire rue de Bellevue, de nombreux moulins couronnaient la butte et donnaient à l'endroit un aspect à la fois champêtre et charmant. On pouvait distinguer le moulin Vieux, le moulin Neuf, le moulin de la Motte, le moulin Basset, le Petit Moulin, le moulin du Costre…

Ce quartier, communément appelé quartier de la Mouzaïa, est très prisé par les artistes.

Nous commençons la promenade près du **métro Botzaris** et rejoignons, par la **rue du Général-Brunet**, la **rue Compans** que nous empruntons vers la droite.

La rue Compans s'appela rue Basse-Saint-Denis jusqu'en 1855

◄ 74-76, rue Compans.

avant de prendre, en 1864, le nom du comte Dominique de Compans, général de division, défenseur de Belleville en 1814. Au coin de la rue Arthur-Rozier, un **grand mur peint** par Casadessus en 1993 figure des centaines de billes blanches – un peu estompées aujourd'hui – et une énorme bulle noire. Nous poursuivons notre chemin dans la rue Compans qui ne cesse de monter. Aux **nos 74 et 76**, un portail ferme une ruelle bordée de maisons noyées dans la végétation. Sur rue, un atelier d'artiste. Nous atteignons la **rue de Bellevue**, ainsi nommée depuis 1812, dominée, sur sa rive droite, par les immeubles impressionnants de la place des Fêtes.

D'une villa à l'autre

Côté gauche, les jolies villas traversantes communiquent avec la rue de Mouzaïa, recelant une succession de maisons de poupée. Celles-ci sont peut-être parmi les plus anciennes du lieu. Leur construction fut autorisée selon des règles strictes dans la mesure où elles se trouvent au-des-

◄ Peinture murale de Casadessus à l'angle des rues Compans et Arthur-Rozier.

- Villa Bellevue.
- Villa Sadi-Carnot.
- Villa Félix-Faure.

République française, comme la villa Émile-Loubet ou les deux dernières de la rue, les villas Sadi-Carnot et Félix-Faure. Il faut observer le site des deux côtés, depuis la rue de Bellevue, où nous sommes, mais aussi depuis la rue de Mouzaïa. D'en haut, on a l'impression que les maisons s'agrippent les unes aux autres, alors que d'en bas, elles semblent s'épauler et faire corps pour éviter de glisser.

La **villa de Bellevue** possède de larges pavés et ses maisons furent bien souvent réunies pour n'en former désormais qu'une.

sus de carrières. Élevées sur un terrain en pente, elles ne comportent qu'un étage. Elles faisaient autrefois partie de voies privées et fermées, qui sont aujourd'hui ouvertes, pavées et éclairées de lampadaires au mât décoré d'une branche de lierre enlacée, selon le modèle Oudry. Les pavillons, serrés les uns contre les autres et accolés dos à dos, s'agrémentent d'un jardinet clôturé.

Plusieurs de ces villas évoquent, bien modestement si l'on considère leur ampleur, des présidents de la

Villa Sadi-Carnot, la tranquillité des lieux est surprenante, et même les chats semblent faire bon ménage avec les nombreux merles voletant d'un arbre à l'autre. Les glycines débordent généreusement dans la ruelle et courent le long des murs.

La **villa Félix-Faure** joue les couleurs, avec des colombages rouges au **n° 5** et des volets bleus au **n° 7**. Au **n° 10**, derrière un grand lilas, c'est toute la maison qui est peinte en bleu…

La visite des villas peut ainsi se poursuivre sans itinéraire imposé, à la guise de chacun.

Nous reprenons la **rue de Bellevue** jusqu'à la **rue des Lilas**. Celle-ci, qui borde les villas où nous venons de flâner, croise la rue de Mouzaïa pour finir par quelques larges marches sur la rue David-d'Angers, baptisée, depuis 1877, du nom du sculpteur Jean David, originaire d'Angers (1788-1856) et auteur du fronton du Panthéon. Les habitations construites ici sont plus récentes, notamment la vaste maison blanche du **n° 43**. Au **n° 45**, une allée conduit à d'autres maisons, invisibles depuis la rue.

Rebroussons chemin et reprenons la **rue de Mouzaïa**, portant, depuis 1877, le nom d'une gorge d'Algérie en souvenir des combats qui s'y déroulèrent en 1839 et 1840 entre l'armée française et « l'émir des croyants », Abd el-Kader, qui viola le traité de paix de la Tafna signé en 1837 avec Bugeaud et proclama la guerre sainte pour asseoir son pouvoir.

Tournons à droite dans la rue de Mouzaïa pour gagner la **rue de l'Égalité** qui forme un Y avec les rues de la Liberté et de la Fraternité. Ces trois voies exaltent les valeurs républicaines depuis plus d'un siècle : elles furent en effet percées en 1889, à l'occasion du centenaire de la Révolution française.

Toutes les villas que nous rencontrerons sont traversantes. La rue de l'Égalité est assez large et n'en possède que quatre. Deux descendent d'une façon assez rapide vers la rue David-d'Angers : la **villa Alexandre-Ribot**, ouverte en 1923, porte le nom du ministre des Finances et des Affaires étrangères, ami du sucrier Lebaudy qui fut, avec lui, l'un des prin-

▲ Villa Alexandre-Ribot.
▼ 43, rue des Lilas.
▲ Rue de l'Égalité.

▲ Villa de la Renaissance.
◀ Rue de la Liberté.
▶ 3, rue de la Fraternité.

cipaux leaders du parti républicain modéré entre 1878 et 1917, et la **villa du Danube**, qui rappelle le premier nom de la place Rhin-et-Danube. Les maisons d'angle sont ici de belles proportions. Dans les ruelles, elles sont presque toutes de même taille et plus modestes.

En face, la **villa de la Renaissance** puis, plus loin, la **villa du Progrès**, abritent des maisons plus récentes, résolument modernes, à l'image du nom de leur rue.

Poursuivons sur la **rue de la Liberté**, jusqu'à l'impasse sur la gauche, désignée comme la **villa de Lorraine**, aussi charmante que ses voisines.

Puis gagnons la **rue de la Fraternité**. Au **n° 3**, un grand chalet de style normand étonne à côté de l'œuvre de la Bouchée de Pain qui porte, à son fronton, une inscription en lettres vertes sur fond de céramique blanche. Le bâtiment se présente comme un hangar et on y sert quelque deux cent cinquante repas par jour aux démunis.

Autour de la place de Rhin-et-Danube

Le nom de l'ex-place du Danube rend hommage, depuis 1951, à la Première Armée française, qui s'engagea

notamment sur le Rhin et le Danube durant la Seconde Guerre mondiale. Avec les rues principales dont elle constitue l'intersection – rue David-d'Angers et rue du Général-Brunet –, elle fut créée vers 1875, après la fermeture des carrières et le comblement des galeries.

De part et d'autre de la place se tenaient, entre 1868 et 1878, deux importants marchés tri-hebdomadaires : le marché aux chevaux, qui occupait le triangle David d'Angers-Brunet-Hautpoul, et le marché aux fourrages, plus réduit, qui campait dans le périmètre défini par les deux premières rues et le boulevard Sérurier. Ces

marchés étaient pratiquement réservés aux compagnies de voitures publiques pour le transport des voyageurs dans Paris.

La place elle-même arbore une **statue** (1933) de Léon Deschamps, entourée d'un massif floral. Il s'agit de *La Moissonneuse*, robuste et énergique jeune fille, une gerbe sous le bras, tournant son visage dans un mouvement grave et préoccupé. Son tablier noué sous les hanches relève à la fois du souci du détail et du réalisme cher à l'époque. Sur la droite, le **lycée Diderot** a remplacé l'hôpital Hérold, désormais absorbé par l'hôpital Robert-Debré. Ce petit hôpital avait connu des phases de construction successives. Déjà, en 1792, à la suite d'une épidémie de choléra, l'Administration avait installé pour les malades des baraquements en bois sur un terrain, place du Danube. On les conserva comme espace d'appoint en cas d'encombrement des hôpitaux de Paris. Puis un véritable hôpital fut construit en 1904, par l'architecte Lebrun, selon le système des pavillons isolés. On lui donna le nom d'un préfet de la Seine. Mais trois ans après l'ouverture des pavillons, en 1907, une violente épidémie de scarlatine nécessita l'ouverture d'un autre quartier spécialement affecté au traitement de cette maladie. Enfin, en 1936, un centre de prophylaxie fut créé. Cet établissement était le plus petit des hôpitaux pour enfants : il ne comptait que vingt-quatre lits, mais il fut l'hôpital des enfants du quartier jusqu'en 1988.

Le lycée Diderot, venu du boulevard de la Villette, y a laissé une partie de son enseignement. Le nouvel établissement, construit par Jean-François Laurent, est implanté en bordure d'îlot et recompose, sur plus de cent mètres, la rue David-d'Angers. Cet impressionnant paquebot rappelle le style des années 1930 dans des habits plus contemporains. C'est le seul bâtiment moderne du quartier, et on le remarque.

Autour de l'église Saint-François-d'Assise

Depuis la place, empruntons, en face du lycée, la **rue du Général-Brunet**. Aux **n°s 46 et 48**, le **hameau du Danube** est la seule villa du quartier qui affecte la forme d'une boucle. Les terrains furent achetés en 1922 et

◄ *La Moissonneuse*, statue de Léon Deschamps, place de Rhin-et-Danube.

▲▼ Hameau du Danube.

▲ Église Saint-François-d'Assise.
▲ Villa Marceau.

les maisons construites en 1923-1924. Cette villa est aussi la seule à posséder un pavillon de garde très fleuri qui fait face au portail. Les deux pavillons, symétriquement placés de part et d'autre de l'entrée sur la rue, offrent la curiosité d'un balcon en quart de cercle muni d'une colonne centrale. On n'accède pas librement à cette villa, mais, avec un peu de chance, nous pourrons y entrer... Remarquons alors que les vingt-quatre maisons adoptent une parfaite symétrie, avec une harmonie certaine de formes et de matières. Les soubassements sont en meulière, les façades presque toutes en crépi, rythmées par les taches rouges des briques.

Plus bas dans la **rue du Général-Brunet**, la **villa Amalia** (anciennement Acacia) est si charmante qu'il ne faut pas manquer d'y passer. Suivent la **villa de Fontenay** et la **villa Marceau**, celle par laquelle nous rejoignons la **rue de la Liberté** puis la **rue de Mouzaïa**.

À droite, au **n° 7**, l'église Saint-François-d'Assise fut construite par les frères Courcoux à partir de 1913. Il fallut creuser des puits de béton de quarante et un mètres de profondeur pour donner des fondations au clocher. La guerre interrompit les travaux, qui ne reprirent qu'en 1920, et la « crypte Saint-Landry » put être inaugurée en 1921. Elle contient « un haut-relief de 1768 représentant le martyre d'un saint non identifié... Ouvert au culte en 1926, ce bâtiment ressemble aux habitations à bon marché que la Ville de Paris commençait à implanter dans les quartiers populaires de la capitale : même technique de construction, structure en ciment armé avec revêtement de brique comme la simplicité dans le volume, une nef de trois travées, flanquée de bas-côtés, couverte d'un comble apparent, le chœur se terminant par un chevet plat » (Roger-Henri Guerrand, *Cahiers de l'Iforep*, n° 51).

◀ Rue Miguel-Hidalgo (à gauche).

◀ Villa des Boers (ci-contre).

◀ Villa Paul-Verlaine (à gauche).

◀ Villa Claude-Monet (ci-contre).

Descendons la rue et reprenons, à droite, la **rue du Général-Brunet**, d'où l'on peut voir, jouxtant la banque située au coin, une délicieuse terrasse. Poursuivons jusqu'à la **villa des Boers**, dont la première maison s'agrémente d'une terrasse à la rambarde de feuilles de vigne en fer forgé. Empruntons cette villa traversante qui mène à la **rue Miguel-Hidalgo**. Celle-ci, ouverte en 1889, permet d'atteindre des ruelles portant des noms de poètes et de peintres. La **villa Rimbaud** ne forme qu'une impasse qui mérite quand même qu'on y fasse un aller-retour. La **villa Claude-Monet**, avec ses jardins et ses friches, est moins dense que ses semblables et ménage une respiration dans le tissu urbain. À son terme, des marches bordées de maisons donnent une vision romantique qu'on aimerait retenir pour s'en souvenir longtemps. La rue en contrebas nous entraîne vers la **rue David-d'Angers**. À l'angle, la **piscine Georges-Hermant** a remplacé depuis plus de vingt ans, l'ancienne fabrique des célèbres cartes à jouer Grimaud. C'est ici que se termine le quartier des maisons, entouré de nombreuses cités HLM.

La rue et la villa Manin

Nous descendons la **rue David-d'Angers** jusqu'à la **rue Manin**, dans laquelle nous nous engageons sur la droite, en longeant le front bâti de la coulée blanche qui remplace l'ancienne voie de chemin de fer. La rue Manin est très passante car elle conduit, en se jetant dans le boulevard Sérurier, à la porte de Pantin. Au **n° 38 bis**, la fondation Louise-Koppe est installée dans un bâtiment construit en 1904 par les architectes Jandelle et Hommet. Cette fondation accueille toujours, pour une durée d'un an, les mères en difficulté avec leurs enfants âgés de trois à seize ans. Au **n° 40**, un imposant groupe scolaire, construit en 1900-1901, occupe tout l'îlot compris entre les rues Manin, d'Alsace-Lorraine et de la Solidarité, ce qui donne une idée de son importance. Les bâtiments sont construits en briques de différentes couleurs avec un bardage métallique apparent. Sur la rue Manin, chaque travée compte vingt-trois fenêtres ; trois portes aux linteaux décorés dis-

◀ 40, rue Manin.
▼ 38 bis, rue Manin.

tinguent encore l'école de filles, l'école de garçons et l'école maternelle.

Cette partie de la rue Manin, depuis la rue d'Hautpoul, portait le nom de chemin des Carrières-d'Amérique. Aujourd'hui, seule une section de cet ancien chemin rappelle la nature de l'activité ancienne du lieu. La pierre extraite des carrières, une fois cuite dans des fours, donnait le plâtre qu'on envoyait, paraît-il – mais l'histoire est sujette à controverse –, en Amérique. C'est ainsi que tout un quartier hérita du nom. Engageons-nous donc dans cette **rue des Carrières-d'Amérique** pour gagner la **villa Manin**, d'autant plus remarquable qu'elle est assez isolée dans un ensemble d'immeubles neufs et de logements sociaux. Elle mène à la **rue de la Solidarité**, où de nombreuses barres ont remplacé l'ancienne usine des encres d'imprimerie 3M.

Nous pouvons prolonger la promenade en traversant la rue Manin pour descendre les marches conduisant à l'allée Darius-Milhaud. Et le flâneur intéressé par l'architecture des années 1920 franchira même le boulevard Sérurier pour parcourir les rues – aux noms de villes de France et d'anciennes colonies – bordées d'HBM, jusqu'à la place du Général-Cochet.

◀ Villa Manin.

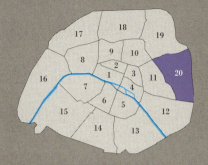

20e

Charonne, la campagne est dans Paris

▶ Départ : rue des Pyrénées, métro Gambetta
▶ Arrivée : rue Irenée-Blanc, métro Porte-de-Bagnolet

Charonne, la campagne est dans Paris | 20e

Un village blotti autour de son église, comme autrefois… ou presque, depuis que le quartier Saint-Blaise a été réhabilité et, surtout, depuis que la ZAC du même nom a modifié la physionomie des lieux. Même si le tracé ancien des rues a été respecté, il est parfois difficile de retrouver l'atmosphère d'antan. Et pourtant, Charonne a su garder, par endroits, tout son cachet.

À partir du **métro Gambetta**, empruntons la **rue des Pyrénées** jusqu'à la **rue Stendhal** pour découvrir les immeubles cossus de la **villa** du même nom, première voie de Charonne bâtie d'immeubles bourgeois, en rupture d'échelle avec l'environnement. En face, la **rue Charles-Renouvier** enjambe la rue des Pyrénées par un pont à balustres de pierre, créant un véritable décor de théâtre ; de l'autre côté, la **rue des Rondeaux** bute sur l'arrière du cimetière du Père-Lachaise : l'endroit, bordé de maisons basses, respire le calme.

▲ Rue Charles-Renouvier.

autres, les tombes des deux fils d'André Malraux et de Robert Brasillach qui écrivait en 1936 : « [j']aime cet asile où l'on ne voit que des arbres, un clocher campagnard et d'où la ville énorme aux hautes bâtisses a disparu ». Trois cents corps de communards encore en uniforme y furent découverts, que l'on transféra au Père-Lachaise.

Ici, le promeneur qui s'assoit sur un des bancs de bois, bercé par la cloche égrenant tranquillement les heures, entre dans un autre monde.

Le long de l'église, une volée de marches conduit à la **rue de Bagnolet**, limite de l'ancien village de Charonne, autrefois bordée des deux côtés par des guinguettes. De là, nous pouvons

◄ Cimetière de Charonne.

▼ Église Saint-Germain-de-Charonne.

Saint-Germain-de-Charonne et son cimetière

Poursuivons la **rue Stendhal** en longeant l'espace gazonné qui recouvre le réservoir de Charonne jusqu'au **chemin du Parc-de-Charonne**. Une petite porte, à droite, donne accès au **cimetière de Charonne** jouxtant l'église Saint-Germain. Il abrite, entre

apprécier la ravissante **église** dont le corps originel, plusieurs fois agrandi, remonte au XVe siècle ; on sait qu'une première église existait déjà là au IXe siècle. Saint-Germain-de-Charonne et Saint-Pierre-de-Montmartre sont les seules églises de Paris à posséder un cimetière attenant.

▲ Rue Saint-Blaise.
▼ Mascaron, rue Vitruve.

Le quartier Saint-Blaise

Empruntons la **rue piétonne Saint-Blaise**, colonne vertébrale du vieux village. Les maisons y ont été soigneusement restaurées ou… démolies. L'ensemble ne manque pas de charme, surtout la placette ombragée par des magnolias. Au **n° 2**, rue Saint-Blaise s'élevait autrefois une demeure bâtie par Jean-François Blondel (1683-1756), oncle du célèbre théoricien de l'architecture, à son retour de Genève en 1723 : « La maison, rapporte Jacques Hillairet, était construite au fond d'une cour circulaire regroupant les dépendances. Les jardins étaient composés de parterres en losange terminés par un bassin en fer à cheval orné de figures de jets et nappes d'eau ». La propriété fut morcelée en 1820 et il n'en reste plus trace aujourd'hui. Les passionnés trouveront les plans de cet ensemble dans *L'Architecture française* de Blondel, qui le décrit comme un modèle d'élégance, de goût et d'ingéniosité : « Un soubassement rachetait la différence de niveau entre la cour et le jardin. Le balcon était étroit pour ne pas rompre le mouvement ascensionnel. L'escalier donnant accès au jardin, à double volée pyramidale, répondait à l'inclinaison des rampants du fronton. »

Au **n° 5**, l'hôtel de Camus de Mézières, qui datait du milieu du XVIIIe siècle, fut démoli en 1929, et l'on éleva, à son emplacement, une chapelle dédiée aux saints Cyrille et Méthode. Cette propriété appartenait à la famille de l'architecte néo-classique Nicolas Camus de Mézières, qui habita Charonne pendant plus d'un demi-siècle. Selon Lucien Lambeau, en 1771, au **n° 28**, un certain docteur Le Camus s'installa pour fonder un hôpital. Il souhaitait expérimenter sur les habitants du quartier une préparation de son invention contre la petite vérole ! Il fut, heureusement, interdit d'exercice.

L'autre partie de la rue comporte hélas de sinistres exemples de l'architecture « totalitaire », avec des ensembles HLM construits dans les années 1970. Ici et là, les architectes daignèrent ménager quelques interstices à la nature : maigres appels d'air et de verdure perdus au milieu du magma bétonné. Seul acquis, le quartier y gagna en équipements publics, principalement des écoles.

En parcourant, vers la gauche, la **rue Vitruve**, on peut, pourtant, humer les effluves d'une autre époque. Maisons et ateliers y furent souvent joliment rénovés. À droite de la place des

▲ 134-136, rue de Bagnolet.

▶ Place des Grès.

Grès, aux n°s **39 à 47**, se trouve un CES couvert de céramique par Jacques Bardet en 1982. L'architecte joua la carte de l'inscription dans le site : un jeu de patios périphériques, en délimitant des petits bâtiments intimes, respecte l'échelle des constructions voisines tout en apportant la lumière dans les classes. De l'autre côté, au **n° 62**, l'école maternelle fut construite par Bernard Agopian en 1984.

Par la **rue des Balkans**, nous revenons **rue de Bagnolet**. En face, aux n°s **135 et 137**, deux maisons d'allure villageoise ont été préservées. L'une d'elle comporte une niche, aujourd'hui vide. À l'angle, le **café**, aménagé en 1914, a heureusement conservé son décor de céramiques et de boiseries.

Allons voir, à main gauche, aux n°s **134 et 136**, les deux élégants escaliers rapportés sur les façades pour atteindre les portes d'entrée qui paraissent bien haut perchées. La raison en est que ces maisons préexistaient aux travaux de nivellement entrepris au XIXe siècle pour adoucir la pente de la rue de Bagnolet, bien sévère pour les charrois lourdement chargés. C'est ainsi que le rez-de-chaussée se retrouva au premier étage !

Revenons sur nos pas dans la rue de Bagnolet. Derrière les grilles de l'ancien hospice Debrousse, nous remarquons le beau **pavillon de l'Ermitage**, aujourd'hui entouré d'un jardin public. Édifié en 1734, il constitue l'ultime vestige du château de Bagnolet dont le domaine, au début du XVIIIe siècle, ne couvrait pas moins de quatre-vingts hectares (soit environ deux fois la superficie de l'actuel cime-

▶ Pavillon de l'Ermitage.

◀ 137, rue de Bagnolet.

tière du Père-Lachaise !). Démembrée et lotie, la propriété fut progressivement absorbée par la ville au cours du XIXe siècle.

Le pavillon de l'Ermitage est resté dans l'histoire pour avoir été le quartier général des contre-révolutionnaires qui tentèrent, sans succès, d'organiser l'évasion de Louis XVI et de Marie-Antoinette, condamnés à mort. Arrêtés, les « conjurés de Charonne » furent, eux aussi, passés au fil de la guillotine.

La Campagne à Paris

En sortant du square, prenons, en face, la **rue Pelleport**. Après avoir traversé la rue Belgrand, suivons la **rue du Capitaine-Ferber** jusqu'à la **place Octave-Chanute**. Une volée de marches permet d'accéder au célèbre ensemble de **« La Campagne à Paris »**, qui fleure bon la province. Là, dans les **rues Irénée-Blanc et Jules-Siegfried**, dignes des plus beaux décors d'opérette, pierres meulières, pavage flambant neuf, jardins plantés de lilas – un lieu délicieux à la belle saison –, on retrouve l'esprit des lotissements résidentiels du début du XXe siècle.

La carrière de gypse du père Roussel, rue des Montibœufs, se trouvait béante lors de l'annexion de Charonne à Paris : rien de plus simple, pour la combler, que d'y déverser les gravats des percées haussmaniennes des avenues de la République et Gambetta ; l'amoncellement de terre ainsi formé fut maintenu, tant bien que mal, par des plantations qui finirent par former un petit bois. La butte fut acquise en 1908 par une société coopérative d'habitations à bon marché, « La Campagne à Paris ». Celle-ci y fit construire quatre-vingt-douze pavillons avec de petits jardins, réalisés de 1907 à 1928 par différents architectes, au milieu d'une végétation abondante. Le montage financier de l'opération était exemplaire : chaque souscripteur payait sous forme de crédit, ce qui permit à des fonctionnaires ou à des employés de banque aux revenus faibles, mais réguliers, d'acquérir un patrimoine immobilier. Le luxe des détails, le soin apporté à la construction, le plaisir d'habiter là incitant les propriétaires à entretenir leur maison... tout contribua à faire de cet ensemble, resté pratiquement intact, une superbe réussite.

▼ La Campagne à Paris.

Danielle Chadych tient à remercier Madame Michèle Rabion,
directrice du développement et des relations extérieures
à la fondation Eugène-Napoléon.

Édition : Clara Popper
Direction artistique : Isabelle Chemin
Maquette : Anne Delbende/Nota Bene
Cartographie : Bénédicte Loisel

Avec la collaboration de Françoise Massonnaud, Dominique Brière, Isabelle Gaulon,
Stéphanie Rodier, Hélène Sardou, Anne Thoraval et Caroline Chabir

Photogravure : Alésia Studio, à Paris

Achevé d'imprimer en février 2007
sur les presses de l'imprimerie Mame, à Tours

ISBN : 978-2-84096-472-8
Dépôt légal : février 2007